WORKING
ENVRIONMENT RIGHTS

工作环境权研究

范　围◎著

中国政法大学出版社

2014・北京

图书在版编目（CIP）数据

工作环境权研究/范围著.—北京:中国政法大学出版社，2014.5
ISBN 978-7-5620-5266-1

Ⅰ.①工… Ⅱ.①范… Ⅲ.①劳动法—环境权—研究—中国 Ⅳ.①D922.544

中国版本图书馆CIP数据核字(2014)第098062号

出 版 者　中国政法大学出版社
地　　址　北京市海淀区西土城路25号
邮寄地址　北京100088信箱8034分箱　邮编100088
网　　址　http://www.cuplpress.com（网络实名：中国政法大学出版社）
电　　话　010-58908285(总编室)　58908334(邮购部)
承　　印　固安华明印业有限公司
开　　本　880mm×1230mm　1/32
印　　张　12.625
字　　数　290千字
版　　次　2014年6月第1版
印　　次　2014年6月第1次印刷
定　　价　46.00元

本书乃为教育部人文社会科学研究青年基金项目
“职业安全卫生的权利基础研究——从工作环境权的视角”(10YJC820026)
和国家社科基金重点项目“劳动基准法律问题研究”(11AFX009)

研究成果

献给我的父亲、母亲！

序

范围博士的新作《论工作环境权》经过几年的打磨很快要付梓了，他请我为他的新书写序，我欣然应允。

范围是我指导的博士生，在我的学生中他是比较勤奋，且较有学术潜质的一位。他是自荐到我门下的，记得那是2005年我在哈佛大学法学院作访问研究时，收到范围给我写的一封邮件，说想报考我的博士研究生，他作了一番自我介绍并表示非常愿意跟从老师学习，我当时对他并不熟悉也不十分看好，主要原因是他本科并非法学专业，但考试结果是，两门专业课加一门外语他考了总分第一，从此进入我门下学习。博士生学习期间，在我的印象中除了上课和研究所的工作外，他的时间几乎都是在图书馆度过的，广泛的阅读和思考，使他收获了博士学位的同时，也收获了扎实的法学理论功底和严谨的法律人思维。博士毕业后，范围应聘到首都经济贸易大学工作，两年后晋升为副教授。作为社会法学界一位青年学人，近年来他发表了多篇劳动法和社会保障法方面的论文和著作，在学界受到越来越多的关注。

《论工作环境权》是范围在他的博士学位论文的基础上完成的。工作环境权是一个很新的概念，大陆学者较早接触该概念是通过台湾黄越钦教授的《劳动法新论》一书。工作环境权源于传统的职业安全卫生权，但其理念和制度构建又超越了职业安全卫生权。工业化以来工作场所已成为社会的基本单元，工作成为人之社会性的主要表现，将工作者、工作场所、工作过程与环境安全整合在一起，这是现代社会劳动的基本生态；随着人们对个体权利的追求，环境伦理从人类中心向生态中心转变，人不仅是环境的主宰，而且是环境之组成部分，所以，工作环境不仅仅突出人的主体性和权利性，而且强调人的参与性和义务性；同时，环境的开放性导致环境治理手段的多元化，而工作环境的治理必须依靠工作的具体参与者。因此，工作环境权的提出适应了现代劳动关系的发展以及劳动法以劳动者保护为中心的理念，工作环境权成为劳动法研究领域中的一个具有开放性和前沿性的课题。

通读书稿，我认为该书在以下几方面作了非常有意义的探讨：

第一，系统论述了工作环境权的概念、特征及其结构。首先，认为工作环境权的形成是人权学、心理学、政治学以及环境科学等多学科发展交互影响的结果。国际劳工公约及其他文书的历史演变，揭示了工作环境权的展开路径——从职业安全卫生向工作环境；从刚性、精确的规则向灵活、弹性的框架性规定转变。其次，工作环境权虽涵盖了职业安全卫生权的内容，但二者在权利目的、权利属性、权利内容以及适用范围方面不尽相同。工作环境权不仅是指劳动者安全健康在内的良好的工作环境，更为重要的是强调如何实现良好的工作环境，因此，工作环境权是为了保护劳动者职业安全和健康，避免其他人员以及环境因劳动相关的因素而受到危害，以“职工参与”（Workers’ Participation）为核心的程序性权利，其具有保护对象的多元化、内容的复合性以及性质的程序性三个特点。最后，从工作环境权的构成来看，工作环境权的权利主要为劳动者，但基于工作场所的开放性，工作环境权的权利主体正逐渐扩张，如涵盖学生等。工作环境权的义务主体为国家和雇主，其中国家基于宪法的保护照顾义务对公民工作环境安全卫生承担相应义务；雇主则是基于劳动合同对雇员承担保护照顾义务。此外，工作环境权的保障还需要诸多辅助主体的介入，如生产工具的生产者、进口商等。工作环境权的客体为行为，即劳动者有权请求国家或者雇主为一定行为或者不为一定行为，以维护工作环境的安全、健康。根据权利内容的范围不同，工作环境权存有广义、中义以及狭义之别，而本书主要聚焦在程序性和集体性的工作环境权利上。

第二，将工作环境权置于宪法权利体系下进行研究，并从基本法和部门法两个视角分析了工作环境权的性质。从基本法层面，认为工作环境权属于宪法非真正未列举权，劳动权、环境权以及生存权是工作环境权的宪法基础。从部门法层面，认为工作环境权具有公私交融性，一方面，国家与雇主、雇员之间形成具有公法属性的法律关系；另一方面，雇主与雇员之间具有劳动法律关系。基于诚信原则，雇主对雇员所负有的保护照顾义务为雇主的主给付义务。工作环境权的公法规范与私法规范之间具有密切联系，公法规范具有一定的私法效力，一方面，公法规范可以作为劳动合同效力的判断依据；另一方面，公法规范可以通过私法的诚信原则等概括条款的桥梁作用转化为劳动合同的内容。

第三，从预防与救济两个方面论述了工作环境权的保障。从预防的角度看，提出工作环境权保障的核心是职工参与。职工参与是现代企业民主的重要体现。职工参与的具体权利包括：①选举安全卫生代表的权利，即雇员有权选举代表或者组建职场内的工作环境机构；②知情权；③咨询、协商权，即雇主就工作环境安全卫生事务应咨询雇员或雇员代表，并与之协商；④检查权以及处置权，即安全卫生代表或者安全卫生机构成员有权对工作场所的安全卫生状况进行检查，当发现有紧迫危险时，有权依法予以处置，如停工等；⑤共决权，即雇员享有参与工作环境事务的共决权。从救济的角度看，提出必须建立顺畅的权利救济体系。劳动者工作环境权受到侵害时，可获得公法和私法的双重救济。公法上的救济包括：劳动监察执法；工伤保险待遇；当用人单位的违法行为构成犯罪时，还可依法追究其刑事责任。私法上的救济包括：用人单位未提供安全、健康的工作环境的，构成违约，劳动者享有诉请强制履行、拒绝劳动给付、停工、解除劳动合同以及请求损害赔偿的权利。

第四，分析了当前我国工作环境权的相关法律制度，指出存在的问题，对未来工作环境权的制度构建提出了大胆的设想。虽然，我国由《劳动法》、《安全生产法》以及《职业病防治法》等法律组成了工作环境的法律体系，但是，依然存在体系分散、立法目的不明确、适用范围不统一、执法主体权责不明、执法地方化、职工参与程度较低等问题。作者从法律移植与法的本土化的视角提出了对我国工作环境权制度构建的设想。如作者提出，中国工作环境权的构建应该改变立法模式、扩大适用范围、修正立法目的、理顺监管体制、强化员工参与等。在工作环境领域应允许劳动者在工会之外选择代表参与，并完善相应的参与机制；将工作环境监察体制改为中央直属、全国分区的模式，以摆脱地方政府的制约；增加主动执法，并强制性邀请职工代表参与执法活动，监督执法活动及其落实。这些观点具有针对性和对策性，对于目前我国正在修订的《安全生产法》及相关立法有所裨益，具有参考借鉴价值。

从世界范围看，现代劳动关系的发展正在从冲突走向合作，劳资双方既是利益的对立方也是利益的共同体，“劳动者参与”和“社会伙伴关系”的观念得以确立。随着我国市场经济的发展，在构建和谐劳动关系的背景下，经济领域中的协商民主正在发育成长，劳动法律制度需要更多的制度创新。以劳动者保护和劳动者参与为核心元素的工作环境权制度从一个侧面体现了现代劳动法的发展和变化，这也是本书研究工作环境权之意义所在。

是为序。

林　嘉
中国人民大学法学院党委书记兼副院长、
教授、博士生导师
中国人民大学劳动法和社会
保障法研究所所长

2014 年 3 月 20 日
于中国人民大学明德法学楼

内容摘要

作为现代劳动法开端的英国1802年《学徒健康和道德法》实质上是一部劳动保护法。随后的200多年里，信息技术、生物科技以及核能技术等新科技和新材料的运用，极大地促进人类生产的发展，然而这些新技术和新材料使得职业灾害的影响已经逐渐超越了工作场所的限制，而成为公共安全危害。因此，本书意图通过工作环境权的理论分析和制度比较，来揭示工作环境权的形成、概念、特点、构成及实现，以及当下中国工作环境权法制的现状、问题及完善。

本书除绪论、结语外，共分为六章：

绪论部分包括问题的提出、研究方法以及研究局限分析。通过中国江苏无锡松下电池厂镉中毒导致罢工事件与瑞典斯堪雅建筑集团（Skanska）被指控违反《工作环境法》两个样本案例的比较，揭示了当下中国劳动者工作环境权保障所存在的问题。

第1章主要是对工作环境权的形成、概念、特征及其结构进行的分析。

首先，工作环境权的形成是人权学、心理学、政治学以及环境科学等多学科发展交互影响的结果。国际劳工组织公约及其他文书的历史演变，揭示了工作环境权法制的演进路径——从职业安全卫生向工作环境；从刚性、精确的规则向灵活、弹性的框架性规定转变。

其次，学界通说对工作环境权及其相近概念（包括职业安全卫生权、劳动保护以及劳动安全卫生等）不予区分。工作环境权之理念优于职业安全卫生权，即工作环境权虽涵盖了职业安全卫生权的内容，但二者在权利目的、权利属性、权利内容以及适用范围方面不尽相同。我国制定了《安全生产法》和《职业病防治法》，但二者不仅不能等同于职业安全卫生法，更不能等同于工作环境法。笔者以为，工作环境权的实质不仅包括劳动者安全健康在内的良好的工作环境，还应强调如何实现良好的工作环境。因此，工作环境权是指为了保护劳动者职业安全和健康，避免其他人员以及环境因劳动相关的因素而受到危害，以“职工参与”（Workers' Participation）为核心的程序性权利，其具有保护对象的多元化、内容的复合性以及性质的程序性三个特点。

最后，从工作环境权的构成来看，工作环境权的权利主体主要为劳动者，但基于工作场所的开放性，工作环境权的权利主体应适度扩张，将学生和进入职场的非雇员等包括在内。工作环境权的义务主体主要是国家和雇主，其中，国家基于宪法的保护照顾义务对公民工作环境安全卫生承担相应义务；雇主则是基于劳动合同对雇员承担保护照顾义务。此外，工作环境权的保障还需要诸多辅助主体的介入，如生产工具的生产者、进口设备或工具的进口者等。工作环境权的客体为行为，即劳动者享有请求国家或者雇主为一定行为或者不为一定行为的权利，以维护工作环境的安全、健康。根据权利内容的范围不同，工作环境权存有狭义、中义以及广义之别，本书主要是从狭义的角度来分析工作环境权，即程序性和集体性的工作环境权利。

第2章工作环境权的性质——宪法与劳动法的互动，主要是从基本法以及部门法两个不同视角分析工作环境权的性质。

首先，从权利的不同学说出发对工作环境权是否为权利以及为何种权利进行了分析。从制定法规范来看，工作环境权应为法定权利；从伦理性来看，工作环境权为自然权利；从社会性来看，工作环境权为社会权利。

其次，工作环境权属于宪法非真正未列举权，即从形式上来看，我国宪法关于基本权的规范及其用语中虽无与之对应的表述，但是，实质来看，它却在宪法明示、明定或列举的权利保护范围或射程范围内。笔者认为，工作权、环境权以及生存权是工作环境权的宪法基础。

再次，在部门法层面，工作环境权具有公私交融性：一方面，国家与雇主、雇员之间形成具有公法属性的法律关系；另一方面，雇主与雇员之间具有劳动法律关系。基于诚信原则，雇主对雇员所负有的保护照顾义务为雇主的主给付义务。工作环境权的公法规范与私法规范之间并非截然区隔，公法规范具有一定的私法效力，一方面，公法规范可以作为劳动合同效力的判断依据；另一方面，公法规范可以通过私法的诚信原则等概括条款的桥梁作用转化为劳动合同的内容。

最后，作为宪法未列举权的工作环境权与部门法层面的工作环境权之间具有密切联系。宪法意义上的工作环境权，一方面具有垂直效力，即在公民与国家之间具有拘束力，公民虽不享有直接请求国家提供安全、健康工作环境的权利，但宪法意义上的工作环境权对立法机关、行政机关以及司法机关都具有一定程度的拘束力；另一方面，其具有水平效力，即该基本权在雇主与雇员之间也具有拘束力。通说认为，基本权利仅能间接适用于私人之间，其需要通过私法概括条款——诚信原则等发生作用。

第3章主要从预防与救济两个方面论述工作环境权的保障。

一方面，工作环境权保障首先应遵循预防为主的原则，而预防之核心在于职工参与。职工参与的具体权利包括：①雇员享有选举安全卫生代表的权利，即雇员有权选举代表或者组建职场内的工作环境机构；②对工作环境安全卫生信息享有知情权；③咨询、协商权，即雇主应向雇员选举的安全卫生代表或者安全卫生机构成员就工作环境安全卫生事项进行咨询，并与之协商；④检查权以及处置权，即安全卫生代表或者安全卫生机构成员有权对工作场所的安全卫生状况进行检查，当发现有紧迫危险时，有权依法予以处置，如停工等；⑤共决权，即雇员享有参与工作环境事务的共同决定权。上述不同权利体现了雇员参与程度的不同，随着社会的发展，企业雇员参与的程度将逐步深入。

另一方面，劳动者工作环境权受到侵害的，可获得公私法的双重救济。①公法上的救济，包括：行政部门可以通过监察执法，对违法行为予以行政处罚，纠正用人单位的违法行为；当发生工伤事故时，劳动者可以申领工伤保险待遇；当用人单位的违法行为构成犯罪时，则可以追究其刑事责任。②私法上的救济，包括：用人单位未提供安全、健康的工作环境构成违约，劳动者享有诉请强制履行、拒绝劳动给付、停工、解除劳动合同以及损害赔偿的权利。

第 4 章主要是对世界主要国家的工作环境立法以及国际劳工组织（ILO）和欧盟的工作环境国际公约进行了比较分析。根据各国相关法律在名称上的区别，将其划分为“工作环境立法模式”和“职业安全卫生立法模式”，其中，前者列举了瑞典、丹麦以及挪威三个国家，而后者则列举了美国、英国以及日本三国。最后从文本结构、立法目的、适用范围以及职工参与等方面对上述国家的法律规范进行了比较分析。

第 5 章则对我国工作环境权相关立法及实践进行概括总结，

并从立法、执法等方面分析了现行法律规范存在的问题。

我国的工作环境权立法经历了初创期（新中国成立初期~20世纪60年代）、停滞期（20世纪60年代中期~70年代末）、恢复期（20世纪80年代~20世纪末）、发展期（21世纪初至今）的发展阶段；工作环境安全卫生监察执法则经历了单部门综合监察阶段（1950~1998年）向多部门分散监察阶段（1998年至今）的转变。虽然，我国由《劳动法》、《安全生产法》以及《职业病防治法》等组成了工作环境法律体系，但是，依然存在体系分散、立法目的不明确、适用范围不统一、执法主体权责不明、执法地方化等问题。2011年12月31日，新修订之《职业病防治法》颁布。此次修订以职业病诊断、鉴定制度的完善为重心；2012年6月4日，国务院法制办公布了《安全生产法（修正案）（征求意见稿）》，其完善了“三同时”制度、强化了生产经营单位的安全保障义务等，然而，上述修订之两法仍存在诸多问题。

第6章从法律移植与法的本土化视角对我国工作环境权法制的构建与完善提出可行性建议。

作为法律移植供体的域外工作环境权法制呈现出以下趋势：①立法目的的扩张；②适用范围扩张；③“国家干预”的弱化，“劳动者参与”和“社会伙伴”关系的强化；④在立法技术上，由刚性的规范向柔性的政策转变；⑤由独立的立法向框架性立法转变。从中国的现状来看，中国劳动者工作环境权保障的低标准所面临的国际贸易反倾销调查、人权指责是需要进行法律移植的外驱力，而中国社会经济的发展、和谐社会和科学发展观理念的提出以及民众日益高涨的权利诉求是构建工作环境权法制的内驱力。笔者认为，中国工作环境权的构建应该改变立法模式、扩大适用范围、修正立法目的、理顺监管体制、强化员工参与等。

Abstract

As a source of modern labor law, the Health and Morals of Apprentices Act (1802) is substantially a labor protection law. In the following 200 years, the information technology, biotechnology and nuclear technology have appeared one after another, accelerating the further development of production. However, the application of new technologies also brings new threats to the workers' safety and health, which shouldn't be neglected. Furthermore, due to new technologies, the impact of occupational disaster exceed the workplace boundary gradually and become a public risk. This book aims to reveal the formation, definition and features of the working environment right (WER), and also to describe the current situation, problems and refinement of WER through theoretical analysis and systematic comparison. This book is composed of an introduction, 6 chapters and an epilogue.

In the introduction, this book presents the topic and research methods and analyzes the limitations of current research. By comparing cases in China and Sweden, the author attempts to elucidate the problems existing in the Chinese workers' WER protection system.

Chapter 1 mainly describes the concept of WER, including its definition, formation and features. Firstly, the formation of WER is a result of interactions among multiple disciplines, which include Human Rights theory, Psychology, Politics, and Environmental Science. Secondly, the academic community has little consensus on the definition of WER. Based on analysis of current academic research and legislation, this book defines the WER as a right of workers to protection from the harm of occupational risks, and puts emphasis on how to build a safe and healthy working environment. Therefore, the WER, with the features of diversified protection targets, mixed contents, and the procedural nature, puts workers' participation at its core.

Thirdly, this book analyzes the subject, object, and contents of WER. The right holder of WER is the worker, a designation that has been extended to students, inmates, and soldiers in some countries' laws. The state and employer have to assume obligations to workers. Furthermore, manufacturers and importers of production tools are the assistant obligors. The object of WER is the actions of the state and employer. Workers can require them to take certain actions or not to take certain actions to maintain a safe and healthy working environment. As far as the scope of WER's contents is concerned, it can be divided into three different dimensions—broad, moderate and narrow.

Chapter 2 mainly describes the nature of WER from the perspectives of both Constitution and labor law.

First of all, this book discusses about if WER can be a legal right, and what kind of right it is. From the perspective of statutory law, it is definitely a legal right; from the ethical angle, it is a natural right closely related to man; from the point of society, it is a social right.

Secondly, WER is a right which is not explicitly defined in China's Constitution. From the formal point of view, it seems that the corresponding expression and words about the fundamental rights in the Constitution have nothing to do with WER. As a matter of fact, it is within the protected ranges of relative fundamental rights that have been clearly listed in the Constitution. In my opinion, the right to work, environmental rights and the right to survival are the foundation of WER in China's Constitution.

Thirdly, WER concerns both public law and private law. The state and employers have a public law relationship, while employers and employees have an employment relationship. Norms about working environment in both public law and private law cannot be separated. The norms in public law have some effects in private law. They can be the benchmark to judge the legal effect of employment contract, and can be transformed into the content of an employment contract by the bridge function of general articles.

Lastly, there is a close relation between WER in the Constitution and WER in departmental law. On one hand, the constitutional working environment right has a vertical effect which binds citizens and the state. Citizens do not enjoy the right to require the state to provide a safe and healthy working environment; however, WER has a certain degree of binding force for the legislative, the executive and the judicial branches. On the other hand, the constitutional working environment rights has horizontal effect which means this fundamental right has binding force between citizens as well. In academic common theory, the fundamental right can only be applied indirectly between private entities through the bridge function of general articles in private law like the principle of good faith.

Chapter 3 mainly discusses the protection systems of WER in both prevention and relief.

On one hand, the primary principle of WER protection is "prevention-oriented", the core of which is workers' participation. Employees shall enjoy: (1) the right to elect representatives of occupational safety and health, which means they have the right to elect representatives or organize a work environment institution; (2) the right to information about workplace safety and health; (3) the right of consultation and negotiation, which means employers should ask advice of and negotiate with the elected representatives or institution members on the work environment issues; (4) the right of inspection and disposal, which means representatives and institution members have the right to inspect the safety and health conditions of the working environment, and they can handle emergencies according to law, including suspension of work; (5) the right of codetermination, which means employees have the right to make decisions on issues of work environment with employers. Those rights noted above show the different level of employees being involved. Their participation is deeper and deeper with the social development.

On the other hand, workers can receive double relief from public law and private law when the employer violates the provisions of the work environment law. (1) Relief in public law includes the following: the labor administrative department shall correct the illegal acts of the employer through inspection; workers can receive corresponding work-related injury compensation if the illegal acts result in work accidents; the illegal acts of the employer may constitute a criminal offence and will be prosecuted. (2) Relief in private law includes: if the employer does not provide a safe and healthy work environment, workers have the right to apply for enforcement, cease working, cancel the contract and claim compensation.

Chapter 4 focuses on the comparative study of WER legislation in several countries, ILO and EU. Legislation has been categorized in two groups by the name of relative laws. One is legislation modes of "work environment", and another one is legislation modes of "occupational safety and health". Sweden, Norway and Denmark belong to the former category, and USA, GB and Japan belong to the latter. In light of comparison, this book finds the differences in text structure, legislative purpose, scope of application, and workers' participation in the above-mentioned models.

Chapter 5 analyzes China's WER systems by summarizing relative legislation, practices and problems of WER in current law as a whole.

The development of China's WER legislation has undergone the initiative, stagnation, recovery and development stages. The supervision and enforcement of work environment safety and hygiene has gone through the stages of comprehensive supervision under single department to the stage of decentralized control of multi-departments. Although China has constructed its legal system in work environment safety and health by Labor Law, Production Safety Law, The Law of the People's Republic of China on the Prevention and Treatment of Occupational Diseases and others, a decentralized system, unclear legislative purpose, lack of unification of application scope, indistinct boundary between powers and responsibilities for legal enforcement bodies, localization of legal enforcement and other problems still exist. On December 31, 2011, the revised Prevention and Treatment of Occupational Diseases Law was issued, the systems of diagnosis and verification of occupational diseases of which are the main points of the revision. On June 4, 2012, the State Council issued the Production Safety Law (Revised Draft) (Consultation Draft), which has optimized the "Three Same Times" system, and strengthened the safety protection obligations and responsibilities of the production and business units. However, although the above-mentioned revised law and the draft have made some progress, they still have some problems.

Chapter 6 puts forward some feasible suggestions for the construction and perfection of China's WER system from the angle of legal transplant and law localization.

As the legal transplant donator for china's WER legislation, laws of WER abroad have shown the trends as follows: broadening of legislation purpose and application scope; weakening of the "state interference"; strengthening of the relations between "workers' participation" and "social partners".; in the field of legislative technique, the rigid norms transform into flexible policies and independent legislation transform into framework legislation. For the present situation of China, the anti-dumping investigation in international trades and responsibility in human rights confronted by low standard protection of WER for Chinese workers is an external driving force for legal transplant; the development of social economy, Harmonious Society and the scientific concept of development, and citizens' request for rights is an internal driving force for the construction of WER. In order to optimize

China's WER system, China should change the legislation mode, broaden the application scope of the law, modify the legislative purpose, straighten out the enforcement system, and increase workers' purticipation and so on.

contents 目录

contents
目 录

绪 论
问题、方法与框架

0.1 中国工作环境安全卫生法制的困境——问题的提出

0.1.1 样本案例Ⅰ：中国江苏无锡松下电池厂镉中毒事件

2006年12月10日，中央电视台关于广东超霸电池有限公司镉中毒事件的报道引起江苏无锡松下电池有限公司的员工对于自身职业安全卫生状况的关注。2006年12月15日，有员工向厂医了解体检情况。12月27日，职工王燕成经公司同意看到了自己的尿镉体检情况，数字为5.87，超过了5的警戒线，但是早在10月21日其就被调至一工场专项组，而厂方没有告诉她转岗的原因。王的尿镉超标结果在员工中引起了恐慌。2007年1月4日的晚间，镉构成车间员工集体停工，要求公司给员工查看尿镉体检报告原件，而此前历次体检之后，厂方只是在公告栏上公布当年多少比例的员工参加体检，合格比例是多少，而且几乎每次都是全部合格。随后，整个一工场的员工陆续加入到停工队伍中，厂方与停工者的矛盾越来越激化，得知自己尿镉超标的员工也越来越多，无处投诉的工人曾从工厂游行到市委市政府门口，要求主持公道。

四五个月之后，无锡松下电池厂确认约40名“镉超标”员工，除部分在家休养外，19名员工在交上一份“自愿申请复岗”的申请书后回到公司上班，而大部分员工都属于自愿离职，没有任何补偿。[1]

0.1.2 样本案例Ⅱ：瑞典斯堪雅建筑集团（Skanska）被指控违反《工作环境法》

1997年8月，在赫尔辛堡山脉（Hallands sen Ridge）附近的湖泊和河流中首次发现有毒的丙烯酰胺（Acrylamide），导致该区域的牛和鱼发生死亡。有关部门调查发现，斯堪雅建筑集团正在挖掘一条铁路隧道穿越该山脉。有关部门责令该集团立即停止隧道内的作业，并且责令停止使用法国制造的 Rhoca Ghil 化合物。共约220名相关工人接受健康检查，部分工人报告说他们脚部和手部有刺痛和麻木的感觉，怀疑他们的神经系统受到损伤。1999年3月，22名工人与斯堪雅建筑集团达成庭外和解，每位受害职工获得20 000～50 000瑞士克朗作为赔偿，其中两位仍在承受疼痛的工人获得更高赔偿。斯堪雅建筑集团总共支付了29 000 000瑞士克朗赔偿款，主要是赔偿给居住在附近失去牛群的农民，以及附近的牛奶企业等。

1999年5月3日，马尔默地区的主控官（Chief Prosecutor in Malmo）向法院申请传票。检察官指控瑞典斯堪雅建筑集团2名副主管应对该违反工作环境法的行为承担个人责任，上述被告

---

〔1〕 案例来源：“松下镉中毒事件激化八名女工力讨说法”，载新浪网，http://tech.sina.com.cn/it/2007-05-29/13561534197.shtml. 周扬：“无锡松下电池原高管亲述‘镉中毒事件’真相”，载新浪网，http://tech.sina.com.cn/it/2007-04-26/09191484487.shtml，最后访问时间：2009年2月25日。

人被指控未遵守关于安全卫生危险评估的规定，未提供关于 Rhoca Ghil 的足够信息，以及未向职工提供足够的保护装置。对于经理的指控仅仅是整个法律程序的一部分，马尔默地区的主控官准备就所有违法行为提出指控，包括违反水资源法（Water Act）以及刑法典，其目的是采取共同诉讼程序。[1]

0.1.3 “外国的月亮比中国圆”？——样本案例的比较分析

表 0-1 样本案例 I 与样本案例 II 的比较分析表

案 例	案件事实	案件处理过程	案件处理结果
样本案例 I	重金属（镉）中毒	工会组织、劳动以及卫生行政部门等未采取积极措施（如停工等）；未形成诉讼	职工未获赔偿；企业及相关责任人未承担民事、行政以及刑事责任
样本案例 II	化学物质（丙烯酰胺）中毒	劳动监察介入（停工），且检察机关提起控诉；形成诉讼	受害职工获得赔偿；相关责任人被追究刑事责任

比较两个案例，二者案件事实几乎完全相同，样本案例 I 是电池厂工人重金属镉中毒；样本案例 II 则是建筑工人化学物质（丙烯酰胺）中毒，但是二者的处理过程以及结果则大相径庭，不由让人诧异——“外国的月亮比中国圆吗”？样本案例 I 中，相关义务主体存在严重违法（如表 0-2）：

〔1〕 案例来源：Skanska accused of violating Work Environment Act，See website of EuroFound（欧洲改善生活与工作条件基金会），http：//eurofound. europa. eu/eiro/1999/05/inbrief/se9905162n. html，最后访问时间：2008 年 9 月 20 日。

表0-2　无锡松下电池厂镉中毒事件相关主体的法定义务与实然状态对比表

权义主体	权义内容	具体情况
企　业	信息告知义务	工厂隐瞒体检情况，且未保存职业健康监护档案。
	对劳动者进行健康检查的义务	《职业病防治法》规定镉岗位的员工应该安排4种检查：上岗前检查、离岗前检查、每年定期检查和有需要的特别检查，但工厂只安排了每年一次的定期检查。上岗前和离岗前的检查没有做到。
	提供安全卫生的工作条件以及劳动保护装备的义务	工厂镍镉车间的风铃、吸尘设备等防护设备平时都不开。车间工人只佩戴1元一只的一次性医用口罩，且“两天才换一次”。
疾病控制中心	告知疑似职业病人情况，并向卫生行政部门报告的义务	无锡疾病控制中心未履行告知和报告义务，且涉嫌伪造检测报告（检测报告日期不符、有修改痕迹）。
工会组织	要求纠正、要求采取防护措施以及建议工人撤离的职责	企业内工会组织未采取行动，而职工选举的代表亦备受压力；上级工会组织应企业邀请介入，亦未采取措施。
劳动和卫生行政部门等	执行监察、实施处罚的职责	未实施任何监察和处罚行为。

从上述样本案例的比较中，不由感叹中国劳动者工作环境安全卫生实现之艰难。如何有效配置职业安全卫生权利、义务？如何构建用人单位与劳动者的合作关系？工会组织应扮演何种

角色并如何落实？其他社会组织又如何参与工作环境安全卫生的监督？劳动保障、安全生产和卫生行政部门应如何切实地保障劳动者权利实现？这些都是目前中国工作环境安全卫生法制所亟待解决的问题。

0.2 现状和方法

0.2.1 “巨人的肩膀”——研究现状

牛顿曾说，“我之所以比别人看得更远，是因为我站在巨人的肩膀上”。确实如此，任何研究成果的取得，都离不开对前人的继承。本书于此处对我国工作环境权研究现状的概述，事实上是在梳理本书与前人研究之间的传承脉络。如以研究主题的相似程度为标准，可以将我国工作环境权领域的研究成果区分为以下两类：

0.2.1.1 工作环境权的研究成果

我国尚无研究工作环境权的理论专著，目前所能检索到的最早关于工作环境权的著作是1989年北京科学技术出版社所出版的，由瑞典工业安全联合会编著的《安全健康与工作环境》一书，该书主要介绍了瑞典的工作环境法律制度，但是20世纪90年代以后瑞典的《工作环境法》数度修订，因此，该书部分内容已经与瑞典现行法制不符。

2003年我国台湾地区学者黄越钦教授所著的《劳动法新论》在大陆出版，其中以专章的形式介绍了“工作环境权”，对工作环境权的历史形成、权利内容、工作环境权与劳动安全卫生的区别以及相关的国际公约都做了较为详细的论述。此后，大陆学者对工作环境权的研究在一定程度上均属于对黄越钦教授研究的继承和发展。2004年周长征副教授在其所著教材《劳动法原理》中，将“工作环境权”作为劳动权的具体内容进行了论述，其整体内容与黄越钦教授的论述相似。

谢德成教授曾撰写《劳动安全保护权到工作环境权——〈安全生产法〉的权利理念》，该文通过工作环境权与劳动安全保护权的比较，明确了工作环境权的特点：安全保护的全面性和系统性、强化权利主体地位、劳资合作等，其观点无疑是正确的并且是具有启发性的，但是该文值得商榷之处在于：①在未对工作环境权法制做任何介绍的情况下，即概括其特点，在论证方法上欠妥当；②文章尝试用工作环境权理念去解析《安全生产法》，但是也仅是浅尝辄止，对《安全生产法》的制度缺乏充分的剖析。黄鸿福、胡玉浪二位学者曾撰写《试论我国工作环境权的理论基础与立法建设》，该文具有建设性的地方在于：①突出工作环境的关联性，将体面劳动、环境权等纳入讨论；②引用国际劳工公约将健康的概念扩大到精神健康，但该文的问题在于论述缺乏系统性，并且将工作环境权等同于私权的观点值得商榷。

0.2.1.2 工作环境权相关主题（职业安全卫生、安全生产等）的研究成果

目前与工作环境权相关主题的研究主要体现在劳动安全卫生、安全生产以及职业病防治等方面，其成果形式主要包括：

（1）教材。现行教材中都设专章介绍“劳动安全卫生”或“劳动保护”，其特点在于：一是主要基于现行制度的介绍，缺少理论分析；二是受研究现状制约，多是沿用传统劳动安全卫生法的模式，未突出职业安全卫生的权利特点以及劳动者的权利主体地位。

（2）法条解析型的书籍。《安全生产法》、《矿山安全生产法》等颁布实施之际，部分学者以及实务界人士撰写了大量相关法条解析型的书籍，而此类书则因自身定位以及作为解析对

象的法律条文的制约，并未有太多亮点。

（3）论文。在大量关于劳动安全卫生、安全生产法制的论文中，从内容来看主要分为以下三种：一是分析我国制度现状及问题的论文，如陈莹教授所撰写的《对劳动安全卫生立法的几点思考》等，此类文章从多方面对我国劳动安全卫生法律制度及其实施现状进行了剖析，为本书的撰写提供了较多的素材，但是其中部分文章的重复性较高，并且缺乏详细的分析论证。二是关于劳动者职业安全权利保障的论文，如郭捷教授所撰写的《论劳动者职业安全权及其法律保护》等。此类文章主要是从权利内涵、权利保护以及我国的相关制度等几方面进行论述。整体上仍未脱离我国现行法制。三是介绍域外职业安全卫生制度的论文，如贺洪超《英国劳动安全与健康立法的历史演进》等。此类文章从比较法的视角来看，对我国制度的构建和完善具有很大的启发性，但是，其中大部分文章对国外制度的介绍过于简单。

0.2.2 研究方法

0.2.2.1 系统分析的方法

法律是基于权利义务所形成的具有整体性的规范体系，因此，任何法律权利都是相关制度体系的体现。本书关于工作环境权的研究实际上是关于工作环境权制度体系的研究，而体系是指由若干事物构成的一个相互联系的有机整体，它和静态意义上的“系统”概念相似。系统方法就是从系统的观点出发，从要素与要素之间、系统与要素之间以及系统与外部环境之间的相互联系、相互作用中，精确地考察对象，以达到最佳处理问题的科学方法。[1]

---

〔1〕 参见杨长桂：“试论系统方法”，载《哲学研究》1982 年第 3 期。

工作环境权的制度体系包括两个方面：一是工作环境权的外在体系，即权利的形成（立法）——权利的实现（适用、执法）——权利的保障（救济）。此种体系是形式上的概述，从权利的形成到实现所建立的规范体系，其相互之间形成阶段分工又密切联系的关系。其中，权利的形成主要是从法律文本的角度对现行国内外以及国际组织的相关工作环境权规范的现状进行分析；权利的实现则主要是工作环境权的执法监督以及主体之间的合作；权利的保障则是对于受侵害后的权利救济程序以及实体法律结果。二是工作环境权的内在体系，即权利的界定（概念、特点）——权利的性质——权利的结构。权利的内在体系是从权利自身的逻辑结构出发所进行的建构，是工作环境权区别于其他权利的基础。工作环境权外在体系与内在体系是密切联系的，其内在体系决定了外在体系的具体构建，如工作环境权的复合性特点，使得权利的形成呈现扩张趋势，需将与工作场所相关的外部环境亦纳入调整；工作环境权的社会权属性，决定了其实现方式需要采取公私法的双重路径。本书基于两种体系分别予以论述，其中第1~3章内容主要是论述工作环境权的内在体系；第4~6章则是从外在体系对工作环境权进行论述。

0.2.2.2 规范解释的方法

法律规范是组成法的基本单位，属于法的微观结构，可以称之为法的细胞。规范解释的方法是法律适用以及法学研究的重要方法，从法律适用的角度来看，规范解释的功能在于：①沟通法律事实与法律规范；②明确法律规范的意义；③确保法律规范的弹性，能够弥补立法的滞后。从法学研究的角度来看，规范解释的意义在于强化法律规范的理解，正如学者所言，“理解既是解释的前提，也是解释的目的”。因此，对于法律规范的解释是基于对法律规范的理解，而规范解释的目的在于促进对法律的理解。

“法律规范之解释，可以分为两种情形，其一是为了消除法律歧义的应用性解释，其二是为了探索规范内部结构及其原理的学理性解释。”[1]应用性解释与学理性解释并非可以截然区隔，因为在对法律规范进行应用性解释的时候，经常需要对规范结构进行分析，所以，从某种意义上来说，学理性解释可以作为应用性解释的工具而存在，当然二者可能在解释的目的、解释主体以及解释限度等方面仍存有区别。本书关于我国工作环境权法制的现状、问题以及完善的论述主要是基于对我国现行工作环境安全卫生法律的规范解释，其中主要是对《劳动法》、《安全生产法》以及《职业病防治法》等相关规范的解释，整体而言属于应用性解释的范畴，即在阐释法律条文的意义的基础上，将诸多相关规范进行归纳、整合以及比较，从而确定现行规范的问题，并提出解决方案。

0.2.2.3 比较分析的方法

“比较法可理解为对世界上各种各样法秩序的共性和个性的科学比较，是可能进行比较的制度或解决的对照。”[2]从比较法学的发展来看，其经历了从规范比较到功能比较，再到文化比较的发展过程。其中，规范比较是以法律规范为中心，对不同国家或地区的法律规范进行比较，但是规范比较的成功与否取决于以下两个条件：①相同的法律结构；②相同的社会功能。

---

〔1〕 谢晖：“规范解释的创新何以艰难——兼论我国规范法学研究的创新问题”，载《山东大学学报》（哲学社会科学版）2000年第6期。

〔2〕［日］真田芳宪：“比较法的方法和今日的课题”，华夏译，载《比较法研究》1993年第3期。

规范比较适用的条件比较狭隘,[1]德国学者茨威格特和科兹等人在批判规范比较方法的过程中提出功能比较的方法。功能比较以问题为中心，即比较的出发点和基础是社会所面临的各种问题或社会需要。由于其摆脱了文本规范的限制，因此其方式较为灵活，可以将法律规范根据比较的需要“化整为零”或者“化零为整”。文化比较则是把法律视为一种文化现象，每一个民族的法律都反映着该民族在世界、社会、秩序、正义等问题上的看法、态度、情感、信仰、思想。一些从形式上或功能上看，似乎相同或类似的法律，可能实质上隐含着深刻的文化差异。[2]上述三种不同的比较方式从根本上来说，并没有脱离法律的规范性，而区别在于三者的视角不同。其中规范比较与功能比较具有密切联系，规范比较是对法律规范形式上的异同做比较；功能比较则是立足法律规范的实质功能的差别。

本书对工作环境权的比较研究贯穿始终，主要是采取规范比较和功能比较的方式。对工作环境权法与职业安全卫生法的规范，以及我国现行工作环境法制与其他国家的工作环境法律制度及其功能进行比较，从而确定我国工作环境权法与其他国家工作环境权法制度与功能的区别。

0.3 研究框架、限制与可能的创新

0.3.1 研究框架

本书主要是从两个方面来对工作环境权展开研究：一是工

---

〔1〕 参见朱景文:“从规范的比较到功能的比较——比较法发展的一个趋势”,载《法学家》1993 年第 2 期。

〔2〕 参见黄文艺:“论当代西方比较法学的发展”,载《比较法研究》2002 年第 1 期。

作环境权的基础理论；二是国内外工作环境权实在法的比较研究。具体架构如下图：

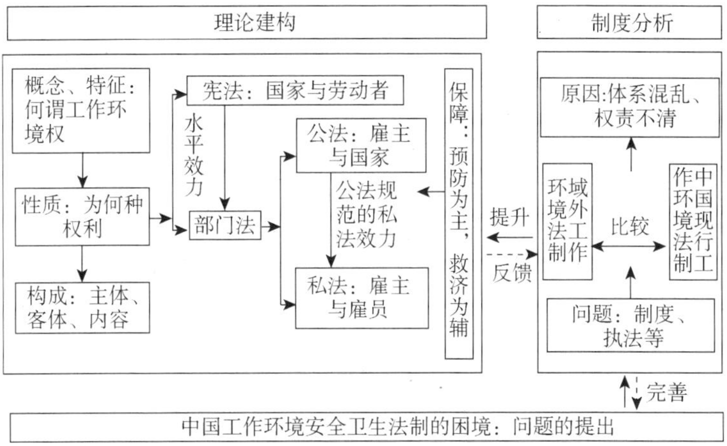

图0－1 本书论述的基本架构

0.3.1.1 工作环境权的理论基础（第1～3章）

除了黄越钦教授在《劳动法新论》中稍有介绍外，目前我国学界对工作环境权理论基础的论述近乎空白。因此，本书第1～3章主要是对工作环境权的理论基础进行了深入的分析，具体包括权利概念及特征、权利性质、权利构成以及权利保障三个部分。

目前学界并未对工作环境权的概念予以界定，而相似概念包括“职业安全权”、“劳动安全卫生权”以及“劳动保护权”等。通说认为，劳动安全卫生权，是指劳动者享有的要求用人单位保护其在劳动过程中的安全和健康的权利。该定义将劳动安全卫生界定为实体性权利，可能存在以下问题：①职业“安全”权、“健康”权与作为民事权利的生命权、健康权之间的区别何在？②权利实现的困境，即所谓的安全、健康的实体标准如何？③与工作环境权保护“预防为主”原则的冲突，因为该定义主要从结果意义上界定劳动安全卫生权，而结果意义的权利面临如何实现的困境。因此，笔者认为，工作环境权是指为了保护劳动者职业安全和健康，避免其他人员以及环境因劳动相关的因素而受到危害，以“职工参与”（Workers' Participation）为核心的权利。实现劳动者安全、健康及工作环境的安全、健康是工作环境权的目的，而非工作环境权本身，因此，笔者对于工作环境权的界定不仅限于“什么是”的问题，而是突出“如何实现”，即通过员工参与的程序实现雇主与雇员的合作治理。基于工作环境的关联性，工作环境权具有保护对象的多元化、内容的复合性以及程序性特点。

工作环境权作为劳动者的基本权利，可以分为两个层面：①宪法上的工作环境权。工作环境权属于宪法未列举权，其具体的宪法权利基础为生存权、环境权以及工作权。②部门法中的工作环境权（如图0－2），即工作环境法中的工作环境权。工作环境权性质上为公私兼容的社会权，因此，部门法中的工作环境权又可以分为公法意义的工作环境权，其主要是指发生在雇主与国家之间的监督与被监督的关系，以及私法意义的工作环境权，其主要是指雇员基于劳动合同对雇主所产生的请求权。

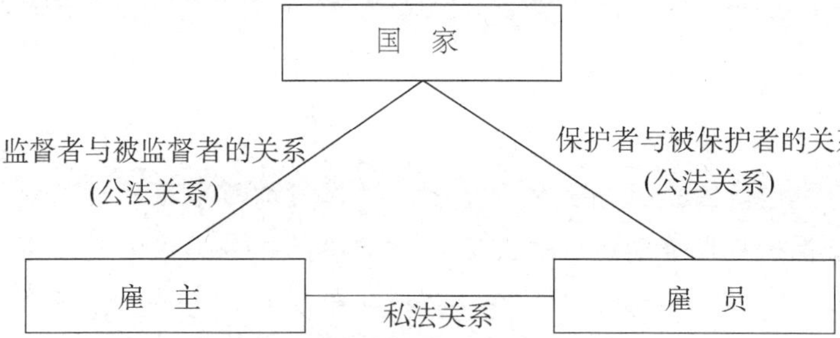

图0－2　工作环境权法律关系结构图

宪法上的工作环境权具有相应的规范效力：一方面，在国家与雇主、雇员之间具有垂直效力；另一方面，在雇主与雇员之间有水平效力。学界通说认为，宪法基本权利在私法主体之间仅具有间接效力，即需通过劳动法的概括条款作为桥梁。公法意义的工作环境权与私法意义的工作环境权之间具有密切联系，雇主公法上所负有的保护劳动者工作环境安全、健康的义务具有私法效力，即公法规范的私法效力。

工作环境权的构成主要包括主体、内容、客体三部分，其中，工作环境权的主体为劳动者，但是主体的范围较为广泛，根据不同国家的立法，其不仅仅包括劳动法上的劳动者，还包括公职人员、军人，甚至包括学生以及承揽人等；工作环境权的客体应是行为，即为维护工作环境安全、健康，劳动者自己参与相关事务而为一定行为或不为一定行为，以及请求国家或者雇主为一定行为或不为一定行为。工作环境权的内容较为广泛，具体可分为第一性权利和第二性权利、程序性权利和实体性权利以及个体性权利和集体性权利三个方面的内容，因此，工作环境权亦可相应分为狭义、中义以及广义三个层次。本书所论述的重点在于狭义的工作环境权，即以集体性、程序性为主要内容，如参与权等。

工作环境权的保障可以分为：①预防性保障，即权利未受侵害前所采取的各种措施，其具体表现为企业内雇主与雇员合作营造良好的工作环境，具体包括：选举安全代表的权利、知情权、咨询协商权、检查处置权以及共决权；②救济性保障，即权利受到侵害后，对受害劳动者采取的救济措施。救济性保障则又可以区分为公法意义的救济性保障和私法意义的救济性保障，前者具体包括：劳动保障、安全生产监察以及卫生行政监察执法、工伤保险的保障、刑罚的保障；后者则包括履行请求权、给付拒绝权、劳动合同的解除权以及损害赔偿请求权。笔者认为，基于工作环境法预防为主的原则，对于该权利的保障应该遵循预防性保障为主、救济性保障为辅的原则。

0.3.1.2 工作环境权的制度分析（第4~6章）

本书第4~5章对国内外的工作环境权制度从法律制度以及执法两个方面进行了介绍。其中，第4章对域外部分国家、国际劳工组织以及欧盟的工作环境权规范进行了详细的介绍，并且根据不同国家立法名称的差别将其区分为：①工作环境法模式，主要是北欧国家，如瑞典、挪威、丹麦以及荷兰等；②职业安全卫生法模式，主要包括美国、日本、英国等。从国际劳工组织关于工作环境的公约及其他文书来看，其具有以下两个趋势，即工作环境安全卫生的范围不断地扩张以及规则的弹性化。第5章主要是立足于我国的现状，对我国的工作环境权法律规范形成的历史、现状、问题做了较为详细的论述。笔者认为，除了具体的制度问题之外，目前我国工作环境法亟待解决的三个问题在于：一是应该对现行的《劳动法》、《安全生产法》、《职业安全卫生法》等内容进行整合，化零为整，实现工作环境权法制的体系化、综合化和框架化；二是强化职工参与以及社会伙伴关系的建立，应该强制性地在企业层面推广工作环境的雇主与雇员合作；三是明确执法机关的权责，改变目前多元分散监管的模式，整合现有的执法力量，依托劳动行政部门（人力资源与社会保障部）设立的劳动监察部门，并且在地方采取垂直领导的方式，具体负责工作环境事务的执法监督。

第6章则是基于前两章的比较分析，从法律移植与法的本土化视角对我国工作环境权的构建及展望展开了论述。首先，对作为供体的域外部分国家工作环境权立法的趋势进行了介绍，包括：立法目的的扩张、适用范围的扩张、职工参与的强化以及立法技术的转变等。其次，基于对我国职业安全卫生的现状分析，笔者认为，法律移植是实现中国工作环境权法制现代化不可或缺的工具，但是由于劳动法制与国家政治、经济体制密切相关，因此，劳动法制的法律移植总是困难重重。再次，从物质条件和社会共识两方面对当下中国的本土资源的分析来看，通过法律移植构建中国的工作环境权是可行的，但是必须实行法的本土化。最后，笔者从制度比较的视角，对于我国工作环境权的完善提供可行性建议。

本书对工作环境权的理论分析与制度分析之间是密切关联的，在部分地方甚至是相互交织的，其原因在于如果从我国的现实出发，可以将制度问题提升为理论问题，而理论分析的成果又将对制度产生反馈，从而为我国现行制度的完善提供有力支持。

0.3.2 研究限制与可能的创新

0.3.2.1 研究限制

受制于本人的研究水平以及有关工作环境权研究的整体状况，本书在以下方面有待进一步完善：①从学科整合的角度来看，本书虽将宪法与劳动法、公法与私法进行了整合，但是整体而言整合力度尚不够，因为工作环境权实际上牵涉到政治、经济乃至科技的最新发展，因此可以进一步拓展学科视野；②在理论研究的部分可能存在分析的体系性以及深入性不够的问题，因此，对于工作环境权的理论构建还需继续深入；③由于未有详细的数据以及相应的实践经验分析，因此本书关于我国的制度现状、问题及其完善的研究主要局限在规范分析方面，实际上还可以采取更加多元的研究方法，如实证分析。

0.3.2.2 可能的创新

作为社会法学的初学者，在此谈论创新，未免有些言过其实。在本书的撰写过程中，笔者期望通过自己的研究，就工作环境权在以下几方面略有突破：

（1）工作环境权的基础理论，即对于何谓工作环境权、工作环境权为何种权利及其具体构成等问题能够提出自己的见解。

（2）对于我国工作环境权法律制度的现状、问题进行较为深刻的分析，并且在比较法的基础上，为我国的制度完善提出较为可行的建议和意见。

（3）期望通过对于瑞典、丹麦、挪威等国的制度介绍，拓展学科的国际视野。

（4）在研究方法方面，期望能够整合劳动法与宪法、公法与私法的理论及制度，实现理论与制度的互动，以及形成跨部门法的研究架构。

第1章

从职业安全到工作环境
——概念、特征及结构

1.1 从职业安全到工作环境——权利的形成

1.1.1 多元视角下工作环境权的形成

1.1.1.1 心理学需求层次理论——工作环境权的内在促因

美国人本主义心理学家亚伯拉罕·马斯洛（Abraham Maslow）认为，人的需求是分层次的，由低到高共包括：生理的需要、安全的需要、社交的需要、尊重的需要以及自我实现的需要。这些需求中，层次越低的需要强度越强，层次越高的强度越弱，高层次的需要除了人类以外，没有任何动物能具有，人的这些需要都是本能的和内在的，属于人的本性。其中，在生理需求得到充分满足的情况下，则会上升到安全需求，“可以大至归分为安全，稳定，依赖，免受恐吓、焦躁和混乱的折磨，对体制、秩序、法律、界限的需求，对保护者实力的要求，等等”[1]。人对安全、健康工作环境的需求是安全需求的具体体

〔1〕［美］亚伯拉罕·马斯洛：《动机与人格》，许金声等译，华夏出版社1987年版，第46页。

现，是人的本能的需求，正是由于内在迫切的安全需求才促使人们推动和维护工作环境权的保障。

1.1.1.2 人权国际化运动——工作环境权的超国家性

人权是人之所以为人的权利，是人性的必然要求，因此，人权是具有普遍性和超国家性的，其本身即是呈现给“全人类与民族的一项成就的共同标准”[1]。正如《世界人权宣言》强调的：“人人有资格享受本宣言所载的一切权利和自由，不分种族、肤色、性别、语言、宗教、政治或其他见解、国籍或出身、财产、出生或其他身份等任何条件。”而“享受公正和合适的工作条件”则是宣言所载的基本人权之一。

1999 年，国际劳工组织（ILO）提出“体面劳动”（Decent Work），旨在促进男女在自由、公正、安全和具备人格尊严的条件下，获得生产性体面工作机会。[2]“体面的劳动必须是安全的工作。”[3]因此，国际劳工组织在《实施体面劳动国别计划：社会保护政策领域的清单》中将“促进体面劳动条件，确保工作条件和就业的安全与卫生，尊重工人的尊严，提高工人的福祉，增加其实现自我价值的机会”作为人人享有社会保护和体面劳动的原则和目标之一。[4]为此，国际劳工组织实施了“安全工

---

〔1〕［美］Jack Dnonnelly：《普世人权：理论与实践》，江素慧译，台北巨流图书公司 2007 年版，第 46 页。

〔2〕 ILO, Report of the Director-General: Decent Work，载国际劳工组织网站，http://www.ilo.org/public/english/standards/relm/ilc/ilc87/rep-i.htm，最后访问时间：2009 年 2 月 28 日。

〔3〕朱常有：“国际劳工组织与职业安全卫生”，载《劳动保护》2002 年第 9 期。

〔4〕 ILO：“实施体面劳动国别计划：社会保护政策领域的清单”，载国际劳工组织网站，http://www.ilo.org/wcmsp5/groups/public/—ed_norm/—relconf/documents/meetingdocument/wcms_gb_297_esp_7_zh.pdf，最后访问时间：2009 年 2 月 28 日。

作计划”（The Safe Work Program），以通过工作中的安全与卫生来实现对人的保障和促进生产力的提高。在国际劳工组织为我国所草拟的“体面劳动国别计划”（Decent Work Country Program；DWCP）中明确“在企业层面提升人力资源管理、工作环境以及生产效率”，“通过企业社会责任机制鼓励企业遵守劳动法，以提供良好的生产性工作环境（Good and Productive Working Environment）”。[1]

1.1.1.3 经济上的“安全回报”（Safety Pays Off）——工作环境权的企业激励

工作环境经济方面的问题是大家共同的兴趣，其经济视角则包括以下四个层面：①因职业灾害和疾病而产生的社会经济成本（Social-Economic Costs）；②工作环境立法的经济影响；③工作环境对企业成本的影响；④工作环境领域的经济激励（Economic Incentive）。例如，美国每年有超过330万工人遭受严重的工伤或职业病，而且数以百万的工人暴露于有毒的化学物质，这将在此后数年中导致疾病。仅工伤赔偿损失，职业伤害和疾病导致美国雇主每年损失530亿美元，每周损失超过10亿美元。[2]“许多管理者不相信好的工作环境会产生回报，与那些投资营造良好工作环境的企业相比，许多人仍然尝试获得短期的基于低成本的竞争优势，但当整个国家都是这样时，‘社会倾销’（Social Dumping）的危险就会变为现实。”[3]早在20世纪

---

〔1〕 ILO, Decent Work Country Programmein the People's Republic of China 2006～2010，载国际劳工组织网站，http：//www.ilo.org/public/english/bureau/program/dwcp/download/china.pdf，最后访问时间：2009年2月28日。

〔2〕 All About the OSHA，https：//www.osha.gov/Publications/all_about_OSHA.pdf，最后访问时间：2013年8月15日。

〔3〕 See Working Environment and Economic Incentives-Nordic Seminar with Poland, Hungary and Czechoslovakia, Nordic Council of Ministers, Copenhagen 1992, p. 3.

80年代，丹麦劳动监察服务部门就曾经计算过，其利用对职业伤害的社会经济成本评估，作为支持不断加强工作环境领域的预防措施，以及支持建立强大的劳动监察机构以确保上述预防措施得以执行的论据。1987年丹麦劳动部向国会提交的关于“工作环境和经济增长”（Work Environment and Economic Growth）的报告指出，那些向良好工作环境投资的企业可以期待技术和经济的优势，由于机器的损坏更少、病假更少、更少的雇用替代、更高的激励和生产率等，都将促使更高的获利。[1]国际劳工组织也意识到“安全回报”的意义，其在体面劳动的实施过程中突出企业的社会责任（Corporate Social Responsibility），“技术和生产体系的改变，导致社会意识（Social Consciousness）的改变，以及对个人身份（Personal Identity）和人权新的认同。不断增长的消费选择、知识和新的沟通方式的采纳，使得个体和社会组织（Social Institutions）不仅仅是全球化进程中的客体，而应是其中潜在的行动主体（Potential Actors），社会偏好（Social Preferences）影响市场结果以及企业声誉（Corporate Reputations），一个良好的企业社会声誉对于商业上的成功越来越具有实质意义”。[2]如欧洲的“绿色运动”，当消费者和投资者决定买什么或者投资什么的时候，他们对于产品以及产品生产的环境影响表现出极大的关注，许多企业开始尝试制作绿色账簿，用来登记与环境相关的关键数字作为传统账簿的补充。

---

〔1〕 See Working Environment and Economic Incentives-Nordic Seminar with Poland, Hungary and Czechoslovakia, Nordic Council of Ministers, Copenhagen 1992, pp. 7 ~ 8.

〔2〕 ILO, Report of the Director-General: Decent Work，载国际劳工组织网站，http://www.ilo.org/public/english/standards/relm/ilc/ilc87/rep-i.htm，最后访问时间：2009年2月28日。

1.1.1.4 环境危机的反思——工作环境权的缘起

蒸汽机、信息技术等带来了生产技术的革新，极大地促进了人类的生产效率。与此同时，人类生产的极度扩张造成环境资源的生产消费与生活消费之间的矛盾。生产对于环境资源的过度消耗，不断地挤占、恶化人类的生存环境。生态环境被严重污染和破坏、环境质量下降、环境状况恶化、日益加剧的人口压力以及自然资源面临枯竭等一系列问题对人类生存和发展造成严重威胁。20世纪以来，除了自然灾害外，人类社会所发生的重大灾害几乎都与职业安全密切相关，如切尔诺贝利核电站爆炸等。因此，对于环境危机的反思使得对于环境的保障已经超越了狭义“环境”的局限，形成了整体的、综合的环境观念。环境问题甚至不仅仅局限在工业问题、经济问题和技术问题的范畴，已经成为社会问题，甚至成为政治问题，许多国家相继诞生了以环境保护为宗旨的政党组织——绿党，如世界上第一个绿党是20世纪70年代在新西兰产生的“价值党”，而最有影响的则是德国的绿党。[1]

1.1.1.5 政治上的协商民主——工作环境领域的民主参与

“协商民主是一个反映多元价值和偏好，鼓励参与和对话，促进共识形成的过程，协商民主的基本要素主要包括协商参与者、偏好及其转换、讨论与协商、公共利益、共识。”[2]尽管协商民主作为政治学界的民主理论最终成型于20世纪80年代，然而，事实上协商民主的形成与伯克、密尔以及20世纪早期杜威的政治理论具有密切联系。一方面，协商民主重视公共利益的存在可能性，强调共同行动；另一方面，重视个体利益冲突的

---

〔1〕 参见吴卫星：《环境权研究》，法律出版社2007年版，第20页。

〔2〕 陈家刚：“协商民主：概念、要素与价值”，载《中共天津市委党校学报》2005年第3期。

不可避免性，强调协商。从西方民主社会的发展来看，国家的民主治理模式往往直接影响到微观的社会组织的治理模式，如公司治理等，因此，协商民主作为多元文化社会的民主治理形式，促成企业内职工参与机制的形成。工作环境权的核心在于职工在工作环境领域的民主参与，通过公共协商，实现各个主体的利益表达，以及职场公共风险的责任分担。

1.1.2 职业安全卫生规范的历史转变——基于国际劳工公约及其他文书的分析

促进劳动者职业安全卫生的保障是国际劳工组织的重要职责，因此，自1919年成立至今，国际劳工组织通过了大量与职业安全卫生相关的公约以及其他文书。纵观国际劳工公约及其他文书的内容，其呈现出从职业安全卫生向工作环境，从刚性、精确的规则向灵活、弹性的框架性规定转变的趋势。

国际劳工组织（ILO）成立初期，其工作的重心是提高工厂中的安全程度，提供针对由某些物质（尤其是危险物质）引发的工业危险的保护，如白铅、炭疽热和白磷。而这些标准基本上都是由明确无误的规则所构成的。在20世纪30年代，国际劳工组织开始制定关于办公室卫生和建筑业安全方面的标准，从而引入了更为广泛的行业、部门概念，重点是高风险行业和部门，如建筑业1988年《建筑业安全卫生公约》（第167号）、矿山部门1995年《矿山安全与卫生公约》（第176号）等。与此同时，国际劳工组织开始在职业安全与卫生领域出现最早对示范性规则，即业务守则的前身的需求，如1937年通过了作为1937年《安全规定（建筑业）建议书》（第53号建议书）附件的《示范守则》，该建议书补充1937年《安全规定（建筑业）公约》（第62号）。此后，由于第二次世界大战后重建时期产业发展的迫切需要，国际劳工局理事会于1949、1950年又通过了两个示范规则，且未经国际劳工大会批准即予公布。此后，这一程序继续保持，但在1951年准备制定另一个示范规则时，理事会决定以“业务守则”一词取代“示范规则”，以表明此类准则旨在提供指导，而不对国际劳工组织成员国规定任何法律义务。

20世纪70年代以来的整个战后时期，强调的重点是对职业病预防的特殊需要，并日益认识到对人类环境，也是对工作环境采取更为综合性措施的必要性。1972年发表的“罗本斯报告(Robens Report)”〔1〕是这方面进展的一个重要标志。自那以后制定的国际标准都采用了相当数量的新的、更全面的方法和内容。国际劳工组织的首次努力促使1977年《工作环境（空气污染、噪音和振动）公约》（第148号）的通过，这是一个较以前任何职业安全与卫生标准都全面得多的标准。但其管辖范围仅限于那些属于该公约关于空气污染、噪音和振动的定义内的物理危害及有害物质和介质。1981年《职业安全和卫生及工作环境公约》（第155号）清楚地标示了一个新起点，因为除了以综合方式处理职业安全和卫生与工作环境问题外，它在很大程度

〔1〕 罗本斯、英国工作安全与卫生委员会：《工作安全与卫生（1970～1972年）》（伦敦，1972年）。该报告注意到，职业事故和职业病的下降速度缓慢，并强调指出在职业卫生实践中缺乏政治意愿，而职业安全与卫生立法的性质则是零打碎敲式的。罗本斯报告最重要的建议是，行业部门的单项安全与卫生立法应该逐步废除，并由一种框架法令所取代，这种框架法令要覆盖所有行业和所有劳动者。特殊危害或行业提出的安全与卫生问题应根据该框架法令制定的法规和业务守则予以处理。此外，该报告还建议消除企业对职业安全与卫生反感的一个方法是，提高工人对政策制定实施的参与程度。该报告成为了国家和国际范围内进行改革的动力，方向是用以雇主和他人需履行的广泛职责为基础的标准来取代详细的技术标准，并将工人的权利和义务纳入进来。

上还是一个政策文书，而不是规定具体的法律义务。[1]

1.2 工作环境权的概念及特征

1.2.1 工作环境权的概念比较——有限文本资源的剖析、借鉴

目前我国可资借鉴的关于工作环境权的研究资源较少，但通过对有限资源的分析，可以使我们了解我国目前工作环境权的现状，为本书拟定工作环境权概念提供借鉴。

1.2.1.1 法规范概念的分析

（1）劳动安全卫生——《劳动法》。《劳动法》第3条明确规定劳动者享有获得劳动安全卫生保护的权利，在第6章对“劳动安全卫生”进行了专门规定。尽管《劳动法》未明确规定何谓劳动安全卫生，但是，从其规范内容来看，劳动安全卫生是指用人单位“提供符合国家规定的劳动安全卫生条件和必要的劳动防护用品（第54条）”，“防止劳动过程中的事故，减少职业危害（第52条）”，以保护劳动者的安全、健康。

（2）安全生产、职业病防治——《安全生产法》、《矿山安全法》以及《职业病防治法》。《安全生产法》、《矿山安全法》以及《职业病防治法》是我国现行职业安全卫生法律体系的核心，因此，相关的法规范概念具有重要的借鉴意义。然而，上述三法均未对“安全生产”、“生产安全”以及“职业病防治”

〔1〕 2003年国际劳工大会第91届会议报告六：《国际劳工组织在职业安全与卫生领域的标准相关活动：针对旨在为这种活动制定一个行动计划的讨论而进行的一项深入研究》，载国际劳工组织网站，http：//www. ilo. org/wcmsp5/groups/public/—ed_ norm/—relconf/documents/meetingdocument/wcms_ ilc_ 91_ rep-vi_ zh. pdf，最后访问时间：2009年2月28日。

予以明确的概念界定，仅仅是《职业病防治法》中对于何谓“职业病”进行了界定，即“职业病，是指企业、事业单位和个体经济组织（以下统称用人单位）的劳动者在职业活动中，因接触粉尘、放射性物质和其他有毒、有害物质等因素而引起的疾病”。

（3）职业安全卫生、工作环境——《职业安全卫生术语》（GB/T 15236 -94）国家标准中相关概念的界定。1995 年实施的中华人民共和国国家标准《职业安全卫生术语》（GB/T 15236 -94）规定，“职业安全卫生”是指以保障职工在职业活动过程中的安全与健康为目的的工作领域及在法律、技术、设备、组织制度和教育等方面所采取的相应措施。“工作环境”，又称劳动环境，是指工作场所及周围空间的安全卫生状态和条件。

1.2.1.2 学者对工作环境权相关概念的界定

目前我国学者对于工作环境权的研究，还是停留在传统的劳动安全卫生阶段，其具体称谓不尽相同：

（1）职业安全权。“职业安全权，是劳动者依法所享有的在劳动的过程中不受职场危险因素侵害的权利。”[1]

（2）劳动保护。“劳动保护，其广义是指对劳动者各个方面合法权益的保护，即通常所称的劳动者保护；其狭义仅指对劳动者在劳动过程中的安全和健康的保护，又称劳动安全卫生或职业安全卫生。”[2]

（3）劳动安全卫生。劳动安全卫生是指国家为了保护劳动者在劳动过程中的安全和健康而制定各种法律规范的总称。劳

---

〔1〕 郭捷：“论劳动者职业安全权及其法律保护”，载《法学家》2007 年第 2 期。孙冰心：“职业安全权的价值透视”，载《当代法学》2007 年第 9 期。

〔2〕 王全兴：《劳动法》（第 2 版），法律出版社 2004 年版，第 262 页。

动者获得劳动安全卫生保护是劳动者的一项基本权利。[1]

(4) 工作环境权。"工作环境权，一般是指劳动者应当在能够保障其生命安全、身心健康和人格尊严的环境中进行工作的权利。"[2]

学界通说对上述概念不予区分，认为"劳动安全卫生又称为职业安全卫生，在我国曾称为'劳动保护'，是对劳动者在劳动场所中的生命安全和身体健康的法律保护。劳动安全，是指劳动场所中无急性伤害事故发生，即无急性中毒、触电、机械外伤、车祸、坠落、塌陷、爆炸、火灾等劳动者生命安全的事故发生。劳动卫生，是指在劳动场所中无慢性职业危害发生，即无不良劳动条件、有毒有害物质危害劳动者身体健康的职业中毒、职业病发生"[3]。"职业安全卫生，国外常称为职业安全健康，我国习惯上称为劳动保护、劳动安全卫生，或简称职业安全。其含义从广义上来讲，是指从业人员在生产、工作、学习、生活等各个方面的合法权益的保护；从狭义上讲，是指对从业人员在劳动过程中合法权益的保护。"[4]

1.2.1.3 小结

从上述文本资源的分析来看，我国工作环境权的研究主要集中在传统的劳动安全卫生方面。所谓的劳动安全卫生具有以下特征："①受保护者是劳动者，保护者是用人单位；②保护对

---

〔1〕 参见关怀主编：《劳动法》（第2版），中国人民大学出版社2005年版，第187页。常凯主编：《劳动关系·劳动者·劳权——当代中国的劳动问题》，中国劳动出版社1995年版，第281页。

〔2〕 黄鸿福、胡玉浪："试论我国工作环境权的理论基础与立法建设"，载《龙岩学院学报》2008年第5期。

〔3〕 王昌硕主编：《劳动和社会保障法学》，中国劳动社会保障出版社2005年版，第159页。

〔4〕 孟燕化主编：《职业安全卫生法律基础与实践》，中国劳动社会保障出版社2007年版，第15~16页。

象是劳动者的安全和健康；③保护的范围只限于劳动过程。”[1]《劳动法》更是明确规定劳动者享有劳动安全卫生权，然而，劳动安全卫生权（法）与工作环境权（法）的关系如何？

1.2.1.3.1 工作环境权优于职业安全卫生权

工作环境权与职业安全卫生权之间具有紧密联系，从国外立法规范来看，既有国家制定《工作环境法》(Working Environment Act)，如瑞典、丹麦、挪威、荷兰等；也有国家制定《职业安全卫生法》(Occupational Safety and Health Act)，如美国、日本、英国等。上述国家立法中也是将二者不做区分地予以使用，如丹麦《工作环境法》中，“安全和卫生（Safe and Health)”遍及全文；日本的《劳动安全卫生法》则将“舒适的工作环境（快適な職場環境)”作为立法目的。[2]国际劳工组织第155号公约——《职业安全和卫生及工作环境公约》更是将二者并列。

我国学者关于二者的关系存在以下两种不同观点：

第一，等同说。“劳动安全卫生是指劳动者在劳动过程中的安全和健康的法律保障，而这方面的法律也被称之为职业灾害防治法、工作环境权法。”[3]“我国《劳动法》没有采用‘工作环境权’的提法，但是该法第3条明确规定，劳动者享有获得劳动安全卫生保护的权利。这里‘获得劳动安全卫生保护的权

[1] 王全兴：《劳动法》（第2版），法律出版社2004年版，第262页。有学者的表述不完全一致：“职业安全卫生的含义有以下三点：①其保护对象是从业人员；②只保护从业人员在安全和健康方面的合法权益；③仅限于在劳动过程中对从业人员的安全健康保护，而对于劳动过程以外的活动不负这项义务。即职业安全卫生是基于职业即在劳动过程中产生，由劳动关系而发生的。”孟燕化主编：《职业安全卫生法律基础与实践》，中国劳动社会保障出版社2007年版，第15~16页。

[2] Industrial Safety and Health Act 2006 (JP), Article 1.

[3] 黎建飞：《劳动法的理论与实践》，中国人民公安大学出版社2004年版，第432页。

利’，实际上与工作环境权是同义的。”〔1〕

第二，不同说。我国台湾地区学者黄越钦教授认为，从相关立法的历史演变以及相应的理念来看，二者之间存在位阶的关系，工作环境权较职业安全卫生权居于更高的层级。“工作环境保护之理念，作为劳工安全卫生立法之指导原则或作为其上位概念。”〔2〕

上述学者的论证视角不尽相同，因此结论也不尽相同。前者是从不同国家之间劳动安全卫生法与工作环境法的横向比较的视角来论证，而后者则是从工作环境权法制历史发展的纵向角度来论证。两种观点都具有合理性，从不同国家法制的横向比较来看，劳动安全卫生法在立法目的、制度内容以及功能方面与工作环境权法确实相似。但是二者并非可以完全等同，因为工作环境权与职业安全卫生权虽然都是强调预防职业灾害和职业病，保护劳动者的安全和健康，但从工作环境权法制历史发展的纵向比较来看，工作环境权法作为最新发展，其在理念和具体制度方面确实超越了劳动安全卫生法。笔者以为，二者存在较大的区别，具体如下：

（1）从权利的目的来看，职业安全卫生权是以保障劳动者的安全和健康为目的；工作环境权则突出强调工作环境应能提供“与科技和社会发展相符合的福利水平”。〔3〕因此，比较而言，职业安全卫生权是静态的、独立的，而工作环境权是动态的、交互的。

（2）从权利主体来看，职业安全卫生权突出其公权属性，

〔1〕 南京大学法学院《人权法学》教材编写组主编：《人权法学》，科学出版社2005年版，第244页。

〔2〕 黄越钦：《劳动法新论》，中国政法大学出版社2003年版，第431页。

〔3〕 Working Environment Act 2012（NO），Section 1-1.

强调雇主对国家的义务，而将劳动者置于反射利益的受益人地位；工作环境权则将劳动者置于主体地位，突出劳动者的积极性、自主性和参与性。

（3）从权利内容来看，职业安全卫生权偏向于实体权利，即突出强调劳动者的生命安全和身体健康的保障；工作环境权则是强调如何实现安全、健康和舒适的工作环境，其偏向于程序性和过程性。

（4）从适用范围来看，职业安全卫生权局限于工作场所，而工作环境权则将整个工作过程包括进来，工作者、工作方式以及工作场所，甚至与工作相关的工作场所以外的环境（人和物）都包括进来。

1.2.1.3.2　职业安全卫生权不等同于安全生产和职业病防治

虽然我国《劳动法》中对“职业安全卫生”进行了简单的规定，但是，实践中真正发挥作用的则是《安全生产法》、《职业病防治法》以及《矿山安全法》等，因此，有人认为上述三法足矣，无需再制定《职业安全卫生法》，更遑论制定《工作环境法》。但是，笔者认为，“安全生产”不等于“职业安全”，“职业病防治”不等于“职业卫生”，更不能简单地认为二者相加就是“职业安全卫生”。其原因在于：一是《安全生产法》以及《职业病防治法》本身的科学性和合理性是存在疑问的，上述两法围绕经济发展展开，以促进生产为目的，而非劳动者的安全和健康的保护，因此，可以毫不夸张地说，我国劳动安全事故频发、伤亡率高与上述法律的“目的不纯”有密切关系；二是《安全生产法》以及《职业病防治法》主要是行政强制法，其目的在于指导行政执法，因此，其中规范多是用人单位对国家的义务，而对于劳动者的权利论及甚少。

1.2.2 工作环境权的特征

笔者认为，工作环境权是指为了保护劳动者职业安全和健康，避免其他人员以及环境因劳动相关的因素而受到危害，以“职工参与”（Workers' Participation）为核心的权利。与传统的劳动安全卫生权相比，其特点在于：

1.2.2.1 保护对象的多元化

劳动者作为劳动关系的当事人，在用人单位提供的劳动场所工作，服从用人单位的指示和命令，其行动自由和意识自主受到限制。由于劳动者与用人单位之间的实质不平等，导致劳动者对于劳动场所以及生产过程缺少必要的控制，使得职业灾害或职业病往往直接侵害劳动者的人身权利。因此，我国将劳动安全卫生权的保护对象限定为劳动者安全和健康有其合理性。但是，由于工业社会中工作场所取代家庭成为社会的基本细胞，而基于工作场所的关联性，其不仅仅与劳动者和用人单位联系密切，还涉及与其相关的其他人、劳动者的家庭以及工作场所所在地区的环境。当职业灾害或者职业病发生后，不仅仅使得劳动者与用人单位的人身权、财产权受到侵害，而且这种损害结果具有传导性和放大性，可能影响到企业乃至企业所在行业的声誉，增加雇员家庭负担，影响国家劳动力资源的供给，甚至污染生态环境。因此，工作环境权的保护对象不应局限于劳动者，而应扩大覆盖到其他相关人员和环境，包括同一工作场所的非用人单位的劳动者，如承揽人员或者承包商的雇员等，以及可能受到工作中危害因素影响的工作场所外的环境及在其环境中生活的居民。

1.2.2.2 内容的复合性

劳动安全卫生权的内容主要是劳动者生产过程中的健康和

安全，而工作环境权的内容则具有复合性，其具体体现为：

（1）生理健康与心理健康的复合。我国目前将劳动安全卫生权狭义地理解为劳动者生产过程中物质性人格权——生命权、身体权的保护，有人认为，“‘职业安全卫生权’以劳动者的物质性人身权为保护对象。……职业安全卫生权是指劳动者在劳动过程中的物质性人身权利不受侵犯的权利”[1]。笔者认为，此种观点是值得商榷的。因为随着科技水平的提高、法制的完善、产业结构的转变，以及知识密集型产业比重的增加，整体而言，传统职业危害的发生率以及造成的伤亡损害逐步减少。反而，由于社会竞争的加剧，工作生活压力增加，使得劳动者精神健康损害的比重不断增加，因此，工作环境权不仅仅应关注劳动者的物质性人格权的保护，还应注重劳动者精神健康的保护。国际劳工组织《职业安全和卫生及工作环境公约》（第155号公约）规定，与工作有关的“健康”一词，不仅指没有疾病或并非体弱，也包括与工作安全和卫生直接有关的影响健康的身心因素。日本等国家则不仅仅将过劳死认定为工伤，而且将因为工作压力导致抑郁自杀的情形也认定为与工作相关，应由雇主承担相应的责任。

（2）“人”与“物”的复合。传统民法基于主客体二分而建立起来，因此，传统民法中“人”只能为目的，不能为手段，而“物”只能为手段，不能为目的。劳动法与传统民法的区别在于，其具有实质上的人身性和形式上的财产性的特点，其打破了传统民法所建立的“人”、“物”二分的格局。因此，在上文关于工作环境相关概念的分析中，几乎都还是延续传统民法的“人”、“物”二元划分的理论，将“环境”理解为人之外的

---

〔1〕阳露：“中国职业安全卫生法律整合探讨”，四川大学2007年硕士学位论文，第8页。

存在。事实上，“人”与“物”是相互依存的，人的行为与物的品质是相互影响的，因此，“生态中心主义”和“现代人类中心主义”都强调了人类与自然的统一性。工作环境权正是基于这样的理念，将“人”置于工作环境之中，而非将其从工作环境中抽离，以实现人与自然的和谐并存为目的。

（3）工作场所内与工作场所外的复合。工作场所作为社会的基本细胞，传统劳动安全卫生观念及法制将视野局限在工作场所内，即通过维护工作场所的安全来保护劳动者的安全和健康。事实上，由于生产行为而产生的危害，并不局限在工作场所内，而会扩散至工作场所外的环境，如中石油吉林石化分公司双苯厂“11·13”爆炸事故及松花江水污染事件[1]。以下是该事件的主要报道：

> 2005年11月13日，由于外操人员违反操作规程，中国石油天然气股份有限公司吉林石化分公司双苯厂硝基苯

〔1〕参见刘亮明：“中石油吉林石化公司一化工车间连续发生爆炸”，载人民网，http://society.people.com.cn/GB/1062/3852124.html，最后访问时间：2008年12月20日。参见新华社：“国务院对吉林石化爆炸及松花江污染事故作处理”，载中华人民共和国政府网，http://www.gov.cn/ztzl/2006-11/24/content_453127.htm，最后访问时间：2008年12月20日。参见“国务院对中石油吉林石化分公司双苯厂‘11·13’爆炸事故及松花江水污染事件作出处理”，载国家安全生产监督管理总局网站，http://www.chinasafety.gov.cn/newpage/Contents/Channel_5498/2006/1124/6670/content_6670.htm，最后访问时间：2009年2月2日。尽管该事件发生于2005年，但是，该事故由于涉及石化行业，且造成严重的人员伤亡、财产损失和环境污染，因此，仍有研究价值和警示意义。虽然该案已经过去8年了，但是，与此相似的事故却仍未得到有效的预防，如2013年6月2日中石油大连石化分公司爆炸事故。参见《国务院安委会办公室关于中石油大连石化分公司“6·2”火灾爆炸事故和中储粮黑龙江分公司林甸直属库“5·31”火灾事故情况的通报》（安委办［2013］17号），载国家安全生产监督管理总局网站，http://www.chinasafety.gov.cn/newpage/Contents/Channel_4977/2013/0802/215594/content_215594.htm，最后访问时间：2013年8月20日。

精馏塔发生爆炸，具体后果如下：

工作场所内：人员伤亡和财产损失。共造成8人死亡，60人受伤，直接经济损失达6908万元。事故造成新苯胺装置、1个硝基苯储罐、2个苯储罐报废，导致苯酚、老苯胺装置、苯酐装置、2，6—二乙基苯胺四套装置停产。

工作场所外：

第一，附近居民被迫疏散。爆炸事件发生后，共转移疏散4.2万人。

第二，大气污染。据吉林市环保局环境监察支队介绍，环境监测发现，现场上方的空气中含有苯和酚，可以用清洗的办法解决。

第三，松花江水污染。事故发生后，监测发现苯类污染物流入第二松花江，造成水质污染。据环保部门监测，14日10时，吉化公司东10号线入江口水样有强烈的苦杏仁气味，苯、苯胺、硝基苯、二甲苯等主要污染物指标均超过国家规定标准。松花江九站断面苯类指标全部检出，以苯、硝基苯为主，从3次监测结果分析，污染逐渐减轻，但右岸仍超标100倍，左岸超标10倍以上。松花江白旗断面只检出苯和硝基苯，其中苯超标108倍，硝基苯未超标。随着水体流动，污染带向下转移。11月20日16时到达黑龙江和吉林交界的肇源段，硝基苯开始超标，最大超标倍数为29.1倍，污染带长约80公里，持续时间约40小时。

第四，停水影响居民正常生活。11月18日，吉林省政府通知直接从松花江取水的企事业单位和居民停止生活取水，并对工业用水采取预防措施。

11月21日，哈尔滨市政府发布通告，称市区市政供水管网设施要进行全面检修，决定从11月22日中午12时起，停水4天。而事实上直到11月27日下午，污染带移出哈尔滨饮用水源取水口后，哈尔滨市才开始恢复供水。

从上述案例可知，因为工业事故导致的危害并不局限在工作场所内，而是严重影响到工作场所外的环境。回顾20世纪发生的几次重大的职业灾害，无一不是如此，如1984年印度博帕尔中毒事件〔1〕以及1986年切尔诺贝利核电站事故〔2〕。造成工业灾害的危害扩散的原因在于：一是科技的发展，如新技术和新材料的运用，不仅促进了工业的发展，也使得工业灾害的危害扩大，如核能、化学原料等；二是工业规模化的发展，使得围绕规模化工厂形成较大规模的居住区，甚至整个城市就是围绕某个工厂所形成。因此，当工厂的工业灾害发生后，必然会危害到工厂周围居民的生命、财产安全。这种危害不仅仅是直接危害，还包括由于工业灾害导致的水土、大气污染所造成的间接危害。

1.2.2.3 性质的程序性

实体性权利是指具有直接实际意义的权利，具体表现为一

---

〔1〕 1984年12月3日凌晨，印度中央邦的博帕尔市（Bhopal）美国联合碳化物（Union Carbide）属下的联合碳化物（印度）有限公司（UCIL），设于博帕尔贫民区附近的一所农药厂发生氰化物泄漏事件。当时有2000多名博帕尔贫民区居民即时丧命，后来更有2万人死于这次灾难，20多万博帕尔居民因此而永久残废，现在当地居民的患癌率及儿童夭折率，仍然因这些灾难远比其他印度城市高。参见维基百科，http://zh.wikipedia.org/w/index.php title=%E5%8D%9A%E5%B8%95%E7%88%BE%E4%BA%8B%E4%BB%B6&variant=zh-hans，最后访问时间：2008年12月20日。

〔2〕 1986年4月26日，位于乌克兰境内的切尔诺贝利核电站4号反应堆在进行一项实验时发生爆炸，造成30人当场死亡，8吨多强辐射物泄漏。放射物污染了乌克兰北部、白俄罗斯南部和俄罗斯布良斯克地区方圆14.2万平方公里的土地，320多万人受到核辐射侵害，酿成人类和平利用核能史上的一大灾难。原苏联专家在总结这起核电站事故的教训时指出：有关人员玩忽职守、粗暴违反工艺规程是造成事故的主要原因。参见谷玥：“切尔诺贝利核泄漏事故”，载新华网，http://news.xinhuanet.com/ziliao/2006-04/26/content_4476543.htm，最后访问时间：2008年12月20日。

定的物质利益或精神利益，而程序性权利是指为实现和保障实体性权利所享有的权利，具体表现为一定的程序利益。公民的程序性权利是个体自卫权利发展而来的，其最开始是针对其他个体的防卫权，后来国家产生后，逐渐演变成为针对国家的防卫权。目前关于程序性权利的讨论多是集中在诉讼程序权利，实际上程序性权利除了包括诉讼程序权利外，还包括行政程序、立法程序、选举程序等权利。有学者将实体性权利和程序性权利分别称为“作为状态的权利”和“作为过程的权利”，其认为，“过程意义上的程序性权利来自对权利新的分析模式。从法律权利实现的角度来看，权利应当是一个表征状态、过程、目的相结合的范畴。就状态而言，权利意味着某种法律认可的资格、权能、选择的可能性；就过程而言，权利又是一种进行某种活动、提出某种主张或作出某种选择的法律依据；就结果或目的而言，权利则是受法律保护的某种利益。作为状态的权利与作为过程的权利是紧密相连的，是权利的两个方面。如果权利仅仅是一个状态而不具有过程性的话，那么这一状态实际上就不可能存在。基于这种分析，权利可以从两方面来理解，或者说作为状态的权利和作为过程的权利，即实体性权利和程序性权利”〔1〕。

实体性权利的实现需要依靠程序性权利，离开了程序性权利，实体性权利宛如空中楼阁。因此，普通法有“程序先于权利”的法谚，“权利是由程序来设定的，因为程序的存在而存在，是从程序中推导出权利，而不是相反，因此，程序比权利本身更为重要”〔2〕。

---

〔1〕 童之伟：《法权与宪政》，山东人民出版社 2001 版，第 180 页。

〔2〕 姜栋：“英国普通法‘程序优先于权利原则’的思考”，载《河北法学》2007 年第 4 期。

国内学者以及劳动法律规范在论及劳动安全卫生权时将其定位为劳动者享有的要求用人单位保护其在劳动过程中的安全和健康的权利，其性质应属于实体性权利，而此种定位可能存在以下几个问题：

（1）职业“安全”权、“健康”权与作为民事权利的生命权、健康权之间的区别何在？工作环境权保护劳动者的安全和健康是必然的，但是，如果将此单独界定为劳动者的权利，则可能引发以下质疑：劳动过程的安全和健康，与劳动者的民事权利——生命权和健康权的区别何在？为何独立的人格权利在劳动领域又成为另一种独立的权利，而在其他领域则不是？笔者认为，权利区分的标准在于其法益内容的区别，而非场合。所以，劳动者的生命安全和身体健康法益，作为通常意义下单独的人格利益，并不会因为在劳动过程中就转化为工作环境权或者劳动安全卫生权。事实上维护劳动者在劳动过程中的安全和健康是工作环境权立法的目的，而非工作环境权本身。

（2）权利实现的困境。作为实体性权利，劳动者在劳动过程中享有的安全和健康权利应有何具体的标准？如何得以实现，应达到何种结果？我国尽管制定了相关的法律、法规，如《安全生产法》、《矿山安全法》以及《职业病防治法》等，但是，造成群死群伤的职业灾害事故和职业病依然高发，当然其原因是多方面的，但是不可否认的是过度强调实体性内容，而忽视程序保障，也是重要原因之一。

（3）与工作环境保护“预防为主”原则的冲突。安全和健康作为状态性权利、实体性权利，如果用人单位违反法律规定或者劳动合同约定的安全保护义务，导致工作场所存在安全风险，但未直接侵害到劳动者的生命安全和身体健康，该权利应如何救济？作为实体性权利，原则上是结果性的，也就是只有当义务人的行为直接侵害到该权利时，权利人才能请求救济。事实上，用人单位违反法律规定和劳动合同约定的安全保护义务时，并不必然导致职业灾害或者职业病，侵害劳动者的生命安全和身体健康。工作环境权立法运行的最主要方式是“预防灾害的发生”。因此，从此种意义上来说，工作环境权的直接内容并非劳动者劳动过程中的安全和健康，而是如何实现职业灾害和职业病的预防。

因此，笔者认为工作环境权性质上属于程序性权利，其功能在于保障劳动者职业安全卫生。该程序性权利是由意欲实现的实体性权利或者目标延伸出来的，不仅仅具有服务于一定实体结果的“工具价值”，还具有其独立的“内在价值”。将工作环境权定位为程序性权利的原因在于：

第一，可以弥补将其定位为实体权利所面临的困境。工作环境权作为程序性权利，将实现劳动者劳动过程中的安全和健康作为目的，可以避免将安全、健康独立于生命权和健康权所面临的正当性质疑。且其根本目的就是权利的实现，可以切实解决由于权利的不确定性而导致的权利“落空”问题。此外，作为程序性的工作环境权，将围绕“如何预防职业灾害和职业病”进行程序设置，切实地贯彻落实预防为主的原则。

第二，从劳动立法的倾斜保护原则来看，由于劳动者与用人单位居于不平等地位，因此，需要通过法律的强制实现二者的实质平等。法律的强制除了实体利益方面的强制外，即通过直接干预对强势方进行利益克减或者对弱势方进行利益补强，还包括程序方面的强制，因为严格程序的设置实质上是对当事人双方的意思自治的限制，而在意思表示双方地位失衡的情形下，意思自治的空间越大，则越有可能导致强势方滥用其权利，侵害弱势方的利益。“程序可以平衡私法主体之间的权利义务，矫正生活之中的显失公平现象，这是程序保证公平的作用。程序可以给强势私法主体设定义务，相应地，给弱势私法主体授予权利。”[1]因此，工作环境权作为程序性权利是倾斜保护劳动者原则的体现。从劳动关系的调整模式来看，将工作环境权定位为程序性权利可以避免意思自治或者国家干预过度的极端情形。

第三，借鉴学者关于与工作环境权有密切关联的环境权的论述，其认为，环境权应“从拥有环境到参与环境决策”，因为“‘环境权’的具体内容为何颇难掌握，造成许多困扰。尤有进者，由于环境问题涉及高度科技背景、决策风险，以及因案而殊的利益冲突，不适合以绝对式权利的分配谋求解决，更加深了传统环境权理论的色厉内荏。……宪法中若应有环境权，则此权应以肯认民众适度参与环境决策的程序权为妥”[2]。从立法实践来看，目前制定了工作环境权法的国家，多是从程序意义上去界定该权利，突出强调劳资双方共同促进工作环境改善的协商、共决程序。

1.3 工作环境权的结构

法律关系由主体、客体以及权利义务三者构成，其中权利作为法律关系的内容具有重要意义，其与法律关系之间具有相互依存关系，从某种意义上看，当提及某种权利时，通常隐含着的前提是该权利属于某种法律关系。因此，当剖析工作环境权的结构时，必须清晰地界定其所处的法律关系。整体而言，工作环境权所处法律关系的类型主要分为以下两种：①纵向的

---

[1] 陈醇：“私法：程序与权利并重”，载《湖北社会科学》2003年第11期。

[2] 叶俊荣：《环境政策与法律》，月旦出版公司1993年版，第32～33页。

宪法法律关系与部门法法律关系。前者是指从基本权层面来分析工作环境权，其主要是国家与公民之间的关系（详见本书第2章论述）；后者则是从部门法具体权利的视角来分析工作环境权。②横向的公法法律关系与私法法律关系。前者是指公法意义的工作环境权，其主要是发生在国家与雇主之间，雇员往往是作为保护对象存在，仅仅是国家行政权力反射利益的受益人；后者则是指私法契约上的工作环境权，其主要是发生在雇主与雇员之间。本书在此将工作环境权置于公私法律关系中来予以分析。

1.3.1 工作环境权的主体

人与人之间所形成的社会关系，经过法律调整上升为法律关系。所以，人是法律关系的核心。“人是法学研究的逻辑起点，这是从终极意义上而言的，也就是说，法学研究的出发点是人，其归结点也是人，借用黑格尔的话而言，是一种围绕着人而由起点到终点之间的一种循环运动。”〔1〕主体、客体、权利义务（内容）是法律关系的构成要素，三者之间具有密切的联系，其中主体则是更为基础性的要素。“法律世界不仅是有权利的世界，而且是有主体的权利世界，这就是说，法律真正的目的，不在权利这里，而是在被授权者那里。法律授予权利，是要对被授予者授予权利，其目的在于使被授予者成为‘立法者’而不是‘仅仅是责任的承担者’。根据这个假设，主体概念将是比权利概念更为基础的概念。”〔2〕“没有法律主体这个概念，权利也不可能存在，法律主体的骨髓中附着的是义务之肉和无色

〔1〕 胡玉鸿：《法学方法论导论》，山东人民出版社2002年版，第392页。

〔2〕 龙卫球：“法律主体概念的基础性分析（下）——兼论法律的主体预定理论”，载《学术界》2000年第4期。

的权利之血。”[1]

权利具有多面性，从主体来看，应是权利人要求行为人为一定行为或不为一定行为的自由。因此，权利主体的讨论通常置于与义务人相对的位置。耶林将权利区分为两面——积极的一面是“对其归属人而言权利作为一种效果所具有的法律地位”；消极的一面则是“由于权利而使人或事物所处的法律拘束或限制的地位”[2]。因此，“享有权利不承担义务，或者，承担义务不享有权利的人，仍然应该是主体”[3]。

1.3.1.1 权利人：劳动者

基于法治国家原则，在公私法完全区分的情形下，二者的主体并非完全重合，因此，对于工作环境权的权利人而言，从公法上看应为国家行政机关和雇主，而劳动者仅仅是反射利益的受益人。然而，一方面，由于政府机关承担保障工作环境安全的职责，其并没有行为或不行为的自由。因此，与其说是国家的权利，不如说是其所承担的义务；另一方面，由于公法性质的工作环境权规范经过私法的概括条款或者基本原则的桥梁作用，直接转化为劳动合同的内容。因此，从根本上而言，与工作环境权相关的公私法在规范的内容及目的上具有相通性，而区别在于二者的手段——公法管制和私法自治。据此，《安全生产法》第1条规定：“为了加强安全生产监督管理，防止和减少生产安全事故，保障人民群众生命和财产安全，促进经济发

---

〔1〕［美］科斯塔斯·杜兹纳：《人权的终结》，郭春发译，江苏人民出版社2002年版，第3页。

〔2〕［美］约翰·齐普曼·格雷：“法律主体”，龙卫球译，载《清华法学》2002年第1期。

〔3〕［美］约翰·齐普曼·格雷：“法律主体”，龙卫球译，载《清华法学》2002年第1期。

展，制定本法”[1]。《矿山安全法》第1条规定：“为了保障矿山生产安全，防止矿山事故，保护矿山职工人身安全，促进采矿业的发展，制定本法。”美国《职业安全卫生法》规定：“为保证男女劳动者工作条件安全和卫生以及其他诸目的。”[2]《欧洲社会宪章》规定，所有劳动者有权享受安全、有益健康的工作条件。

综上，工作环境权的权利人为劳动者，根据公法规定，对于工作场所存在的可能危害其身体健康或生命安全的不安全条件或因素，一方面可以基于公法的规定，请求国家机关进行监督检查，如果国家机关未依法进行监督检查，则属于行政不作为，劳动者可以根据行政程序法的规定依法就国家机关的不作为提起行政复议或者行政诉讼。另一方面，对于雇主违反法律或者劳动合同约定的义务，不执行相应的保护标准，使得工作环境处于不安全状态的，则可以直接提起劳动争议仲裁。《劳动争议调解仲裁法》第2条规定：“中华人民共和国境内的用人单位与劳动者发生的下列劳动争议，适用本法：……④因工作时间、休息休假、社会保险、福利、培训以及劳动保护发生的争议……”根据各国关于工作环境权的立法以及相关国际公约的规定，作为工作环境权权利人的劳动者的概念外延具体包括：①劳动法意义的劳动者，即与我国《劳动合同法》第2条规定的用人单位建立劳动关系的劳动者。②公务人员。尽管公务人员与作为雇主的国家之间是基于公法契约形成的关系，与劳动者与用人单位之间基于私法契约形成的关系具有较大区别，但

---

〔1〕 2012年6月4日，国务院法制办公室公布了《中华人民共和国安全生产法（修正案）（征求意见稿）》，载中国政府法制信息网，http://www.chinalaw.gov.cn/article/cazjgg/201206/20120600368374.shtml.

〔2〕 29 U.S.C. § Preamble (2010).

是，公务人员与劳动者在享有安全工作环境方面的权利是相同的。因此，国际劳工组织1981年《职业安全和卫生及工作环境公约》（第155号公约）规定，“工人”一词涵盖一切受雇人员，包括公务人员。③其他人，如自营职业者等。除此之外，部分国家扩张了工作环境权权利人的范围，如瑞典《工作环境法》规定，下列人员等同于雇员：①正在接受教育的人，但接受学前教育的儿童以及正在休闲中心的学生除外；②履行指派工作的囚犯；③根据完全防卫法规定，服兵役的人，以及其他在完全防卫机构中提供服务和自愿参与培训的人。[1]

然而，需要强调的是，如同环境权之权利人——公民，“公民对环境保护的具体参与是环境权的具体体现：它不仅使个人行使他所享有的权利，还使他履行他在这方面应承担的义务。而且，公民因此不再是消极的权利享受者，而要分担管理整个集体利益的责任”[2]。劳动者作为工作环境权的权利人，并非只享有权利而不承担义务，由于工作环境自身的整体性和综合性，劳动者自身也需要承担相应的义务，如遵守单位安全生产规章制度和操作规程的义务、接受安全生产教育和培训的义务等。德国《劳动保护法》规定：“雇员也有在劳动中对其自身的安全和健康，以及其同事和劳动相关人员的安全和健康注意的法定义务，他还应该对劳动保护相关的危险进行报告。”[3]

1.3.1.2 义务人：国家、雇主

（1）国家。工作环境权是公民基本权利，国家对于公民基

---

〔1〕 Working Environment Act 2011（SW），Chapter 1，Section 3.

〔2〕［法］亚历山大·基斯：《国际环境法》，张若思编译，法律出版社2000年版，第21页。

〔3〕［德］W. 杜茨：《劳动法》（第5版），张国文译，法律出版社2005年版，第175页。

本权利的实现负有保护、照顾的义务。因此，从根本上而言，部门法中的国家义务是宪法意义上国家保护、照顾义务的具体化。“国家同意通过劳动保护法为雇员防止其工作场所的危险提供法定保护：技术保护涉及企业设备和生产方式；医药保护涉及健康的工作环境；劳动时间保护以及有利于特殊雇员人群的保护，例如，青少年、未来和正在哺乳的母亲，属于社会保护。这些保护通过咨询、监督、强制和违反行政规章的规范和刑罚规范实施。”〔1〕

国际劳工组织 1981 年《职业安全和卫生及工作环境公约》（第 155 号公约）及其 1981 年《职业安全、卫生和工作环境建议书》（第 164 号建议书）对国家的义务进行了明确的规定，如公约第 11 条规定：“为实施本公约第 4 条提及的政策，各主管当局应保证逐步行使下列职能：①在危险的性质和程度有此需要时，确定企业设计、建设和布局的条件、企业的交付使用、影响企业的主要变动或对其用途的修改、工作中所用技术设备的安全以及对主管当局所定程序的实施；②确定哪些工作程序及物质和制剂应予禁止或限制向其暴露，或应置于各主管当局批准或监督之下；应考虑同时暴露于几种物质或制剂对健康的危害；③建立和实施由雇主，并在适当情况下，由保险机构或任何其他直接有关者通报工伤事故和职业病的程序，并对工伤事故和职业病建立年度统计；④对发生于工作过程中或与工作有关的工伤事故、职业病或其他一切对健康损害，如反映出情况严重，应进行调查；⑤每年公布按本公约第 4 条提及的政策而采取措施的情况及在工作过程中发生或与工作有关的工伤事故、职业病和对健康的其他损害的情况；⑥在考虑本国情况和

〔1〕［德］W. 杜茨：《劳动法》（第 5 版），张国文译，法律出版社 2005 年版，第 172 页。

可能的情况下，引进或扩大各种制度以审查化学、物理和生物制剂对工人健康的危险”。上述公约的内容，对于世界各国在工作环境权保障方面的职责设置起到了宣示和引导作用，部分国际劳工组织的成员国家或地区将这些规定转化为国内立法，对各个国家或地区政府在劳动者工作环境权保障方面的职责确定起到了重要作用。参照我国《安全生产法》以及美国《职业安全卫生法》的规定，国家工作环境权保障的职责具体包括：

第一，对工作环境权法执行情况进行监督检查，对于违法行为进行处理。如《劳动保障监察条例》第10条规定：劳动保障行政部门实施劳动保障监察，履行下列职责：……②检查用人单位遵守劳动保障法律、法规和规章的情况；③受理对违反劳动保障法律、法规或者规章的行为的举报、投诉……美国《职业安全卫生法》规定：“为了实现本法令的目的，部长向占有者、经营者或负责代理人出示有关证件后有权：在合理时间内不容延误地进入某一雇主雇佣的雇员正在工作的工厂、车间、机关、建筑工地或其他地方、工作场所或工作环境。在正常工作时间或其他合理的时间，在合理的范围内和方式下视察和调查这些地方和全部有关的工作条件、建筑、机器、仪器、装置、设备和那里的材料，并可向这些雇主占有者、经营者、代理人中的任何人或雇员提问。”并且“经视察或调查，部长或他的授权代表相信雇主违反了本法令第5节的要求，或根据本法令第6节所颁布的任何标准、法则或命令，或根据本法令制定的任何条例，他应迅速对雇主发出传票。”[1]

第二，制定有关的国家标准或者行业标准。如《安全生产法》第10条第1款规定：“国务院有关部门应当按照保障安全

〔1〕 29 U. S. C. § 657 (2010).

生产的要求，依法及时制定有关的国家标准或者行业标准，并根据科技进步和经济发展适时修订。”美国《职业安全卫生法》第6节第1条规定：“部长应该不顾美国法典标题5第5章，或这节的其他条款的要求，在本法令生效之日起2年内，尽快把任何‘国家一致标准’和任何‘已建立的联邦标准’以确定性命令颁布为职业安全卫生标准。除非他判定：颁布这样的标准，对某些特定的雇员，其结果并不能改进他们的安全和卫生条件。如果任何标准有互相抵触矛盾时，部长就选择对受影响的雇员的安全和卫生起最大保护作用的那个标准颁布之。”〔1〕

第三，设立相应的机构，提供工作环境咨询服务或技术支持。如《安全生产法》第12条规定：“依法设立的为安全生产提供技术服务的中介机构，依照法律、行政法规和执业准则，接受生产经营单位的委托为其安全生产工作提供技术服务。”

第四，对劳动者进行职业安全和卫生及工作环境的培训。如《尘肺病防治条例》第18条规定：“卫生行政部门和劳动部门，要对从事粉尘作业的企业、事业单位的测尘机构加强业务指导，并对测尘人员加强业务指导和技术培训。”

第五，对遭受职业灾害或者罹患职业病的劳动者进行职业灾害的救助或者补偿。国家应该建立和完善职业灾害和职业病的救助和补偿机制，对于发生职业灾害或者罹患职业病的劳动者应该及时予以救助并给付补偿。

（2）雇主。雇主的义务具有双重属性，既是对国家所承担的公法义务，又是对劳动者所承担的私法义务。整体而言，雇主所承担的义务是为劳动者提供安全的工作环境的义务。由于工作环境本身由多种元素构成，具体包括：一是物的因素，如

〔1〕 29 U. S. C. § 655（2010）.

工作场所、工具、原材料等；二是人的因素，如劳动者的技能等；三是生产方式因素，即人与物的结合，如工作时间、工作流程和劳动定额等。国际劳工组织1981年《职业安全和卫生及工作环境公约》（第155号公约）第5条规定："本公约第4条提及的政策，应考虑到对职业安全和卫生及工作环境有影响的以下主要活动领域：①工作的物质要素（工作场所、工作环境、工具、机器和设备、化学、物理和生物的物质和制剂、工作过程）的设计、测试、选择、替代、安装、安排、使用和维修；②工作的物质要素与进行或监督工作的人员之间的关系，及机器、设备、工作时间、工作组织和工作过程对工人身心能力的适应；③为使安全和卫生达到适当水平，对有关人员在某一方面或其他方面的培训，包括必要的进一步培训、资格和动力；④在工作班组和企业一级，以及在其他所有相应的级别直至并含国家一级之间的交流和合作；⑤保护工人及其代表，使其不致因按照本公约第4条提及的政策正当地采取行动而遭受纪律制裁。"因此，雇主提供安全工作环境的义务也可以相应的分为：①提供安全的物质环境的义务，如工作场所设计的安全、劳动工具的安全以及生产原料的安全等。②聘用或者选择符合安全生产要求的员工的义务，如对员工进行培训等。③科学进行生产流程设置和劳动定额的义务，如超长加班的禁止等。

"雇主有公法和私法上的义务，用自己的费用全面保护雇员免除其安全和健康危险。雇主对此采取合适的组织措施，准备必要的工具，监督劳动保护的实施以来调整进一步的发展。为补充这一基本义务，雇主还有评判劳动条件义务、用文件记录的义务、教育雇员与雇员合作的义务以及预防特别危险义务。除了雇主，在企业中其他管理人员也要对劳动保护负责。雇主应该在企业委员会参与的情况下首先任命一个对保护设备进行监督的安全代表。另外，雇主还必须任用企业医生和劳动安全专业人员（安全工程师、安全技工、安全大师）。在其他领域雇主还有法定义务任用劳动保护特定人员……”[1]

1.3.1.3 辅助主体

尽管劳动关系的主体为劳动者与用人单位，但是，工作环境权的保障并非劳动者、用人单位以及国家行政部门三者可以完全胜任。实际上，由于工作环境构成要素的提供以及安全监测需要依赖其他主体，因此，工作环境权法律关系还涉及其他的辅助主体。如《安全生产法》第26条规定：“建设项目安全设施的设计人、设计单位应当对安全设施设计负责。矿山建设项目和用于生产、储存危险物品的建设项目的安全设施设计应当按照国家有关规定报经有关部门审查，审查部门及其负责审查的人员对审查结果负责。”瑞典《工作环境法》规定，任何制造、进口、运送或提供机器、工具、保护性设备或其他专业技术设备的人，在其上市、运输使用或者进行销售展示时，必须确保它们足够安全，能预防疾病和意外。[2]任何制造、进口、运送一种能导致疾病或意外的物质时，应该采取预防安全卫生危害的必要措施。[3]任何运送包裹的人，必须确保包裹不含有任何导致疾病或意外的危险。[4]任何人在安装技术设备时，必须设置安全设施与其他必要的警示。[5]

---

〔1〕［德］W. 杜茨：《劳动法》（第5版），张国文译，法律出版社2005年版，第176~177页。

〔2〕 Working Environment Act 2011 (SW), Chapter 3, Section 8.

〔3〕 Working Environment Act 2011 (SW), Chapter 3, Section 9.

〔4〕 Working Environment Act 2011 (SW), Chapter 3, Section 10.

〔5〕 Working Environment Act 2011 (SW), Chapter 3, Section 11.

1.3.2 工作环境权的客体

法律关系客体又称“权利客体”，是法律关系主体的权利和义务共同指向的对象，或法律关系主体所要实现的目标性事物。通说认为，权利的客体包括物、行为、智力成果以及人身利益等。然而，亦有学者对此提出质疑，认为“具体的社会利益关系的主体是具有一定的需要利益的主体，主体之间利益联系的特定方式就是其内容，客体就是主体的需要、意志和行为所共同指向的对象，并作为主体相互联系之中介的‘利益’——能够满足主体需要的一定社会实践成果”〔1〕。亦有学者认为，一般教科书往往将物作为法律关系的客体，这是不严谨的说法，因为法律关系规范的对象是行为，而不是物，物只是界定行为的一个要素而已。

上述观点都具有一定合理性，其相互之间的区别在于对权利义务指向对象所处阶段的界定不同。一般而言，法律是以人的行为作为规范对象，同时，权利人的行为或不行为会促使法律关系的产生、变更或消灭，因此，可以说行为是法律关系的起点。但利益是权利义务的实质，任何权利义务都可以抽象为利益，而权利义务行使的目的也在于利益。然而，从权利人行为到利益实现之间总是存在一定的中介，无论是有形的还是无形的。如物权，通说认为物权的客体为“物”，然而，物仅仅是行为的客体，只是法律交往实践的中介客体，因为权利人在行使物权的权能——占有、使用、收益以及处分时，方能实现其利益。所以，上述关于客体类型的不同观点仅仅是对权利义务指向对象的不同阶段的描述，即行为——中介（物、智力成果、

〔1〕颜俊、姚建宗：“法律关系客体理论新探”，载《当代法学》1993年第2期。

人身利益等）——利益。正是权利义务指向对象的界定阶段的差别，导致了关于法律客体的不同观点。因此，有人将上述观点综合起来，认为物权和债权的客体都可以是物，只不过物权关系是直接支配特定物，而债权需要请求他人为一定行为或不为一定行为，是间接支配物。

比较而言，传统理论的不周延性在于作为行为与利益中介的物或其他具有多样性，很难对其作出全面性概括，因此，随着新兴权利的产生，传统权利客体理论总是会面临这样或那样的挑战，如权利客体从有体物到无体物再到精神利益的扩张，实质是为了适应新兴权利的需求，而不得不对传统权利客体理论进行的修正。将权利的客体在终极意义上界定为利益，则面临着不确定性的问题。所以，笔者更为赞同权利的客体在于行为。其原因在于：①从权利义务的性质来看，所谓权利就是权利人为一定行为或者不为一定行为的自由，而义务则是应他人要求为一定行为或不为一定行为的限制。②从法律规范的对象来看，法律是以人的行为为规范对象，从根本上说，法律规范的设置实际上是为人的行为设定了基本的规则。③从法律规范的构成来看，法律规范包括假定、处理和制裁三个要素：假定指法律规范规定的发生一定法律后果的条件或情况；处理指法律规定的人们的行为模式，即人们应该做什么不该做什么的部分；制裁指法律规范中规定的因违反规则而产生的法律后果。其中，“处理”是法律规范的核心。

工作环境权的客体是指工作环境权所指向的对象，学界认为，工作环境权是指劳动者应当在能够保障其安全和身体健康的环境中进行工作的权利。[1]尽管该学者没有对工作环境权的

〔1〕参见南京大学法学院《人权法学》教材编写组主编：《人权法学》，科学出版社2005年版，第244页。

结构进行深入的剖析，但是，从上述概念来看，工作环境权所指向的对象存在以下两个可能：一是（劳动者）生命安全和身体健康；二是（工作）环境的安全；这与学者对于传统的职业安全卫生权的界定完全相同，“职业安全权，是劳动者依法所享有的在劳动的过程中不受职场危险因素侵害的权利”[1]。然而，此种观点却可能面临前文所述的种种质疑。

笔者认为，工作环境权的客体应该为行为，即劳动者享有请求国家或者雇主为一定行为或者不为一定行为，以维护工作环境的安全、健康的权利。因为工作环境权法从根本上属于公法，但是基于私法概括条款和诚信原则的中介作用，公法中雇主的义务直接转化为劳动合同的内容。劳动者与用人单位之间是债权债务关系，劳动者享有请求用人单位提供安全工作环境的权利。从公法上来看，国家对劳动者的生命安全和健康负有保护、照顾义务，劳动者对于用人单位违反工作环境权法的行为享有举报、控告的权利，国家机关应该依法实施一定的行政行为，以进行监督检查。

1.3.3 工作环境权的内容

工作环境权的内容具有多元性和开放性，所谓多元性是指工作环境权并非一个单独权利，而是由多个权利组成的“群权利”；正如郭捷教授所言，“职业安全权是权利束。职业安全权是一个权利体系，其中所含的权利既有一致性又有独立性。从权利的内容和结构分析，既有个体性权利如拒绝权，也有集体性权利如建议权；既有实体性权利如紧急避险权，又有程序性权利如民事索赔权；既有劳动过程中的权利如知情权，也有劳

---

〔1〕 郭捷：“论劳动者职业安全权及其法律保护”，载《法学家》2007年第2期。

动过程之外的权利如工伤保险权、培训权等”[1]。所谓的开放性则是指工作环境权的内容随着社会经济发展以及劳动者、劳动作业过程及其方式的改变而改变。笔者认为，如果将工作环境权理解为劳动者享有的获得“良好工作环境”（Good Working Environment）的权利，则其具体内容至少应该包括：

（1）知情权，即劳动者个人及其所选举的安全卫生代表对工作场所中的工作环境信息享有知情权。“劳动参与企业安全卫生机构或人员，如安全卫生代表、委员会或其他机构等，要能有效发挥其功能，必须能获得雇主有关安全卫生及工作环境之计划或决策构想的充分资讯。”[2]

（2）参与权，即劳动者为了实现工作环境安全、健康，与雇主积极合作，参与工作环境事务的权利。

（3）物的安全的权利，即要求用人单位提供安全的劳动条件的权利，包括安全的工作场所、生产设备、材料等。

（4）人的安全的权利，即劳动者自身生命安全和身体健康获得保障的权利，如依法享有定期进行身体健康检查的权利、获得劳动保护产品的权利等。

（5）生产方式安全的权利，即要求雇主科学合理地规划设计劳动生产方式，如请求科学确定劳动定额的权利。

（6）停工且请求支付工资的权利，即当用人单位未按照法律规定或者劳动合同约定提供安全的工作环境时，劳动者可以停止劳务给付，并要求用人单位支付停工期间的工资。

（7）劳动合同的解除权，即用人单位违反法定义务未提供安全的工作环境，构成根本违约，劳动者可以根据法律规定即

[1] 郭捷：“论劳动者职业安全权及其法律保护”，载《法学家》2007年第2期。

[2] 黄越钦：《劳动法新论》，中国政法大学出版社2003年版，第434页。

时解除劳动合同。

(8) 损害赔偿请求权，即当用人单位未提供安全的工作环境，导致发生职业灾害或者劳动者患职业病时，受害的劳动者可以依法向用人单位请求损害赔偿。

(9) 举报其受保护的权利，即对用人单位实施的违反工作环境权法的行为，劳动者可以向劳动监察部门举报，且当劳动者向主管机关举报用人单位的违法行为时，享有举报不被解雇的权利。

(10) 申请劳动监察的权利，即对于用人单位的违法行为，劳动者可以依法要求劳动监察机关实施监察。

(11) 请领工伤保险待遇的权利，即当用人单位的违法行为导致职业灾害发生或者劳动者罹患职业病的，受害劳动者依法享有获得工作保险待遇的权利。

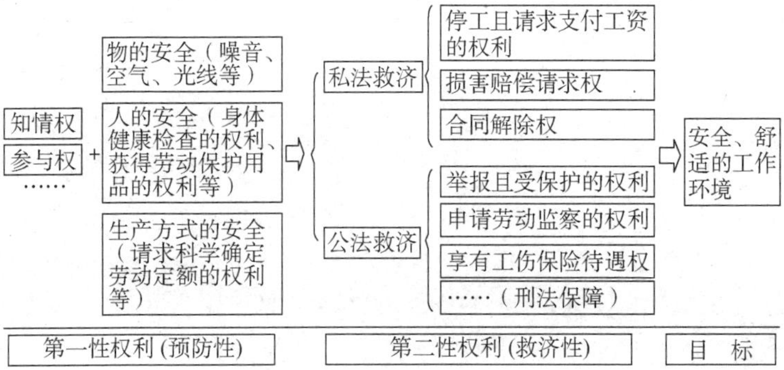

图1-1　工作环境权的内容

对于上述权利，根据不同的标准可以划分为以下三类：

第一，根据权利产生的阶段不同，可以划分为第一性权利和第二性权利。“第一性权利亦称‘原有权利’，是直接由法律赋予的权利或由法律授权的主体依法通过积极活动而创设的权利。……第二性的权利亦称‘补救权利’或‘救济权利’，补救权利是原有权利受到侵害时所产生的权利，如诉权、恢复合法权利的请求权。"[1]"第一性权利是指这种权利的成立不必引证已存在的权利。第二性权利的产生仅在于保护或实现第一性权利，它们也可被称为预防性、保护性权利或救济性、补偿性权利。"[2]其中第一性权利包括上述（1）~（5）项；而第二性权利则包括（6）~（10）项，此外，刑法的保障也属于权利公法救济的内容。

第二，从权利与权利之间的目的和手段关系来看，可以划分为实体性权利和程序性权利。"实体性权利（Substantive Rights）是静态意义上的权利，即人们对某种实体利益所具有的受法律保护的资格和权能，这些利益包括生命、名誉、人格、自由和财产等。实体性权利反映的是权利的目的或结果要素，它表明的是主体对于社会中的资源的合法拥有状态。"[3]程序性权利（Procedural Rights）则是为了实现和保障某个实体结果，人们所拥有的通过一定的方式、步骤、手续等而实现和保护这种结果的权利。实体权利是目的，程序权利则是手段。然而，程序性权利除了具有"工具价值"外，还具有其自身的"内在价值"（Intrinsic Values），这些价值包括参与、个人尊严、理性、程序和平等。实体性权利派生出相应的程序性权利，而程序性权利则不仅服务于实体性权利的实现，还限制和制约实体性权利。[4]为了实现良好工作环境的实体目的，上述权利内容

---

〔1〕 张文显：《法理学》，高等教育出版社、北京大学出版社1999年版，第91页。

〔2〕 See *Black's Law Dictionary*, 5th ed., West Publishing Co., 1979, p. 1189.

〔3〕 王锡梓："行政过程中相对人程序性权利研究"，载《中国法学》2001年第4期。

〔4〕 参见王锡梓："行政过程中相对人程序性权利研究"，载《中国法学》2001年第4期。

中程序性权利主要包括（1）、（2）以及（10）项；而实体性权利则包括（3）~（9）以及（11）项。

第三，从权利主体来看，可以划分为个体性权利和集体性权利。个体性权利是指劳动者个体所享有的权利，而集体性权利则是劳动者集体所享有的权利，除了通常所说的工会组织享有的权利外，还包括劳动者代表或者代表组成的企业委员会、安全委员会等享有的权利。上文所列的关于工作环境权的具体权利中，个体性权利占多数，具体包括（3）~（11）项。集体性权利所占的比例较小，具体包括（1）~（2）项。

对于工作环境权的具体内容，学者的观点不尽相同。黄越钦教授认为其包括："①参与企业安全卫生改善决策之权；②充分获得咨询之权；③安全卫生代表在特殊危险状况发生时之处置权；④个别劳工拒绝危险工作之权；⑤接受咨询与训练之权；⑥安全卫生代表之保障。"[1]周长征教授认为，工作环境权的主要内容包括："①获得必要的安全卫生条件和防护用品的权利；②安全卫生问题方面的决策参与权；③知情权；④避险权；⑤受培训权；⑥投诉权；⑦接受救助权；⑧损害赔偿请求权"[2]。还有学者认为工作环境权具体包括："①安全卫生权，包括劳动者有参与讨论劳动安全卫生之有关决策的权利；有获取安全卫生资讯的权利；有拒绝危险工作的权利；有获得免费健康检查的权利；有获得个人防护用品的权利；有获得救护和急救的权利；有获得必要的安全卫生条件和防护用品的权利；有对工作环境提出建议、申诉或申请监测的权利；有请求劳动灾害补偿的权利。②人格尊严权，主要包括人格尊严的保护、人格形象的保护、隐私的保护、人格

---

〔1〕 黄越钦：《劳动法新论》，中国政法大学出版社2003年版，第433~436页。

〔2〕 南京大学法学院《人权法学》教材编写组主编：《人权法学》，科学出版社2005年版，第247~254页。

开展的保护、人身自由保护以及工作场所性骚扰的防止。③身心健康权。"[1]上述观点都具有一定的合理性，学者们对于工作环境权具体内容的概括具有一定的重合性，但是，比较而言，黄越钦教授主要从程序性权利、集体性权利和预防性权利的角度来概括工作环境权的内容；而其他两位学者则在此之外，将个体性质的工作环境权、救济性的工作环境权以及实体性权利也列入工作环境权的内容。因此，学者关于工作环境权具体内容概括的区别在于权利内容的范围大小不同：

首先，广义的工作环境权，其不仅仅包括工作环境权本身（第一性权利），还包括义务人违反相关规定，侵害工作环境权而产生的第二性权利，即救济性工作环境权；不仅仅包括程序性权利，还包括与工作环境相关的实体性权利；不仅仅包括与工作环境相关的集体性权利，还包括个体性权利。

其次，中义的工作环境权，其仅仅包括工作环境权本身（第一性权利），而不包括救济性权利，其中涵括了集体性权利和部分个体性权利，以及程序性权利和部分实体性权利。

最后，狭义的工作环境权，仅仅包括与工作环境相关的集体性、程序性权利，不包括个体性、实体性权利。

从权利运行的全过程来看，广义的工作环境权最具整体性和体系性。但是，其似乎又面临权利内容过度膨胀的问题，尽管"救济先于权利"、"没有救济就没有权利"，但是权利存在及其效力与权利的实现之间还存在一定的差别，救济性权利对于权利的实现具有保障作用，但并非完全附属于权利自身，而有其独立存在的价值。中义的工作环境权除了包括狭义工作环境权的集体性、程序性权利外，还包括部分实体性、个体性权

---

〔1〕 黄鸿福、胡玉浪："试论我国工作环境权的理论基础与立法建设"，载《龙岩学院学报》2008年第5期。"

利，而这些实体性、个体性权利，相对于“良好工作环境”的目的而言，也具有一定的工具性。根据工作环境的连带性和整体性特点，实体性、个体性权利内容并非工作环境权的重点和核心。目前各国的工作环境权立法以及相关的国际公约所强调的工作环境权应属于狭义的工作环境权，其重点突出了集体性、程序性的权利，如瑞典《工作环境法》第 3 章 1a 条规定：“雇主和雇员应该合作建立一个良好的工作环境”，[1]其在第 6 章专门规定了“雇主与雇员合作”。国际劳工组织《职业安全和卫生及工作环境公约》（第 155 号公约）以及《职业安全、卫生和工作环境建议书》（第 164 号建议书）重点突出了国家层面和企业层面的团体协作参与工作环境权的构建。因此，本书将工作环境权界定为以“职工参与”为核心的集体性和程序性权利，与工作环境密切相关的环境权学者关于环境权之程序性的论述可为本观点之证成提供重要的参考。

一方面，从国家人权保护来看，“保护人权的基本内容之一是专设使权利得到尊重的程序。因此，基本的权利之一，是被表述在《公民权利和政治权利公约》第 9 条和《欧洲人权公约》第 5 条中的人的自由和安全权，正式通过保障这一权利的程序才体现其真正意义：非依法定理由和程序，任何人的自由不得被剥夺；因刑事罪名而被逮捕或拘禁的任何人，应立即送交法官并在合理的时间内受审或释放；被拘禁的人有权诉诸法庭；等等。因此，自由和安全权，现实中不易通过其他方式表达的抽象概念，在程序权利中被具体化：当国家机构损害公民的自由和安全时，使权利能够保障的，正是某些程序的存在和良好运转，这些程序构成一种保护而不是专断。因此，可以认为，

---

〔1〕 Working Environment Act 2011 (SW), Chapter 3, Section 1a.

环境权被解释为很难抽象定义的对理想环境的权利，而应解释为使现有环境受到保护、使之不被破坏以及在某些情况下使环境得到改善的权利。总之，环境权实际上意味着使环境得到保护和改善的权利”〔1〕。

另一方面，“90年代通过的国际环境文件一般都没有提到环境权，然而它们都强调公共的知情权、参与权和获得补救的权利”〔2〕。由于实体环境权的概念比较模糊，因此，自1992年里约会议开始，国际环境法转向对环境知情权、参与权的关注。1998年，联合国欧洲经济委员会在丹麦奥胡斯市通过了《在环境事物中获得信息、公众参与决策和诉诸司法的公约》，将这方面的国际立法推向高峰。〔3〕

---

〔1〕［法］亚历山大·基斯：《国际环境法》，张若思编译，法律出版社2000年版，第20页。

〔2〕［法］亚历山大·基斯：《国际环境法》，张若思编译，法律出版社2000年版，第24页。

〔3〕参见吴卫星：《环境权研究》，法律出版社2007年版，第132页。

第2章

工作环境权的性质

——宪法与部门法的互动

2.1 工作环境是否为权利

法学被称之为“权利之学”，虽然权利为法律之核心，然而何谓权利，却是法学界的“哥德巴赫猜想”。庞德曾说：“法学之难者，莫过于权利者也。”美国学者范伯格认为，给权利下一个“正规的定义”是不可能的，应该把权利看作一个“简单的、不可定义、不可分析的原初概念”〔1〕。目前学界对于权利的定义众说纷纭，具体包括“资格说”、“利益说”、“自由说”、“法力说”、“手段说”、“规范说”、“选择说”、“可能说”以及“主张说”……有学者曾将权利概念总结为五大要素：利益、主张、资格、权能和自由，并认为，“以其中任何一种要素为原点，以其他要素为内容，给权利下一个定义，都不为错”〔2〕。确实如此，上述对于权利定义的不同学说仅仅是从某一个面向来描述权利而已，法律上权利的特点在于：①具有强制性，与“法力说”和“手段说”相符合。权利来自于法律规范的规定，

〔1〕 参见［美］乔尔·范伯格：《自由、权利和社会正义》，王守昌、戴栩译，贵州人民出版社1998年版，第91~92页。

〔2〕 夏勇：《人权概念的起源》，中国政法大学出版社1993年版，第44页。

得到国家的确认和保障。②以利益为内容，与“利益说”相符合，即权利是主体利益实现的法律手段，权利与利益有着密切的联系，但是权利并不等于利益，权利人实现利益的行为是法律权利的社会内容，而权利则是这一内容的法律形式。③义务的对应性，与“主张说”相符合。它是与义务相关联的概念，离开义务就无法理解权利，它得到义务人的法律义务的保证，否则权利人的权利不可能行使。④权利人具有行为或不行为的自由，与“自由说”相符合。“‘权利’这个词确切的含义是每个人都有按照正确的理性去运用他的自然能力的自由。”〔1〕它确定权利人从事法律所允许的行为的范围，在这一范围内，权利人满足自己利益的行为或者要求义务人从事一定行为是合法的，而超过这一范围，则是非法的或不受法律保护的。〔2〕

尽管利益是权利的内容，但是权利与利益并非完全对等，作为新兴事物的“工作环境”或许仍难免为人所质疑其是否为权利。因此，笔者将从以下三方面对“工作环境”进行权利论证。

2.1.1 法定权利

德国法学家阿列克西说：“当存在着一个规定有一项权利的有效法律规范时，一项法律权利就是存在的。”〔3〕根据该论断，检视世界是否存在工作环境权立法，答案是肯定的，如瑞

〔1〕［英］霍布斯：《论公民》，应星、冯克利译，贵州人民出版社2003年版，第7页。

〔2〕参见孙国华、朱景文主编：《法理学》，中国人民大学出版社1999年版，第368页。

〔3〕［德］阿列克西：“权利、法律推理和理性言说”，季涛译，载浙江大学法学院组编：《浙江大学法律评论》（2003年卷），中国社会科学出版社2004年版。

典1977年颁布的《工作环境法》（Working Environment Act）、丹麦1975年颁布的《工作环境法》等，此外，国际劳工组织1981年通过了《职业安全和卫生及工作环境公约》（第155号公约）及《职业安全、卫生和工作环境建议书》（第164号建议书）。因此，“工作环境权”是一个存在于实在法规范的权利。

上述关于权利定义的不同学说，实质上都是从实在法的规范出发，因此，“工作环境权”也与实在法关于法律权利的特点完全相符，因为：①其具有强制性，是国家立法确认和保障的，当雇主侵犯劳动者的工作环境权时，劳动者既可以向劳动监察机关举报，也可以直接提起劳动争议仲裁或诉讼，请求雇主履行相应的义务；②以利益为内容，工作环境权实际上是雇员的利益群，其核心在于维护雇员的安全和健康利益；③义务的对应性，工作环境权的义务主体主要包括国家和雇主，国家基于生存保障义务，应该履行其对公民相应的给付义务，包括维持良好的工作环境的义务；雇主则是基于法律的规定、劳动合同的约定而承担相应的安全保护义务；④权利人具有有限的自由，即权利人可以在法律规定的最低限度和劳动合同约定的限度以上行为或不行为。“工作环境权”作为社会权，其具有以社会利益为本位，且公私交融的特性，因此，与一般权利的区别在于，权利人并不能完全放弃权利，原则上权利人的权利行使自由受到国家最低限度的干预。

如果从实在法的角度论证权利的存在是否绝对化，势必会有人质疑我国是否存在工作环境权？因为目前我国不存在专门的工作环境立法。但是，我国存在与工作环境密切相关的《安全生产法》、《矿山安全法》以及《职业病防治法》等。有学者认为：“根据实在法对权利的不同规定，可将法定权利分为两种，一种是‘明文规定的权利’，它由实在法规则，尤其是授权性规则所明确规定；另一种是‘隐含的权利’或‘推定的权利’，即实在法规则并未明确规定，但根据实在法的原则或实在法规整社会生活的整体性意义，可以推导出来的权利。”[1]但是所谓“明文规定的权利”并非在实在法中无论形式和内容都需完全对应，方能称其为“明文规定的权利”，不能因工作环境权在我国法律中没有相应的表述，就认为我国不存在工作环境权，或者认为其至多属于“隐含的权利”。笔者认为，我国的工作环境权尚处于从“隐含的权利”向“明文规定的权利”发展的阶段，目前我国法律中没有明文规定“工作环境权”，但是我国《宪法》关于劳动权的规定，《劳动法》第6章、《安全生产法》、《矿山安全法》以及《职业病防治法》等关于职业安全卫生权的规定在权利内容方面与“工作环境权”具有一定的重合性，然而由于受到社会经济发展、法治理念、立法技术等因素的制约，“工作环境权”的部分内容在我国尚未规定，因此，工作环境权在我国具有“明文规定的权利”和“隐含的权利”的混合属性。

2.1.2 自然权利

伦理性是法律的根基和源泉，法律权利只是实在法对于部分伦理性权利的确认。权利的伦理性，是指权利的合伦理性，即法律权利与特定社会、特定时代的伦理精神总体相符合。权利的合伦理性，也是权利的正当性的基础。自然法学派认为，权利的正当性首先强调权利的合道德性，同时，也强调实然的权利（实在法上的权利）的正当性来源于应然权利（道德权

---

[1] 梁兴国：“权利的三个维度”，载《求索》2008年第4期。

利）的正当性，即一项法律上的权利之所以正当，是因为它在道德上也是正当的。但该命题的反命题并不成立。洛克说："人们……生来就享有自然的一切同样的有利条件，能够运用相同的身心能力，就应该人人平等，不存在从属或受制的关系"，"人们既然都是平等和独立的，任何人就不得侵害他人的生命、健康、自由或财产"[1]。

从伦理性来看，"工作环境权"应属于自然权利，是人生而有之的权利，是天赋的、不可转让、不可剥夺的权利。因为劳动作为基本人权，不仅仅意味着获得生存来源，以维系权利人及其家庭成员的生命，还应该包括在安全、健康、舒适的环境中有尊严地劳动的权利。不能将人置于劳动的经济功能的奴役之下，而应将劳动视为人的自身价值的实现。

2.1.3 社会权利

任何法律都施行于社会，以特定的社会关系为调整对象，而所谓社会关系，就是人与人之间的关系。"如果一个人漂流在孤岛上，过鲁宾逊式的生活，任所欲为，固然没有法存在的必要，也没有存在的理由。"[2]所谓的社会性是相对于个体性而言的，基于个人主义、自由主义和营利主义，资本主义形成了所有权绝对、契约自由以及过错责任原则，然而随着工业社会的发展，权利的绝对化、意志自由化受到社会化的限制，权利的社会化趋势日渐明显，而权利社会化的实质是不同的权利人之间相互的权利限制。因此，"权利的社会性并不反对权利的个体

〔1〕［英］洛克：《政府论》（下），瞿菊农、叶启芳译，商务印书馆1997年版，第5~6页。

〔2〕［日］美浓部达吉：《法之本质》，林纪东译，台湾商务印书馆1992年版，第7页。

属性，它与个人主义权利观最大的不同在于：对权利问题的讨论必须要联系权利所处的社会，在注重权利个体性的同时，不能把权利同社会割裂开来，要注意到权利背后错综复杂的社会关系以及不同主体的利益需求，因此，任何权利问题都不是单个权利的问题，总会涉及权利所在的各种社会关系以及其中复杂的利益问题”[1]。

工作环境权是工业劳动社会化后，为了预防和消除工业风险而产生的权利，避免工业灾害导致的社会风险，其实质是为了维护社会的公共利益，其内容是国家在雇主财产权、经营权和雇员的劳动权、健康权、生命权之间，乃至整个社会安定的维护之间的平衡。

2.2 宪法意义的工作环境权——工作权、环境权及生存权

宪法作为基本法，在整个法律体系中具有基础性作用。基于法治国家“权利制约权力”的理念，“人民的基本权利”无疑是现代法治国家宪法的重要内容。然而，由于立法技术以及宪法文本的滞后等原因，成文宪法中任何关于人民基本权利的列举都难谓完全，难免有所疏漏，对此可以通过宪法修改的方式予以弥补，但宪法的修改受到严格的程序限制，因此，实践中对于宪法未列举的基本权利通常是通过宪法的解释来予以保障的。纵观世界主要国家的宪法或宪法性文件，工作环境权并非宪法所明确列举的人民的基本权利，然而“宪法基本权利是否明文规定并不表示在基本权利之谱系中即不存在。事实

[1] 梁兴国：“权利的三个维度”，载《求索》2008年第4期。

上人权清单中之基本权利固然系基本权利，人权清单以外依据世界人权宣言或公约所规定之基本权利同样可受到宪法之保护”[1]。根据我国台湾学者李震山教授对宪法未列举基本权的分类，工作环境权属于“非真正之未列举权”，即从形式上来看，在宪法关于基本权的规范及其用语中无法找寻到与之对应的表述，但是从实质的观点来看，它却在宪法明示、明定或列举的权利保护范围或射程范围内。[2]宪法中涵括的工作环境权并非某一列举权，而是由工作权、环境权以及生存权三者共同实现。

2.2.1　工作权

宪法上的工作权，是宪法所保障的公民享有的基本人权。根据不同的标准，可以将工作权划分为以下几类：①从其所保障的范围来看，工作权可以划分为就业过程中的工作权和就业状态下的工作权，因为“就业”既具有动态意义又具有静态意义，动态意义的就业是指尚未就业的劳动者寻求就业的过程，具有过程性；静态意义的就业是指已经建立劳动关系的劳动者对于工作岗位的占有状态，具有状态性和过程性。②从权利的

---

〔1〕 黄越钦：“宪法中劳动基本权之意义与展望”，载《政大劳动学报》2002年第11期。

〔2〕 李震山教授将宪法未列举权分为非真正之未列举权、半真正之未列举权以及真正未列举权，其中非真正之未列举权，是指形式上其权利名称未见诸宪法关于基本权利的规定中，但是实质上却是宪法所明确规定的基本权的保护范围；半真正之未列举权亦是形式上未见诸宪法关于基本权利的规定，但是该权利之内容具有复合性，至少有部分内容已在列举权保障范围，而仅是无法完全涵盖，需通过相应的概括条款予以补充；真正未列举权则是宪法未明示，亦不属于自然权性质，也无法由列举权推衍，只有通过宪法的概括条款来保障。参见李震山：《多元、宽容与人权保障——以宪法未列举权之保障为中心》，元照出版公司2005年版，第18~21页。

主体来看，可以划分为个体劳动权和集体劳动权，通常而言，宪法将个体劳动权和集体劳动权分别规定在不同的条文中，如日本将个体劳动权规定在宪法第22条，而将集体劳动权规定在宪法第27、28条。我国在宪法中未列举集体劳动权，但是其亦应属于非真正列举的基本权，可从劳动权的规定中解释出集体劳动权。③从基本权的体系——自由基本权和社会基本权来看，工作权具有混合性，可以对其具体的内容划分为自由权意义的工作权和社会权意义的工作权。

2.2.1.1 过程性工作权和状态性工作权

工作实际上包括寻找、获得工作的过程以及获得工作后的结果两个阶段，因此，从其保障范围来看，包括了过程性的工作权和状态性的工作权两个方面，亦有学者称为“①失业状态下之劳动权（雇佣保障），和②就业状态下之劳动权（劳动保护）”。我国学者多称之为“就业权”，即获得就业机会的权利，是指有就业资格的公民能够获得从事有报酬或收入的职业性劳动的机会的权利，也就是有机会将其劳动力与生产资料相结合的权利。[1]“劳动权事实上可分为两大范畴：第一，在劳动者尚未进入雇佣关系之前，固然不能循诉讼之途径具体主张实现劳动权，但由于国家对国民就业既有就业安定政策上的责任又有对个别劳工就业上辅导意义，因此21世纪中叶以后，就业服务观念普遍成为政府之重要责任。第二，在劳动者已经进入雇佣关系之后，劳动者之工作权即有两个具体主张之对象，第一标的是，上述劳动者与国家间的关系继续存在，但内容有所不同，已就业中之劳动者，虽然在职训、专业训练等仍然享有对国家主张职训之权利，同样道埋在就服方面也有若干权利可以主张，

〔1〕 参见王全兴：《劳动法》（第2版），法律出版社2004年版，第287～289页。

至于失业救济制度则正是已就业劳动者当其就业安全受到威胁时最重要之保障。第二个标的，则为劳动者与雇主间之关系，也就是团结权、团体交涉权、争议权行使之主要意义所在。盖劳动者在雇佣关系中，对劳动条件之维持改善乃是工作权最重要的内容，劳动条件之维持与改善并不仅止于传统的工资、工时等而已，而是扩张至工作环境权。"〔1〕

过程性的工作权是状态性工作权的基础和前提，如果过程性的工作权无法实现，那么状态性的工作权的保障也就无从谈起。然而，过程性的工作权又受到国家的宪政结构以及财政状况的制约，原则上公民无法直接请求国家提供工作机会。"关于'失业状态之劳动权'，虽然是要求国家确保劳动之机会，但是在资本主义制度下，国家并没有足够的资源可以确保所有国民的劳动机会，亦即事实上不可能由国家直接提供工作机会使国民完全就业，结果只能在政策上致力于劳动权之保障，故在本质上有其界限。"〔2〕状态性工作权则主要是指对于获得工作岗位的职工的劳动保护，具体包括现有工作的持续保障以及保障有尊严生活的劳动条件，如最高工时、最低工资、休息、休假以及劳动安全等。工作权对于未列举的工作环境权的涵括主要由状态性工作权实现，因为劳动者获得工作岗位履行劳动职责是参与工作环境事务，享受良好的工作环境的前提和基础。

2.2.1.2 个体劳动权和集体劳动权

个体劳动权，即劳动者公民个体所享有的劳动权，具体包括自主择业权、平等就业权以及劳动保护权。自主择业权是指

---

〔1〕 黄越钦："宪法中劳动基本权之意义与展望"，载《政大劳动学报》2002年第11期。

〔2〕 王能君："日本国宪法上劳动权保障之意义"，载《宪政时代》2003年第1期。

公民享有根据自己的意愿，自主决定是否工作，从事何种工作的权利。平等就业权是指平等地获得就业机会和就业待遇的权利，即公民不因性别、年龄、民族、身份、财产等因素的区别，而在就业机会和职业待遇方面遭遇不平等的对待。劳动保护权是指公民享有的获得基本的生存保障的权利。国家应该积极作为，适当地限制用人单位的经营自由，以维护劳动者的基本生存保障，包括最低工资、休息休假以及工作环境等诸多方面。集体劳动权〔1〕主要是劳动者团体所享有的权利，包括团结权、团体协商权以及争议权，被称为“劳动三权”。三者之间具有密切的联系，其中，团体协商权是核心，团结权是前提，而争议权则是保障。集体劳动权实质上是对于劳动者弱势地位的平衡，借由劳动者的团体行动来实现劳动者与资本家之间的“武装对等”。“同盟自由此一基本权利之功能在于落实同盟团体受宪法所托付之具有公共利益性质之任务，亦即透过团体的方式与社会自治之相对人共同规范劳动生活并达成劳资和谐。也就是说，同盟自由此一基本权并非只是在于消极地防御国家公权力之侵

〔1〕 我国现行《宪法》没有明确规定劳动者组织工会、进行团体协商以及争议的权利。而其中对于争议权中的罢工权，曾在我国宪法中有过规定。新中国成立至今，先后制定了4部宪法，1954年《宪法》没有规定罢工权，1975年《宪法》第28条和1978年《宪法》第45条规定了公民的“罢工自由”，而在1982年《宪法》，即现行宪法中，删除了“罢工自由”。我国《工会法》第1条规定：“根据宪法，制定本法。”而学界对于我国集体劳动权的宪法基础存有争议。有学者认为，我国的集体劳动权的宪法基础为结社自由，因为从历史解释角度看，1975年《宪法》以及1978年《宪法》都将“罢工自由”与“言论、出版、集会、结社自由”并行规定，并且，团结权与结社权存在结构上的共通性，均为人的组合，则权利内容均包括团体的组织和行动的保障。而有学者认为，我国的集体劳动权的宪法基础为劳动权，其认为结社自由性质上为自由权和防御权，而团结权并非针对国家的单纯防御权，其具有落实宪法委托的劳动关系自治的功能。并且，团结权的目的在于实现劳动者个体劳动权，其主要是为了对抗资方而非对抗国家。笔者认为后一种观点更为合理。

害而已，更具有积极落实宪法明文所特别托付的劳动生活社会自治的任务。”[1]

对于未列举的工作环境权的涵括主要是通过集体劳动权来实现的，因为，从个体主义来看，人在社会、国家共同体中享有主体性和目的性地位，共同体只有工具性、手段性地位，“个体与个体之间的关系与个体与整体的关系堪称是两类不同的社会关系。它承认共同体是由相互联系的个体组成的，但个体的利益的目的性包含着这样一种观点，即就个体利益本身而言是不能、也不应该有限制的，只有相对于其他个体利益时，个体的利益才有边界。因为，个体之间的关系是平等的，都是目的性，不能因这个个体利益而消灭另一个个体利益；个体利益与另一个个体利益之间存在冲突的可能，这时就需要国家进行‘平衡’保护”[2]。然而，国家对于个体利益进行平衡的方式包括国家的直接介入以及社会团体介入两种，前者如国家对空域的管制，而后者如劳动领域中，劳动者团体对于生产管理等多方面的参与，即所有权的社会化和经营权的民主化。工作环境权则主要是透过劳动者代表及其团体组织来实现劳动者与雇主的合作，共同营造良好的工作环境。

2.2.1.3 自由权意义的工作权和社会权意义的工作权

“一般而言，一个具体形态的宪法权利包括三个权能：自由权、获得国家保护的权利和社会权。其中任何一个具体形态的宪法权利至少包括自由权和获得国家保护的权利的权能，并不是所有的具体形态的宪法权利中都包含社会权的权能。因此，包含社会权权能的宪法权利可以构成一个权利群，即通常所称

---

〔1〕 黄程贯：《劳动法》，空中大学印行2001年版，第156页。

〔2〕 夏正林：《社会权规范研究》，山东人民出版社2007年版，第52页。

的经济、社会和文化权利。"[1]所谓的社会权权能则主要是指其"积极受益权功能"，即基于干预主义和社会连带主义而形成的，公民为了实现其特定利益，而要求国家积极作为的基本权。这也是宪法人民权利基本的体系划分——自由基本权和社会基本权。其中，自由基本权以"消极的防御权"为主要功能，而社会基本权则是以"积极的受益权"为主要功能。但是二者并非截然相对的，基本权通常兼具上述两种功能，即"消极的防御权"功能和"积极的受益权"功能。"学界通说划归为社会基本权（工作权）内的劳工结社权、自由选择职业权等，其含有自由基本权的性质，并且常在宪法上被列为在基本自由权条款内，也可享受法院的保障，故，这些权利可认为是具有两种基本权利的特性。"[2]我们将工作权称之为社会基本权的原因在于，尽管"社会权可能包括防御功能、受益功能等多个方面，但是其中受益权功能居于主导的地位，其他的功能是次要和辅助的。也就是说，社会权首先是要求国家积极的干预和帮助个人实现其利益，只有在个人已经自主地实现了社会权所指向的利益时，才有必要去要求国家不干预"[3]。

自由权的理念是近代立宪主义的基础，自由基本权的保障和实现具有目的性和无条件性，而社会基本权则通常具有手段性，并且受制于社会经济条件。因此，"消极自由构成共同体的前提，是必须坚持而不能被平衡的，而积极自由的价值在很大程度上是共同体的目的，是可以被平衡的"[4]。"法秩序对侵害

---

〔1〕 夏正林：《社会权规范研究》，山东人民出版社2007年版，第16页。

〔2〕 陈新民：《德国公法学基础理论》（下册），山东人民出版社2001年版，第696页。

〔3〕 张翔："基本权利的受益权功能与国家的给付义务"，载《中国法学》2006年第1期。

〔4〕 夏正林：《社会权规范研究》，山东人民出版社2007年版，第121页。

个人受基本法所保护之利益的行为，应负有不作为义务。相对于国家之不作为义务，个人即因享有防御请求权。基本权因而乃是保障个人免受国家侵害之个别自决及自治生活规划与进行。相反地，基本权只有在例外状况下始会被视为给付权。德国基本法之制定者在制宪当时乃是基于对现实状况之实际评估，而有意识地放弃所谓社会基本权，并未将之纳入基本法之中。”因此，“德国宪法仅在第 12 条规定职业选择自由权〔1〕，其本质上为防御权，而没有规定受益权功能的工作权，其原因在于魏玛宪法有关社会基本权的落空，使得人民对政治以及对宪法的信赖完全丧失殆尽，有鉴于此，二次世界大战结束后，德国基本法制定时，即不再将所谓请求工作之权利，或任何具有类似内容之权利纳入基本法之中”〔2〕。然而，不可否认的是随着人权保障理念的提升，德国联邦宪法法院以及学者实质上已不仅仅将基本法第 12 条局限为防御权，而是赋予了其一定的受益权功能。且德国许多州的宪章中将工作权规定为基本权，如巴伐利亚州宪法第 166 条第 2 项、第 167 条第 1 项等，并且德国先后加入了《1948 年联合国人权宣言》以及有关的经济、社会和文化条约，作为签约国，相关国际条约中的工作权应该予以承认。〔3〕

自由权意义的工作权，主要是指公民“自由选择职业及从

---

〔1〕《德国基本法》第 12 条规定：“所有德国人均有自由选择其职业、工作地点及训练地点之权利，业务之执行得依法律管理之。任何人不得被强制为特定之工作，但习惯上一般性而所有人均平等参加之强制性公共服务，不在此限。强迫劳动仅于受法院判决剥夺自由时，始得准许。”

〔2〕 黄程贯：“德国劳动法上关于工作权保障之探讨”，载《宪政时代》2003 年第 1 期。

〔3〕 参见黄程贯：“德国劳动法上关于工作权保障之探讨”，载《宪政时代》2003 年第 1 期。

事职业活动之权利。此种权利之性质为防御权，即耶林内克所称人民在国家中之‘消极地位’[1]。详言之，凡法律所未禁止之事项，人民皆‘自由于国家之外’，不受国家干涉”。而社会权意义的工作权，“其性质为受益权，即德国公法学家耶林内克所称人民在国家中之‘积极地位’。详言之，人民欲行此等受益权，必须国家积极提供一定之给付，若无国家之协助，人民即不能享有此等基本权利”[2]。而所谓社会权意义的工作权，并不意味着人民有向国家积极请求提供某种工作机会的给付请求权，仅是指人民有要求国家依个人之能力，尽量为其创造工作机会以及保障其工作持续的权利。工作环境权不仅仅要求国家负有不得侵害劳动者良好工作环境的消极的不作为义务，而且要求国家为了保障劳动者工作环境权的实现而采取积极措施，促使其权利实现的义务。因此，作为宪法未列举权的工作环境权，其主要是体现了基本权的受益权功能。

---

〔1〕 19世纪德国著名的公法学者耶林内克在《公权的体系论》中，以公民对国家的地位为基准，将国民与国家的关系区分为四大类：①消极的地位：公民要求国家权力机关（尤其是立法和行政机关）处于消极不作为的地位，也就是要求国家不得侵害或者介入干涉个人自由领域的地位，此即自然法、个人主义、自由主义引申而来，一般称之为自由基本权，包括精神自由、人身自由、经济自由。②积极的地位：当公民各种自由权利受到国家侵害时，可以基于三权分立的宪政体制，要求国家权力机关（特别是司法机关）应积极作为，排除不当侵害，具体落实自由权。由于这是要求国家须处于积极地位，以使公民享受权益的概念，因此一般又称为受益权，包括接受裁判的权利、刑事补偿请求权等。20世纪后，除了原有的受益权之外，又增加国家负有积极介入保障的生存权、工作权、劳动基本权等社会权。③主体地位：公民参与国家意思形成的权利，也是一般所谓人民主权原理下的参政权，如选举权、罢免权。④被动地位：国民须处于被动地位，服从国家统治的概念，即一般所理解的公民的义务。参见许庆雄：《宪法入门I：人权保障篇》，元照出版公司1998年版，第35～36页；参见陈新民：《德国公法学基础理论》（下册），山东人民出版社2001年版，第693页。

〔2〕 刘建宏：《基本人权保障与行政救济途径》，元照出版公司2007年版，第7页。

2.2.2 环境权

为了回应生态危机的挑战，保障人们的基本生存，20 世纪 60 年代以来，世界各个国家开始对造成环境公害的原因进行反思，而在法律上，基于人格尊严和生存保障的理念，逐步形成了环境权。尽管环境权的形成引发了极大的争议，但是时至今日，环境权被视为宪法所保障的基本人权，已为人所共识。根据魏伊丝教授的统计，目前共有 41 个国家或地区的宪法规定了个人所享有的清洁、健康的环境的一般性权利，有 62 个国家或地区在宪法中规定把保护和改善环境作为国家的目标或义务。[1]而联合国、欧盟等国际组织也制定了大量关于环境权的国际公约，《联合国人类环境宣言》（1972 年斯德哥尔摩宣言）第 1 条原则规定："人类有权在一种能够过尊严和福利的生活的环境中，享有自由、平等和充足的生活条件的基本权利"。尽管如此，学界对于环境权理论的建构依然是仁智互见，分歧重重。学者以日本环境权的研究为例，尽管"日本受公害危害最烈，对环境权之研究也最长久、积极而深入；惟迄今从宪法或人权之基准，所构筑之环境权理论仍未臻致密无疵；就环境权性质之看法也多各自不同。甚至对'环境权'一词所下定义解说亦不甚一致；有谓为：'享受环境之权利者。'亦有云：'在健康之环境中生存之权利者。'更有言：'保全环境之权利者。'其他以：'生活权'、'生命权'、'公共之权利'或'健康权'之称谓表示者，则尤纷纭琳琅，不一而足，就是最显而易见的明

〔1〕 参见［美］爱蒂丝·布朗·魏伊丝：《公平地对待未来人类：国际法、共同遗产与时代间衡平》，汪劲等译，法律出版社 2000 年版，第 294～298 页。

证”。[1]我国亦是如此，学界关于环境权的理论构建分歧较大：①关于环境权的性质的观点包括：基本权说、私权说、公益权说、自得权说、人格权说和财产权说等。[2]②关于环境权的主体，有学者认为应包括国家、法人和公民；[3]有学者则认为，环境权的主体应为全体人民，它不仅包括公民、法人及其组织、国家乃至全人类，还包括尚未出生的后代人。[4]还有学者认为，环境权的主体仅限于自然人，国家、法人或其他组织、自然体都不是法律意义上的环境权主体。[5]③关于环境权的客体，则存在一元论和多元论的观点分歧，前者将环境权的客体界定为环境资源，即对人类生存和发展有直接或间接影响的各种环境要素。而后者则将环境权指向多种客体，不仅仅包括环境要素，还包括行为、防治对象等。[6]④关于环境权的内容，吕忠梅教授认为包括：环境使用权、知情权、参与权、请求权，其中环境使用权属于实体性的环境权。[7]亦有学者认为，环境权的内容包括程序性权利和实体性权利，实体性权利包括生态性权利（生命权、健康权、日照权、通风权、安宁权、清洁空气权、清洁水权、观赏权等）、经济性权利（环境资源权、环境使用权、

---

〔1〕 李鸿禧：《宪法与人权》，台湾大学法律学系法学丛书编辑委员会编辑1991年版，第542~543页。

〔2〕 参见徐祥民、田其云等：《环境权：环境法学的基础研究》，北京大学出版社2004年版，第23~28页。

〔3〕 参见罗典荣、陈茂云：“环境权初探”，载《法学研究》1988年第3期。

〔4〕 参见陈泉生：《环境法原理》，法律出版社1997年版，第106页。

〔5〕 参见吴卫星：《环境权研究》，法律出版社2007年版，第73页。

〔6〕 参见徐祥民、田其云等：《环境权：环境法学的基础研究》，北京大学出版社2004年版，第50~58页。

〔7〕 参见吕忠梅：《环境法新视野》（修订版），中国政法大学出版社2007年版，第124~131页。

环境处理权等）和精神性权利（指环境人格权）。[1]参见吴卫星博士则认为，若依前述观点，环境权包含了如此多的权利内容，大有“并吞”、“兼并”其他权利而成为“托拉斯”之势；而且这些权利内容（例如所谓的生态性权利与经济性权利）往往相互间存在冲突。其认为，环境权仅仅是一种生态性的实体权利，不包括经济性权利和程序性权利。[2]

《世界自然宪章》前言第一句指出：“人类是自然的一部分，生命有赖于自然系统的功能维持不坠，以保证能源和养料的供应。”正是由于人与自然的密切关联，使得基于传统的人类中心主义所建立的人、物二元对立的架构而形成的法律理论构架面临众多的挑战，原本清晰划分的主体与客体、程序与实体变得混沌。因此，关于环境权的诸多方面都存在争议，自然体是否能成为权利主体？除了物化的环境因素之外，人及其行为是否为环境权的客体？环境权的内容具体是指什么？笔者认为，属于宪法权利的环境权主体应为公民，其义务主体为国家，即国家不仅仅负有不得肆意侵害公民良好的生活环境的不作为义务，还有为了维持和实现公民良好的生活环境的积极作为义务，如披露相关的环境信息、对于环境保护提供财政支持等。至于环境权的内容，其究竟是“享有健康、清洁、良好的环境”的实体性权利，还是“参与良好环境的形成”的程序性权利，抑或是二者兼而有之的权利呢？

从应然层面而言，环境权是具有实体性权利和程序性权利的混合性权利，然而，由于实体环境利益的不确定性，使得其实现受制于不同国家和地区的社会经济发展水平、法制状况等。

---

〔1〕 参见吴国贵：“环境权的概念、属性——张力维度的探讨”，载《法律科学》2003年第4期。

〔2〕 吴卫星：《环境权研究》，法律出版社2007年版，第93页。

因此，从实然的角度来看，环境权的内容以程序性权利为主。“环境权不应被解释为很难抽象定义的对理想环境的权利，而应解释为使现有环境受到保护、使之不被破坏，以及在某些情况下使环境得到改善的权利。……就像个人安全权一样，环境权的实现也体现在程序制定方面，这就意味着要创设有效的程序。”而“公民对环境保护的具体参与是环境权的具体体现：它不仅使个人行使他所享有的权利，还使他履行他在这方面应承担的义务”。[1]据学者考察，“（20世纪）90年代通过的国际环境文件一般都没有提到环境权，然而它们都强调公共的知情权、参与权和获得补救的权利”[2]。环境权具有社会权属性，其具有受益权功能，而国家应该承担相应的给付义务，即“国家以积极作为的方式为公民提供某种利益的义务。给付的内容可以是物质性的利益，可以是法律程序，也可以是服务行为”[3]。给付义务的具体内容包括：①程序性利益或者相关服务，例如对公民权利的保障、提供司法救济途径；②物质性利益或者相关服务，例如给予社会弱者物质帮助、为儿童提供免费教育。但是这二者之间的划分并非绝对，有时候给付内容究竟是物质利益还是程序利益很难区分。且由于新兴的社会权意义的基本权保障往往面临着多方面的制约，如宪政秩序以及国家的财政能力等，因此，国家通常对环境权的确立以及在确定给付义务的具体内容时往往较为慎重，通常情形下，宪法未列基本权的确立往往是通过法院裁判实现的。环境权亦是如此，目前世界

---

〔1〕［法］亚历山大·基斯：《国际环境法》，张若思编译，法律出版社2000年版，第20~21页。

〔2〕［法］亚历山大·基斯：《国际环境法》，张若思编译，法律出版社2000年版，第24页。

〔3〕张翔：“基本权利的受益权功能与国家的给付义务”，载《中国法学》2006年第1期。

诸多国家在宪法中确立了环境权，除少数国家在宪法法院的裁判中确定了其最低限度的实体性内容外，多数国家宪法中，环境权仅具有宣示意义。美国参议院提出的《国家环境政策法》草案有这样一段文字：“每个人都享有基本的和不可剥夺的对于健康环境的权利。”但是最终被下列文字取代，“国会认为，每个人都应当享受健康的环境，同时每个人也有责任对维护和改善环境作出贡献”。可见，当时美国国会有意避免创设一项可以由司法部门强制执行的公民环境权。〔1〕

环境权与工作环境权之间具有密切联系，从对象以及主体来看，其二者之间存在一般与特殊的关系，在权利对象方面，环境权的对象为一般的生活环境，而工作环境权所指向的对象为工作者在工作过程中对工作场所内外的环境要素所享有的利益。在权利主体方面，环境权的主体为公民，而工作环境权的主体则是劳动者。环境权对于宪法未列举权——工作环境权的涵括，其重点在于环境权的客体——实体性的环境利益以及程序性的环境参与行为，此二者在工作环境权中都有体现。

2.2.3 生存权

“所谓生存权，就是人为了像人那样生活的权利。所谓像人那样生活，就是说人不能像奴隶和牲畜那样生活，是保全作为人的尊严而生活的权利。”〔2〕学者们认为，生存权作为明确的法权概念，最早见于奥地利具有空想社会主义思想倾向的法学家安东·门格尔（Anton Menger）于1886年写成的《全部劳动权史论》，该书认为：劳动权、劳动收益权、生存权是造成新一代

---

〔1〕 王曦：《美国环境法概论》，武汉大学出版社1992年版，第106～107页。

〔2〕［日］三浦隆：《实践宪法学》，李力、白云海译，中国人民公安大学出版社2002年版，第158页。

人权——经济基本权的基础。生存权被揭示为：在人的所有欲望中，生存的欲望具有优先地位。从实在法来看，早在1791年法国宪法即规定了生存权的相关内容，“国家设置公共救济机构，以收养孤儿，并照顾贫弱疾病者，亦应设法使所有健壮的贫穷劳工，拥有工作机会”。生存权在世界上首次受到宪法明文保障是在德国的《魏玛宪法》（1919年），其第152条第1款规定：“经济生活之组织，应与公平之原则及人类生存维持之目的相适应”[1]。生存权的发展与人类社会的发展有密切关系。随着经济的发展，以及国家本质、国家存在目的的转变，国家对个人的生存问题，亦从国家无责任时期、国家施恩惠时期（如天灾人祸的赈灾招抚）等消极立场，逐渐步入国家有义务时期、生存权具体成为权利保障时期等积极立场。[2]生存权的产生与资本主义社会的矛盾有着密切联系，其自身具有“自然权”到“社会权”的混合性，一方面，生存权被视为消极地防止或除去国家对个人生存的危害，此乃生存权的自由权本质；另一方面，19世纪末之后，社会矛盾的激化，使得国家对于生存权的理解不仅仅局限在消极不妨碍的自由权层面，而是应该采取积极措施改善各种与生存相关的条件与环境，确保国民的生存权得以落实和不断发展。

生存权被视为优先于其他人权的首要人权，其包括两方面的内容：一是生命权，即人的生命非经法律程序不得受到任何伤害和剥夺；二是生命延续权，即人作为人应当具备基本的生存条件，如衣、食、住、行等方面的物质保障。[3]生命权与生命延续权之间具有密切联系，生命权保障是生命得以延续的前

〔1〕［日］大须贺明：《生存权论》，林浩译，法律出版社2001年版，第3页。
〔2〕参见许庆雄：《宪法入门Ⅰ：人权保障篇》，元照出版公司1999年版，第150页。
〔3〕杨成铭：《人权法学》，中国方正出版社2004年版，第114页。

提和基础，若生命权无法得到保障则遑论生命的延续，“在基本法所保护的权利的秩序中，生命权具有极高价值：人的生命在宪政秩序中具有最高价值，其是人性尊严的重要基础以及其他基本权的前提”[1]。因此，生命权首要是预防国家随意剥夺生命的防卫性人权。正如米尔恩在《人权哲学》中提到的，敬重人类生命的原则有两个主要要求，除了任何人不得被任意杀戮之外，还需任何人的生命不得遭受不必要的危险的威胁。[2]因此，消极的不作为不足以确保生命权的实现，从根本上而言，生命权的真正含义不仅仅是生命权不受侵犯，而更多的是如何实现生命的延续，其本质是为了保护社会、经济的弱者，而要求国家积极行为。如当人民遭遇疾病面临生活困难时，有权请求国家救助，国家应给予相应救助，以维系其生命。目前学界关于生存权的理解也存在广狭义之分，其中，广义的生存权包括上述的生命权和生命延续权（社会安全权、最低生活保障权），而狭义的生存权则仅指后者。

生存权作为首要的基本人权，其权利的实现往往与社会经济状况密切相关，因此，所谓“生存”的具体内容，往往随着社会经济的发展而不断变化，从根本上而言，生存权的内容具有一定的概括性和抽象性。如日本宪法中有关生存权条款第25条规定：“所有国民均享有健康和文化的最低限度的生活的权利。国家必须在一切生活方面，努力提高与增进社会福利、社会保障以及公共卫生。”其中“最低限度的生活”并非由立法者在法律文本中可以确定的，而是需要根据具体的生活现实进行

---

〔1〕 Sabine Michalowski, Lorna Woods, *German Constitutional Law: The Protection of Civil Liberties*, Ashgate, 1999, p. 135.

〔2〕 参见［英］A. J. M. 米尔恩：《人的权利与人的多样性》，夏勇、张志铭译，中国大百科全书出版社1995年版，第155页。

判断。“日本宪法第25条所规定的生存权，系限制经济自由的正当化事由，且是产出宪法第26条以下其他社会权的母体，居于总则的地位。”[1]亦即宪法对于受教育权、劳动权、环境权的保障实质上是生存权在特定领域的具体化，如日本宪法第27条关于劳动权的规定，“基本上系对于国民保障其劳动机会与劳动条件，而将宪法第25条生存权保障予以具体化之规定”[2]。因此，日本学者将受教育权、劳动权、环境权列为具有生存权性质侧面的基本权。[3]而所谓的“生存权性质侧面”意在强调此等基本权均具有社会权的受益权功能。

生存权对宪法未列举权——工作环境权的涵括具体体现在以下两个方面：一是从权利的属性来看，工作环境权具有社会权属性，也是具有“生存权性质侧面”的基本权，其权利的实现需要依靠国家的积极作为；二是从权利实现的结果来看，工作环境权的实现，即劳动者获得良好的工作环境，从实质上亦是劳动者的生存权价值的实现。

2.2.4 我国宪法中的工作环境权

我国《宪法》第2章对公民的基本权利和义务进行了规定，其中未明确规定工作环境权，因此，工作环境权在我国宪法中也属于未列举权的范畴。基于上文的分析，工作环境权在我国《宪法》中的基础包括以下几个方面：

（1）劳动权以及休息权条款。我国《宪法》第42条第1、

---

〔1〕［日］阿部照哉等：《宪法》（下册），中国政法大学出版社2006年版，第235页。

〔2〕王能君：“日本国宪法上劳动权保障之意义”，载《宪政时代》2003年第1期。

〔3〕参见［日］大须贺明：《生存权论》，林浩译，法律出版社2001年版，第173~226页。

2款规定："中华人民共和国公民有劳动的权利和义务。国家通过各种途径，创造劳动就业条件，加强劳动保护，改善劳动条件，并在发展生产的基础上，提高劳动报酬和福利待遇。"该条款确定劳动权为公民的基本人权，其第2款规定突出了国家对公民劳动权的保护义务，实际上是劳动权社会权属性的体现，尤其是"加强劳动保护，改善劳动条件"的义务，与工作环境权国家所承担的积极义务具有相通性。

《宪法》第43条规定："中华人民共和国劳动者有休息的权利。国家发展劳动者休息和休养的设施，规定职工的工作时间和休假制度。"该规定是劳动者休息权条款，也是关于工作时间的限制以及休息、休假的宪法基础，从根本上而言，工作环境安全、健康就包括了劳动作业方式的安全、健康，超长的工作时间不仅仅会直接危害劳动者的健康和安全，而且必然导致劳动者与设备的疲劳运转，势必增加工业灾害发生的几率，危害到工作环境安全。

（2）环境权条款。虽然目前学界对于我国宪法中是否存在环境权存在争议，通说认为，我国宪法第2章关于公民的基本权利和义务的规定中并没有规定环境权，因此，环境权在我国并非宪法基本权。严格地从宪法文本来看，确实如此，环境权在我国亦属于宪法未列举权。但是，笔者认为，环境权应属于我国宪法中的基本权。

第一，宪法文本中未列举的权利并不意味着不是宪法基本权，因为可以从宪法其他条款中解释出环境权。我国宪法第2章关于公民的基本权利和义务的规定中未规定环境权，但是在第1章总纲中第9、26条都与环境权密切相关，其中第9条第2款规定，"国家保障自然资源的合理利用，保护珍贵的动物和植物。禁止任何组织或者个人用任何手段侵占或者破坏自然资源”。第26条规定：“国家保护和改善生活环境和生态环境，防治污染和其他公害。国家组织和鼓励植树造林，保护林木。”上述规范也具有相应的功能和效力，因此，为了落实宪法的规定，国家制定了《环境保护法》等法律。

第二，环境权作为基本人权应该获得宪法的保障。《宪法》第33条第3款规定：“国家尊重和保障人权。”其中应该包括了环境权。

第三，环境权作为基本人权，为多个国际公约所保障。我国加入了1996年《经济、社会和文化权利国际公约》，其第11条关于适当生活程度的权利，以及第12条关于健康权的规定都可以解释出环境权。

我国《环境保护法》第1条规定：“为保护和改善生活环境与生态环境，防治污染和其他公害，保障人体健康，促进社会主义现代化建设的发展，制定本法。”第2条规定：“本法所称环境，是指影响人类生存和发展的各种天然的和经过人工改造的自然因素的总体，包括大气、水、海洋、土地、矿藏、森林、草原、野生生物、自然遗迹、人文遗迹、自然保护区、风景名胜区、城市和乡村等。”从此可知，我国环境保护法是基于人类中心主义的立法，其目的在于实现人的健康。然而，从统筹人与自然的角度来看，人与环境是密不可分的，离开了环境安全是无法实现人的安全的。“环境的每个组成部分不仅具有直接关系到人类的价值，而且，还是一个相互关联的系统中不可缺少的要素，必须保护这个系统以确保人类的生存。尽管人类生存这个最高目标仍然是以人为中心，人类却不再被视为自然界之外或之上，而是与自然界相互联系、相互依赖的一部分。”〔1〕工

〔1〕［法］亚历山大·基斯：《国际环境法》，张若思编译，法律出版社2000年版，第11页。

作环境权的实质在于将具有社会角色——劳动者的人身安全与工作场所内、外的环境安全整合起来，基于工业劳动社会化的现实，从工作环境安全进而实现整个生活环境和生态环境的安全。

（3）人格尊严权条款。宪法中的人格尊严条款具有双重性质，一是作为价值意义上的人性尊严条款，其具有概括性作用，构筑起其宪法基本权利的客观价值秩序的上层价值，从某种意义上来看，构成其他基本权利的核心内容，原则上对于其他基本权利的保障或者限制都不得侵害到权利人的人格尊严。“人性尊严之条款定位为基本人权之一外，并为其他各列举之基本权利保障人性尊严部分之一般化规定概括条款。概括条款具有承接规范之功能，其本于辅助性原则有补充结构遗漏之功能，申言之，结构性规范若有缺漏导致功能不足时，由概括条款承接并弥缝之，以发挥宪法保障基本权利之完整功能，因此，当人性尊严受到侵害，优先适用个别基本权利，如平等权、自由权等，而在一般基本权利之要件下无法保障时，则适用人性尊严条款，以确保基本权利，易言之，人性尊严有赖例示基本权利加以具体化，而一般例示基本权利之功能，则由透过人性尊严之条款确保之。”〔1〕“人性尊严因而成为整个法秩序之‘价值判断之原则性规范’，立法、行政、司法等国家机关皆应受拘束，更是不待言而喻。”〔2〕二是作为基本权利的人格尊严具有自由权和社会权的混合性，作为自由权，其具有对抗国家的不当侵害的功能；作为社会权，其又可要求国家积极履行保障人格尊严的保护义务。因此，德国《宪法》规定：“一切国家权力均有尊重及保护人性尊严之义务”。

我国《宪法》第38条规定：“中华人民共和国公民的人格尊

〔1〕 李震山：《人性尊严与人权保障》，元照出版公司2001年版，第9~10页。

〔2〕 李震山：《人性尊严与人权保障》，元照出版公司2001年版，第22页。

严不受侵犯。禁止用任何方法对公民进行侮辱、诽谤和诬告陷害。”从上述规范来看，该条文主要突出了个人尊严的自由权面向的功能，即预防他人侵害的功能。然而，该条文中侵害的来源不限于国家公权力，还包括私主体，因此，从此种意义上来看，实际上我国宪法对于基本权利的水平效力是承认的。但是，从规范解释来看，该条文同样具有社会权的面向，即国家有保护公民人格尊严的积极作为义务。工作环境权实际上是为了实现劳动者在劳动过程中的人格尊严价值，与国际劳工组织所提出的“体面劳动”具有同等意义，所谓体面劳动就是有尊严的劳动。

我国宪法中亦是如此。我国《宪法》第45条第1款规定：“中华人民共和国公民在年老、疾病或者丧失劳动能力的情况下，有从国家和社会获得物质帮助的权利。国家发展为公民享受这些权利所需要的社会保险、社会救济和医疗卫生事业。”该规定被视为我国宪法中的生存权条款，从其意义来看，其仅指狭义的生存权——社会保障权。该条款作为工作环境权的宪法基础，其意义在于：一是明确了国家的保护义务，国家对于面临生存困难的公民有积极作为的保护义务；二是对于工作环境权的保障与救济而言，其具有制度性保障的功能，因为立法机构为了落实该条款的规定，必须完善相应的立法，切实保障公民的生存权，如在工作环境权受到侵害导致劳动者负伤或者因伤致残或死亡的情形下，国家应该提供工伤救济。

2.3 部门法意义的工作环境权——公私兼容的社会权

2.3.1 社会法与社会权

自罗马法学家乌尔比安提出“公法”、“私法”的划分以来，关于“公、私法”划分的理论成为学者进行法律性质分析的重要依据，然而，关于“公、私法”划分的标准争论，以及对于“公、私法区分”理论的质疑不绝于耳。就前者而言，可以将“公、私法”划分标准的学说概括为：①主体说，即认为私法主体的双方都是私人或私人团体，而公法主体的双方或至少一方是国家或在国家之下的公团体。②关系说，其认为私法是平等主体之间的关系，公法则是隶属主体之间的权力服从关系。③利益说，其从法的目的出发，认为私法是保护私益的法，公法则是保护公益的法。④意志说，其从法律主体在从事法律行为时的意志自主出发，认为私法主体在实施法律行为时遵守意思自治；公法主体在实施法律行为时却无意志自由可言。对于后者则存在“公、私法区别的否定说”的观点，如法国学者凯尔森主张公法、私法都是国家法，其认为关于国法上的理论构成，有一点要先行说明。通说认为，国家与其他主体之间的关系为法律上的统治关系，因之对私法和公法加以区别，但凯尔森却相反，他把这两者的区别概行抛弃。通说在对等的权利主体之外，承认国家为优越的主体，因而分为两个法域而构成其理论。反之，凯尔森却尽力把观念构成加以节约，凯尔森的理论构成只限于单一的法域。[1]尽管如此，不可否认公私法的区分是必要的，其不仅仅意味着立法技术的差别，更重要的是指引着公私法律关系不同的裁判方式，“公法为法无明文规定即为禁止，而私法则是法无明文规定即为许可”即是例证。

然而，“公、私法”的划分也仅仅局限于理论，在18世纪之前，并无实在法意义的公法与私法，正如基尔克考察，整个中世纪都未认识到公法和私法在观念上之区别，一切人与人间

〔1〕 参见［日］美浓部达吉：《公法与私法》，黄冯明译，台湾商务印书馆1988年版，第6～13页。

的关系，自临近者间的交易关系以至王与国民间的忠诚关系，都被视为可包括于一个相同的单一种类的法里。[1]其原因在于，政治国家主导，“市民社会”的缺位，统治者与被统治者之间是主体与客体的关系，“人们不是被视为一个个人，而是始终被视为一个特定团体的成员”[2]。资本主义革命促使民众解放，与政治国家相对应的市民社会出现，因此，黑格尔将市民社会等同于资本主义社会，至此实在法意义的公、私法区分形成。但是，自由资本主义阶段，基于自由主义、个人主义以及营利主义，过度的压榨使得社会分配失衡，在市民社会内部形成了“强势群体”和“弱势群体”，导致劳资关系紧张，社会冲突不断，而市民社会内的此种强弱冲突，并非市民社会可以自我调节和消弭的，而需要引入国家干预和团体自治。从而，在公法和私法之外，逐步形成具有公私法交融性的社会法。因此，德国学者 G. 拉德布鲁赫（G · Radbruch）先生归纳的社会法的基本特征之一为：考量表面上平等的人格概念背后不同的、基于社会地位而产生的个别性，即社会强者与社会弱者的差别（强调法律主体的特殊性）。

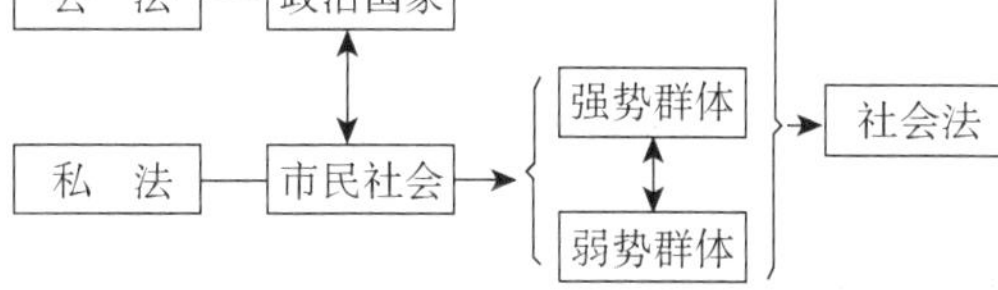

图 2-1 公、私法与社会法的关系图

---

〔1〕 参见［日］美浓部达吉：《公法与私法》，黄冯明译，台湾商务印书馆 1988 年版，第 1~2 页。

〔2〕 ［英］梅因：《古代法》，沈景一译，商务印书馆 1996 年版，第 105 页。

权利是法律制度的基础概念，从立法上看，权利是由法律所确认的利益；从司法上看，权利则是法律所保护的对象。因此，上述关于公、私法以及社会法的讨论同样适用于公权、私权以及社会权。对于公权与私权的区分标准也存在与“公、私法区分”同样的争议，有学者采取“主体说”，认为“公权是存在于国家或公共团体（处于准私人的地位者除外）和个人之间的权利，而私权则为存于私人相互间的权利”〔1〕。有学者则采取复合标准，其认为，“区分公权与私权的方法无非有两种，一是形式上的区分，所谓公权是公法上规定的对抗国家和政府的权利，而所谓私权则是私法上规定的赋予私人的以对抗其他私人的权利；二是实质上的区分，所谓公权是为保护国家利益和公共利益而设定的权利，而所谓私权则是为保护私人利益而非国家利益或公共利益所设定的权利”〔2〕。上述区分标准并不周延，从主体而言，国家所享有的权利并不就是公权力，如国家所有权。从形式标准来看，因为法治国家的内在含义，即包括了权利制约权力的理念，也就是说，任何权利都具有防止国家不当侵犯的功能，所以，私权也属于对抗国家权利。此外，公法所规定的权利并不就是公权力，私法规定的权利也并不就是私权利，我们不能从其规定在某个法律中而直接认定其为公权或者私权。其原因在于：一方面，作为法律调整对象的社会关系本身即是具有众多面向，因此，作为调整社会关系的法律（权利），其自身的性质可能也并非绝对单一，反而具有一定程度的复合性。另一方面，由于公法（权）、私法（权）划分标

〔1〕［日］美浓部达吉：《公法与私法》，黄冯明译，台湾商务印书馆1988年版，第159页。

〔2〕王涌：“私权的概念”，载夏勇主编：《公法》（第1卷），法律出版社1999年版，第401页。

准的相对性，使得任何单一标准都无法完全涵盖公私法二者的特征。因此，公法（权）与私法（权）区别的标准具有多元性。正如日本学者美浓部达吉所说，“关于公法私法的区别标准学说之纷然不一，既如前述。考其主要的原因，是在于从事该区别、不能只根据任何单一的标准，而应将各种不同的标准结合起来饶有可能的缘故”。因此，“某单一的权利亦不是非专属于公法或私法之一方不可的，专属于公法或私法之一方，并非权利之必然的性质。单一的权利亦可以有两重的性质——一面为私权而同时又为公权”〔1〕。

笔者认为，对于公权、私权区别的标准，可以借鉴部门法划分的标准，即调整的模式以及调整对象的区别。因为，存在公法（权）、私法（权）的区别的原因在于二者的实质——利益不同，而利益的不同导致相应的调整模式不同。社会权则有公私兼容性，其调整模式具有公法管制和私法自治兼容的特征。

2.3.2 工作环境权的公法规范

通常而言，雇主与雇员的关系属于私主体间的自治关系，国家对于市民社会的介入，对于雇主的经营权（财产权）进行限制，必须符合法治国家的要求，即符合公共利益原则和比例原则的要求。国家对工作环境权法律关系干预的原因在于：①从工作环境权宪法基础的规范效力来看，国家管制是国家对于公民保护照顾义务的具体体现，是公民社会权的受益功能的必然要求。工作环境权作为基本人权，其宪法根源在于环境权、劳动权以及生存权的保障，上述基本权利的规范效力，督促国

〔1〕［日］美浓部达吉：《公法与私法》，黄冯明译，台湾商务印书馆1988年版，第159页。

家必须通过立法等方式切实保障公民工作环境权的实现。②从劳动法倾斜保护劳动者原则来看，国家对于工作环境权的干预是倾斜保护劳动者的具体体现。私法的契约自治使得“单个雇员仍然继续受到力量强大的雇主的强制命令的制约。由此引出了种种社会恶劣现象：低工资、长工时、在男人持续失业的同时使用女工和童工、缺乏劳动安全保护、在供养者生病或死亡时缺乏社会保障。为了同这些现象作斗争，首先确定从两方面发展：一方面是形成雇员结社；另一方面是进行国家劳动保护立法，比如禁止使用童工、对未成年工进行保护”。[1]“劳工相对于雇主乃是处于一弱势、劣势地位。此由通说之将劳动关系定义为所谓的‘从属性劳动’概念，即可见之。由此一‘从属性’概念，或谓由‘不对等’或‘力量之不均等’，或说是由此一通常只存在于公法中之上下隶属关系，即可导出劳动法中之劳工保护原则。”[2]就工作环境权法而言，其具有公法属性，具体表现为：

(1) 从主体而言，工作环境权法律关系的义务主体为国家和雇主。从主体而言，工作环境立法实质上是雇主对于国家的义务，因此，各个国家都设立专门的机构负责工作环境权事务的执行，如瑞典、丹麦设立工作环境署，而美国则设立职业安全卫生署等。我国主要由国家安全生产监督管理部门以及劳动保障行政部门负责用人单位职业安全卫生的监管。根据《劳动保障监察条例》以及《安全生产行政复议规定》的规定，当事人对于劳动保障行政部门或者安全监督管理部门做出的行政行

---

〔1〕［德］W. 杜茨：《劳动法》（第5版），张国文译，法律出版社2005年版，第4页。

〔2〕黄程贯：“德国劳动法上关于工作权保障之探讨”，载《宪政时代》2003年第1期。

为不服，可以提起行政复议或者行政诉讼。

（2）从规范来看，工作环境权立法以强行性规范为主。公法管制主要是通过强行性规范实现的，而强行性规范是指具有强制性，当事人双方只能遵守，而不得任意予以变更的规范。德国著名法学家拉伦茨认为，强制性规范包括以下几种：第一种，规定私法自治以及私法自治行使要件的规范，如行为能力、意思表示生效的要件以及合法的行为类型（限于对行为类型有强制性规定的情况）。第二种，保障交易稳定，保护第三人之信赖的规范。第三种，为避免产生严重的不公平后果或为满足社会要求而对私法自治予以限制的规范。[1]就工作环境权立法而言，其以劳动者保护为主要目的，意欲避免严重不公平后果的产生，而实现实质平等。因此，国家对于雇主赋予强制性义务，排除或者限制当事人的意思自治。“作为劳动契约内容的劳动条件，并非当事人可以任意决定，而是受到相当程度限制。一方面，政府为了维持劳动契约当事人自由，仍允许当事人为一定的合意，但重要的内容往往以‘劳动基准’作为劳动条件的上限或下限，这类基准的设定，乃是政府除了维护当事人契约内容‘主观上的公平性’之外，尚要关注到契约对社会的影响，因为特别注重契约内容‘客观上的妥当性’。”[2]

强行性规范的特点在于当事人双方不得任意变更，“劳动保护法原则上是不可自行改变的”[3]。因此，用人单位应该严格遵守相应的规定，如果双方签订的劳动合同违反了法律、行政

---

〔1〕 参见［德］卡尔·拉伦茨：《德国民法通论》，王晓晔等译，法律出版社2003年版，第42页。

〔2〕 黄越钦：《劳动法新论》，中国政法大学出版社2003年版，第35页。

〔3〕［德］W. 杜茨：《劳动法》（第5版），张国文译，法律出版社2005年版，第173页。

法规的强制性规定，则劳动合同无效或部分无效。

（3）从责任来看，用人单位违反规定应承担公法责任。用人单位违反工作环境权法的相关规定，低于保护标准或者超过最高工时限制或者违反相应的事故处理规定等，应根据其违法行为的程度承担相应的行政责任，乃至刑事责任。《劳动法》第92条规定："用人单位的劳动安全设施和劳动卫生条件不符合国家规定或者未向劳动者提供必要的劳动防护用品和劳动保护设施的，由劳动行政部门或者有关部门责令改正，可以处以罚款；情节严重的，提请县级以上人民政府决定责令停产整顿；对事故隐患不采取措施，致使发生重大事故，造成劳动者生命和财产损失的，对责任人员比照刑法第187条的规定追究刑事责任。"国家安全生产监督管理总局曾专门颁布《〈生产安全事故报告和调查处理条例〉罚款处罚暂行规定》。瑞典《工作环境法》第8章"处罚"（Penalties）对违反该法规定的行为规定了罚款、没收（Forfeit）违法机械、原料等行政处罚以及刑罚。其第1条规定："任何人故意或过失违反本法第7章第7~9条规定的与之相关的强制性或禁止性规定，可能受到行政罚款的处罚，或者被判处为期不超过1年的监禁。但是，如果该强行性或禁止性规定明确为行政罚款的除外。"[1]"机械或化学产品违反本法的强行性规定将被没收。即工作环境署可以将上述物品从使用人处搬走，或者由使用人替代的向国家支付与被没收的机器或者化学产品价值相同数额的金钱。"[2]

---

〔1〕 Working Environment Act 2011 (SW), Chapter 8, Section 1.

〔2〕 Comments on Chapter 8, http: //www. av. se/inenglish/lawandjustice/workact/chapter08. aspx.

2.3.3 工作环境权的私法规范

劳动者与用人单位之间基于劳动合同形成权利义务关系，劳动合同是当事人双方权利义务确立的准据，具有重要意义。劳动关系最初由民法调整，主要适用民法中关于雇佣的规定，而由于传统民法的“消极不作为”放任了资本家对于劳动者的剥削，导致大量社会问题，因此，产生了以实质平等为价值追求的劳动法。通说认为，劳动合同与雇佣合同属于特别法与一般法的规定，“如劳动契约法无特别之规定，则依一般原则，民法上关于雇佣之规定，亦适用于劳动契约”〔1〕。工作环境权立法是基于劳动者保护的目的，国家强制赋予雇主的义务，由于劳动者与用人单位之间存在劳动关系，因此，工作环境权法规定雇主所承担的作为、不作为义务，不仅仅具有公法意义，而且具有私法的意义。工作环境权的规定，通常被视为单纯的公法规定，“劳动保护基于保护劳动力之思想，即以受雇人阶级之劳动力，为社会的法益。对于劳动力，肉体上风纪上经济上有庇护助成及培养之必要。故此种保护之手段为公法的强制。在劳动契约，雇用人与受雇人之间，创设相互的义务。此义务法律上经济上俱以同样之价值使之联结，而在劳动保护，与此不同，乃由国家自其独自之立场，对于雇用人，一方的使之负公法上之义务。因此，法律关系之当事人，在劳动契约为雇用人及受雇人，而在劳动保护则为国家与雇用人之两者。受雇人无论如何，不得为其当事人或权利人”〔2〕。然而，目前学界认为，工作环境法中雇主的义务可以成为劳动契约的内容。《德国民法

〔1〕 史尚宽：《劳动法原论》，正大印书馆1978年版，第15页。
〔2〕 史尚宽：《劳动法原论》，正大印书馆1978年版，第347页。

典》第618条[1]第1款规定："劳务权利人必须配置和保持其为执行劳务而须置备的房屋、装置或器具，调度须在其命令或领导下实施的劳务给付，使义务人在劳务给付的性质许可的限度内，受到免遭生命和健康危险的保护。"该规定即雇主对雇员的安全保护义务的规范基础，[2]雇主如果违反公法上的劳动者保护义务规定，劳动者可以根据第618条，请求雇主承担债务不履行的责任。

2.3.3.1　雇主对雇员安全保护义务的法律依据

（1）诚信原则说。诚信原则被视为民法的"帝王条款"，诚信原则起源于罗马法的"诚信契约"。根据"诚信契约"，债务人不仅要承担契约规定的义务，而且要承担诚实善意的补充

---

〔1〕《德国民法典》第一草案并没有如第618条雇主安全保护义务的规定，其原因在于德国民法典制定过程中，依然存在传统民法自由和个人主义和社会连带主义的冲突。哥特利布·雅各布·普朗克认为，民法典并没有关于劳动者阶级利益拥护之特定社会使命存在，民法典并不应该优先地顾虑特定阶级利益，而是应该就问题衡量全部之利益后，以全体福祉为念作出最为适切的决定。基尔克则对第一草案进行了激烈的批评，其认为雇佣关系作为基于一定目的的恒常性活动，债务关系上显示出人格的要素，而无法与日常交易之债务关系（如买卖、消费借贷）同视，且无法以纯粹"债务关系"之固定模式加以处理。草案则无视于债务法上之社会法的关联，仅以个人主义之自由的个人作为规律对象，将"劳动"作为物品之自由买卖。安东·门格尔则认为，雇佣契约劳动者劳动给付不能与其人格——具有绝对的价值——相分离，从而提出关于劳动者人格保护的雇主安全保护义务的规范。尽管，当时担任民法典第一草案、第二草案委员会委员长的温德夏特维护普朗克，但是由于当时德国的社会、政治以及经济等多重因素的影响，使得德国民法典最终将雇主的安全保护义务规定进来。参见陈建志："安全保护义务规范之研究——以雇佣、劳动关系为中心"，中国文化大学2001年硕士学位论文，第33~42页。参见［日］我妻荣：《我妻荣民法讲义 V_3 债权各论》（中卷二），周江洪译，中国法制出版社2008年版，第16页。

〔2〕我国学者将其称为"采取保护措施的义务"，参见《德国民法典》（第2版），陈卫佐译，法律出版社2006年版，第235页。

义务。[1]诚信原则作为合同法的基本原则，具有补充合同漏洞的功能，通常而言，从劳动合同的订立到履行，乃至在劳动合同终止后都将在当事人之间基于诚信原则产生相应的权利义务关系，如《劳动合同法》第49、50条所规定的义务。

黄越钦教授认为："保护照顾则为雇主在人格意义之义务，以保护劳动者之人格权、财产权及经济上向上之可能性。雇方应采取措施以保护劳动者之生命健康，其措施系依经验为有必要、依技术状况为可行，依营业或经济状况为适当，且斟酌个别的劳动关系以及劳务之性质依公平原则的期待雇方为之者。雇主之保护照顾义务与受雇人忠诚义务相对，其范围亦同以诚信原则为界限……"[2]德国学者W. 杜茨认为："雇主体谅义务是雇员忠实义务的对立面。它涉及的是雇主相应的体谅义务。……雇主在这方面的附属义务的法律基础是劳动合同及其相联系的《民法典》第242条。"[3]《德国民法典》第242条规定："债务人有义务斟酌交易习惯，依照诚实信用原则履行给付。"日本学者我妻荣教授认为：德国民法规定，使用人应提供劳务给付的场所、设备、机器、工具的场合，使用人负有在劳务性质所允许的范围内使劳务人的生命、健康不发生危险的注意义务。……然而，当雇佣契约的内容为使用人配置此等设备、并将劳务人的劳务安排于此以使其实现劳务时，不得不说使用

[1] 参见徐国栋：《民法基本原则解释》，中国政法大学出版社1992年版，第79页。

[2] 黄越钦：《劳动法新论》（修订3版），翰芦图书出版有限公司2006年版，第245页。

[3] ［德］W. 杜茨：《劳动法》（第5版），张国文译，法律出版社2005年版，第71页。

人负有上述义务乃是当然之事。[1]其缘由在于契约的存续与诚信原则具有密切联系。

（2）人格法上的共同体说。传统的雇佣关系多采取家庭雇佣的形式，雇主与雇员之间具有紧密的关系，相互之间基于接触形成人格共同体。因此，有学者认为，雇佣关系源自中世纪的忠勤关系。英国最初制定有《主仆法》、德国制定有《仆婢条例》。基尔克（Gierke）以企业或经营协同体为理想，其主张资本家和劳动者之关系，是主人和随从之关系；主人（雇主）负有保护及扶养随从（劳动者）之义务，即基尔克强调雇佣契约源于中世纪之忠勤契约，其可由家父式之主从关系中身份法、人格法的结合、保护及忠实（忠勤）的结合而推出。[2]二战期间，纳粹主导的《国家劳动秩序法》第2条第2项规定，劳动的本质是所谓的“人格法上之共同体关系”，当时的帝国劳动法院认为，劳动关系已经脱离原先的债法上之交换关系，因为雇主与劳工共同形成一“共同体”，而每一位皆是该共同体的成员，雇主就是企业的领袖，劳工就是企业内的同志。[3]

（3）身份法因素说。由于劳动关系具有形式上的财产性和实质上的人身性特点，史尚宽教授认为，“劳动契约含有身份的要素与债的要素，基于身份的要素发生受雇人之忠实义务与雇主之保护义务。基于债的要素，发生受雇人之劳动义务与雇用人之给予报酬之义务”[4]。据学者考证，此种观点的形成是基于魏玛时期

---

〔1〕 参见［日］我妻荣：《我妻荣民法讲义 V_3 债权各论》（中卷二），周江洪译，中国法制出版社2008年版，第56页。

〔2〕 参见陈建志：“安全保护义务规范之研究——以雇佣、劳动关系为中心”，中国文化大学2001年硕士学位论文，第32页。

〔3〕 参见刘士豪：“劳动契约的主要义务与附随义务之研究”，载《铭传大学法学论丛》2005年第5期。

〔4〕 史尚宽：《劳动法原论》，正大印书馆1978年版，第23页。

德国学说的影响，尤其是具有父权意味的身份法关系。[1]

除了上述学说之外，在实务中对于雇主安全保护义务的认定，有采取“类推适用承租人之义务”的方式。德国最高法院曾在一判决中作出如下表述：“即使完全不论及工厂法之明文规定，如是依据普通私法之正确见解，企业主与劳动者缔结的劳务租赁契约，亦可是课予企业主本质上同于工厂法规定的义务。企业主基于其注意义务，就关乎其劳动者的生命、健康的安全，是必须为比承租人就有关其承租目的物的完全性还要多的顾虑。”从“劳务租赁契约”的用语来看，当时德国最高法院依然遵循罗马法传统关于租赁契约的准则，因此，判决中将有关租赁契约承租人的租赁物的用法遵守义务类推适用于雇主（劳务的承租人）的安全保护义务。[2]

上述观点尽管不尽相同，然而三者之间却具有密切联系。笔者认为，将诚信原则作为雇主对于雇员的安全保护义务的依据比较具有合理性，因为诚信原则作为契约的基本原则，被视为合同的“帝王条款”。学界通说认为，诚信原则为契约附随义务（包括但不限于安全保护义务）的基础。作为契约双方当事人，为了合同目的的实现而进行社会接触，从而相互之间负有注意义务，此种注意义务根据合同所处的阶段以及合同类型的不同而不同。劳动合同与一般合同的区别在于，其并非完全平等主体之间的债权债务关系，除了具有平等属性的财产关系之外，还具有隶属性的人身关系。一方面，劳动合同的目的本身基于人身保障性，劳动者通过出卖劳动力而获得生活来源；另

---

〔1〕 参见刘士豪：“劳动契约的主要义务与附随义务之研究”，载《铭传大学法学论丛》2005年第5期。

〔2〕 参见陈建志：“安全保护义务规范之研究——以雇佣、劳动关系为中心”，中国文化大学2001年硕士学位论文，第57页。

一方面，由于劳动力的给付与劳动者的人身密不可分，因此，劳动者虽然从形式上是出卖劳动力的使用权，而实质上则是将自己的人身置于雇主的指示命令之下。所以，学者会将身份法因素作为雇主对于雇员的安全保护义务的基础，而实质上身份法的因素，仅仅会影响雇主对于雇员注意义务的高低，而不会从根本上取代诚信原则的基础性地位。此外，由于此种人身的关联性，使得雇主与雇员之间的联系，要强于一般合同主体之间的联系，所以，学者会将人格的共同体关系作为雇主对于雇员安全保护义务的基础，而实质上学者将契约视为协同体关系，即契约是当事人为了共同目标的实现而组成的共同体。星野英一教授认为，债权关系有时可以解释为不是对立关系，而是协同体的有机的关系。其中含有契约当事人不得违背相互期待而行事，这一交易上起码的道德（诚信原则）居支配地位的意思是理所当然的……[1]

2.3.3.2 雇主对雇员的安全保护义务的性质

（1）主给付义务说。主给付义务，指债之关系（尤其契约）上固有、必备，并且决定债之关系（契约）类型的基本义务（债之关系的要素），例如，在买卖契约，物之出卖人负交付其物并移转其所有权的义务，买受人负支付价金及受领标的物的义务。[2]通说认为，劳动合同的主给付义务应为劳动者的劳务给付义务和用人单位的支付报酬义务，而雇主对雇员的安全保护义务则应为附随义务，但是，有学者认为，雇主对雇员的安全保护义务属于主给付义务。黄程贯教授认为："雇主对于其

---

〔1〕 转引自［日］内田贵："现代契约法的新发展与一般条款"，胡宝海译，载梁慧星主编：《民商法论丛》（第2卷），法律出版社1994年版。

〔2〕 参见王泽鉴：《债法原理（一）：基本理论债之发生》，中国政法大学出版社2001年版，第36页。

所雇用之劳工亦应预防职业灾害之发生，建立适当之工作环境与福利设施，事业单位有关安全卫生及福利事业并均应符合法令之规定与要求，此系雇主对劳工之保护照顾义务，其中尤其是职业灾害之预防、适当工作环境之提供，绝对应符合劳工安全卫生之规定始可，因为此等事项涉及劳工之生命身体安全，故雇主此一部分之照顾保护义务已属主要给付义务之一部分，并非只是附随义务之性质……”[1]

（2）从给付义务说。从给付义务，指依附主给付义务而存在，辅助主给付义务的履行，从而使债权人的利益得到最大限度的满足的义务。学界通说认为，由于附随义务并非债权债务关系的对待给付义务，而不可直接诉请履行，因此，不发生同时履行抗辩，容易导致雇员的人身权益保障效果不彰。所以，有学者认为应将雇主对雇员的保护义务提升为从给付义务，以避免上述问题。郭玲惠教授认为：“雇用人之‘保护义务’性质上虽非受雇人‘忠诚义务’之直接对价，然其应为基于诚信原则，为保障受雇人安全所产生之‘社会安全义务’，为法律上的‘特别结合关系’，雇用人应履行之注意义务，具有独立请求之必要性，实应将‘保护义务’提升为雇用人之‘从义务’，进而类推适用第264条同时履行抗辩权之规定。如雇用人未为必要之预防措施，应依第227条负债务不履行损害赔偿责任。”[2]刘志鹏律师也认为应将原本属于劳动契约附随义务之性格，提升为从给付义务。[3]

---

〔1〕 黄程贯：《劳动法》，空中大学印行2001年版，第380页。

〔2〕 黄立主编：《民法债编各论》（上），中国政法大学出版社2003年版，第379～280页。

〔3〕 参见刘志鹏：“民法债篇修正对劳动契约关系之影响”，载《法令月刊》2000年第10期。

（3）附随义务说。附随义务，是指债之关系发展过程中，为了促进主给付义务的实现，以及维护他方当事人人身或财产上的利益，基于诚信原则所产生的义务。劳动合同的当事人之间，除了主给付义务之外，基于诚实信用原则，都有为了合同目的的实现而相互注意、促进和保护的附随义务。其中，雇主一方的附随义务有：保护劳工生命、身体、健康，公法上的劳动保护，劳工人格权的保护，劳工资料保护，性骚扰防止，劳工职业训练提供，符合人性工作环境之提供，再雇用义务，平等原则之遵守及与劳动契约终止后有关义务（如发给服务证明书等“劳动合同法”第49、50条）。而劳工一方的附随义务则有：保密义务，竞业禁止义务，禁止收受不正当利益义务、兼差告知义务，不伤害企业言论之义务，禁止不当影响同事义务，报告通知义务，遵守劳工安全卫生规范义务，厂场损害与故障排除及报告义务，行为义务及企业外行为义务。〔1〕德国学者W. 杜茨认为：“雇主体谅义务是雇员忠实义务的对立面。它涉及的是雇主相应的体谅义务。因此，它和雇员的忠实义务内容一样，从特别附属义务的角度看，照顾义务继续丧失其作为独立法律基础的功能。雇主在这方面的附属义务的法律基础是劳动合同及其相联系的《民法典》第242条。”〔2〕此外，持此种观点的学者还包括我国台湾学者林诚二教授〔3〕、王泽鉴

〔1〕 参见自刘士豪：“劳动契约的主要义务与附随义务之研究”，载《铭传大学法学论丛》2005年第5期。

〔2〕［德］W. 杜茨：《劳动法》（第5版），张国文译，法律出版社2005年版，第71页。

〔3〕 林诚二教授认为：“保护受雇人（劳工）工作环境安全与卫生及预防危险义务，均系雇主之附随义务。”林诚二：《民法债编各论》（中），瑞兴图书股份有限公司2002年版，第31页。

教授[1]以及刘春堂教授[2]，以及日本学者我妻荣教授[3]。

尽管学界通说认为，雇主对于雇员的劳动保护义务为基于诚信原则而产生的附随义务，然而，从上述学者的论述来看，将其提升为从给付义务，乃至主给付义务也并非没有道理。笔者更为赞同将其性质界定为主给付义务，其原因在于：

首先，若将用人单位对劳动者所负的安全保护义务视为附随义务，则可能面临两方面的问题：一是作为附随义务，其不得独立地诉请履行；二是当用人单位违反该义务时，由于无法构成对待给付，所以，劳动者原则上不得行使同时履行抗辩权，并依此解除劳动合同。“相对于主给付义务，忠实义务、照顾义务及保护义务等也被合称为附随义务。附随义务虽属于对他义务，但原则上不得独立起诉请求履行，而只能在因其不履行而造成损害时请求赔偿，或因不履行而加损害于债权人之虞时，终止契约。”[4]在安全生产领域，预防为主是基本原则。因此，当工作场所发生安全隐患时，若劳动者无直接请求用人单位提

〔1〕 王泽鉴教授认为，雇主为受雇人加入劳工保护的义务，以及雇主应注意其所提供工具的安全性，避免受雇人因此而受损害，此等义务均为基于诚信原则而产生的附随义务，具有维护他方当事人人身或财产上利益的功能。参见王泽鉴：《债法原理（一）：基本理论债之发生》，中国政法大学出版社2001年版，第39～41页。

〔2〕 刘春堂教授认为，“至于‘民法’第483条之一所称‘服劳务’，除劳务本身外，尚包括工作场所、设备、工具等有使受雇人受危害之虞之情形，以免受雇人暴露于为限制工作环境中而供给劳务。此项保护义务，并非受雇人服劳务之对待给付义务，故其性质为保障受雇人生命、身体、健康安全之附随义务”。刘春堂：《民法债编各论》（中），三民书局2004年版，第14页。

〔3〕 我妻荣教授认为，德国民法规定，使用人应提供劳务给付的场所、设备、机器、工具的场合，使用人负有在劳务性质所允许的范围内使劳务人的生命、健康不发生危险的注意义务。此种义务为使用人的附随义务。参见［日］我妻荣：《我妻荣民法讲义 V_3 债权各论》（中卷二），周江洪译，中国法制出版社2008年版，第56～58页。

〔4〕 黄茂荣：《债法各论》（第1册），中国政法大学出版社2003年版，第145页。

供安全、健康的工作环境的权利，而只能等到安全隐患引发安全事故之时，请求损害赔偿，则势必与预防为主的基本原则相违背。

其次，从劳动关系的性质来看，其不仅仅具有财产属性，还具有人身属性。劳动的目的及过程具有人身属性，其一，劳动者必须通过出卖自己的劳动力获得生活来源，因此，劳动是劳动者生命实现的主要内容和途径，劳动力的消耗过程实质上就是劳动者生命的实现过程；其二，劳动者出卖的是劳动力的使用权，但是由于劳动力无法与人身相分离，因此，实际上用人单位支配的是劳动者的人身。我们在看到劳动合同的财产属性的同时，也应该看到其人身性，将用人单位对劳动者的安全保护义务提升为主给付义务，实际上是对劳动关系的人身属性的强调。

最后，从主给付义务的功能来看，用人单位对劳动者的安全保护义务应为主给付义务。主给付义务决定合同的性质及合同目的，通说认为劳动者一方的主给付义务在于劳动给付，而用人单位则是支付劳动报酬。但由于劳动关系具有人身属性，劳动者不仅仅要劳动，而且要有尊严地劳动，当用人单位提供的工作场所等具有危害时，通常而言劳动者享有拒绝工作的权利。我国《安全生产法》第 47 条第 1 款规定："从业人员发现直接危及人身安全的紧急情况时，有权停止作业或者在采取可能的应急措施后撤离作业场所。"因此，用人单位对劳动者的安全保护义务与劳动合同的性质及目的密切相关，用人单位违反其安全保护义务，将导致劳动者无法履行主给付义务，劳动合同的目的无法实现。

2.3.4 小结：公法规范的私法效力

从上可知，雇员工作环境权的保障涉及公私法两方面的内容，雇主的安全保护义务在为数众多的劳动者保护法规中均有所规范，而劳动保护法规多数属于公法规范的范畴。从公私法的性质、各自所保障的利益以及运行方式来看，二者区别明显。通常而言，公法的工作环境权保护法律关系的主体为国家和雇主，而作为私法的工作环境权保护法律关系的主体则为雇主与雇员。然而，需讨论的是公法性质的工作环境权法对于私法劳动合同具有何效力？对此存在以下两种观点：①反射效力说。传统上认为，基于公私法的区分，原则上劳动者仅是公法性质的工作环境立法反射效力的受益人，当雇主违反公法性质的工作环境法时，劳动者并不享有基于公法规定而直接请求履行的权利。史尚宽教授认为，“保护义务与依工厂法及其他劳动保护法规所定之公法上保护义务间有区别，前者为契约上当然之效果所认之私法上义务。其对方为受雇人。后者为国家对雇用人所课之义务，其对方为国家。但实际上属于前者之义务，往往同时为劳动保护法规之兑现。使其性质亦带有强制之性质。而由于保护义务乃是依社会上一般观念所形成，故其有一定之界限，故非契约上认为当然附课之保护行为，除有特约或法律有规定外，受雇人不得请求雇用人履行”[1]。②违反安全保护义务的标准说。持该观点的学者认为，公法性质的劳动安全卫生法规上之规定，不过是判断有无违反安全对保护义务时的标准，或是斟酌判断的对象，并非违反劳动安全卫生法之规定时，即直接构成对安全保护义务的违反。我国台湾学者杨通轩教授认为我国台湾地区“民法”第483条之一规定得过于抽象，再加上国家负有以公法的规定保障其人民的健康与安全之义务，故应以劳工安全卫生及其附属法规等，作为具体化雇主所应采取

---

〔1〕 史尚宽：《劳动法原论》，正大印书馆1978年版，第44~45页。

之措施之依据。[1]

目前学界之通说认为，（劳工保护法）“其实并不仅仅只是雇主之公法上义务而已，更会对劳动契约之内容产生决定作用。目的在保护劳工之雇主公法上义务，透过民法中之概括条款所导出之雇主照顾保护义务，即构成一对劳动关系内容产生影响之桥梁”[2]。笔者在此所欲讨论的公法性质劳动保护法对雇主与劳动者之间的劳动契约所产生的效力与作用，包括两个方面：一是反射效力，即公法性质工作环境权法之规定对劳动合同内容的限制；二是双重效力，即公法性质的工作环境权规范直接转化为私法的劳动合同内容。

2.3.4.1　公法规范的反射效力

（1）违反强制性规定（公法性质的工作环境权法）无效。公私法基于理念以及利益取向的区别，使得二者在法规范方面存在较大的差别，公法规范基于国家干预而形成，以国家权力为主导，通常以强制性规范为主；私法规范则以当事人的意思自治为主导，排斥国家的不当干预，通常以任意性规范为主。然而，基于法治国家的理念，公法规范具有构建法律秩序的功能，从某种意义而言，公法的强制性规范是私法主体意思自治的边界之所在，因此，当私法的意思自治逾越了公法的强制性规定时，当事人的约定无效。然而，基于公私法的划分，通常而言，公法的强制性规范并不必然对私法自治产生此种约束，而是通过相应的概括性条款为中介来实现，如《劳动合同法》

---

〔1〕 参见台湾“劳动法学会”编：《“劳动基准法”解义——施行二十年之回顾与展望》，新学林出版公司2005年版，第455页。

〔2〕 黄程贯：“‘劳动基准法’之公法性质与私法转化”，载《“中国法学会社会法学研究会2006年年会暨海峡两岸社会法理论研讨会”论文集》，2006年10月，第8页。

第26条规定："下列劳动合同无效或者部分无效……③违反法律、行政法规强制性规定的"。《安全生产法》第89条规定："生产经营单位与从业人员订立协议，免除或者减轻其对从业人员因生产安全事故伤亡依法应承担的责任的，该协议无效……"实际上是公法规范对劳动合同反射效力的发挥起到了桥梁性作用。

（2）公法性质的劳动保护法为民法侵权行为规定中保护他人之法律。公法性质的工作环境法以保障劳动者的人身安全、健康为基本目的，因此，公法性质的工作环境法可以视为民法侵权行为规定中保护他人之法律。我国台湾地区"民法"第184条以及《德国民法典》第821条规定，违反保护他人之法律者，推定有过失。因此，劳动者可以根据该规定主张侵权损害赔偿。

2.3.4.2 公法规范的双重效力

所谓公法规范的双重效力是指公法性质的劳动保护法在产生雇主对国家所负之公法义务的同时，亦透过民法关于雇主保护义务之法律机制，形成相同内容之私法契约义务。"劳动保护法实应该涵盖私法及公法两个范畴，公法上的劳动保护义务是指依照公法的规定，雇主（甚或劳工本身）所应承担的义务；私法上的劳动保护义务是指雇主在劳动关系存续期间对劳工应履行的保护义务，对于雇主一方面课以公法上的义务，另一方面凡在公法上要求雇主的义务，就成为雇主在劳动契约中对劳工所应履行的义务。这使得劳动保护对个别劳工而言，可以依照公法上的劳动保护规定直接获得请求权，不待监督机关执行公务才能享有保护，这就是劳动保护法兼具公私两法的双面性质。"〔1〕"私法性质与公法性质劳动保护法二者之贯彻手段虽有

---

〔1〕 刘士豪："劳动契约的主要义务与附随义务之研究"，载《铭传大学法学论丛》2005年第5期。

差异，但二者之间仍有极大的相互关联性。私法性质劳动保护法亦得课作劳动契约当事人之雇主以强行性之契约义务。公法性质劳动保护法之命令与禁止亦得透过民法之概括条款，转化为雇主之契约义务的内容，且只要该等公法上之命令与禁止规定的内容适于或得为契约约定之内容，则当即转化为雇主之强行性契约义务，而不得任由当事人以特约加以排除或限缩。亦即二者均产生相同之雇主的强行法性质的契约义务。"〔1〕德国劳动法实践亦是经历了从单纯的公法效力向双重效力转变的过程，"最初，劳动保护法是作为公法被构思的，也就是说，雇主只是针对国家主义相关法定规则。按照现在的观点，只要当时的规则是以保护单个雇员为目的，例如……劳动保护的遵守也属于基于劳动合同联系的《民法典》第242条针对雇员的从属义务"〔2〕。

然而，公法性质的工作环境权法转变为私法劳动合同的内容需注意以下事项：

（1）概括条款的中介作用。基于公私法的划分，公法规范并不必然成为私法契约的内容，二者之间的转化需透过相关的概括条款的中介作用，如《德国民法典》第618条和我国台湾地区"民法"第483条的规定。我国尽管在实践中区分劳动合同与劳务（雇佣）合同的关系，但是，由于《合同法》中对于雇佣合同没有规定，其属于无名合同，仅仅是在《最高人民法院审理人身损害赔偿案件适用法律若干问题的解释》中有提及。作为《合同法》起草人之一的梁慧星先生曾感叹："我们这样的

〔1〕 黄程贯："'劳动基准法'之公法性质与私法转化"，载《"中国法学会社会法学研究会2006年年会暨海峡两岸社会法理论研讨会"论文集》，2006年10月，第6~7页。

〔2〕［德］W. 杜茨：《劳动法》（第5版），张国文译，北京法律出版社2005年版，第173页。

社会主义国家，人口的绝大多数是体力劳动者和脑力劳动者，他们与雇主（包括企事业单位、国家机关）之间的权利义务关系，靠缔结雇佣合同、劳动合同和聘用合同来规定，单靠现行劳动法关于劳动合同的规则是规范不了的，而改革开放以来广大体力劳动者和脑力劳动者的利益未受到应有的保护，各种严重侵害劳动者权益的事件层出不穷，法院受理大量的雇佣合同纠纷案件苦于没有具体法律规定作为裁判基准。建议草案在广泛参考各国保护劳动者的立法经验基础上精心设计和拟定的雇佣合同一章被删除，是最令人惋惜的。"[1]因此，在我国公法性质的工作环境立法与私法劳动合同之间的关系似乎仅仅停留在上述反射效力的阶段，对于公法规范的双重效力无论在实务界还是理论界都很少涉及。笔者认为，公法规范的双重效力对于公法性质的劳动保护规定的执行和劳动者权益的保障都具有重要意义，对于我国雇佣合同规定缺失的漏洞则可以通过基本原则的解释来予以补充，即根据《劳动合同法》第3条规定："订立劳动合同，应当遵循合法、公平、平等自愿、协商一致、诚实信用的原则"。基于诚信原则，可以将公法性质的劳动保护规定转化为劳动合同的内容。

（2）公法规范的双重效力转化的界限。公法性质的工作环境权规范同时转化为私法的劳动合同的内容，则劳动者可以诉请雇主履行相应的义务。然而，公法规范双重效力的转化受到以下两方面的限制：

第一，公法自身规范目的的限制。"公法性质劳动保护法规定之规范目的并非在于提供个别劳工直接之保护，而系一种秩序或组织规定，主要目的在于国家机关之监督或管理上之方便

〔1〕梁慧星："统一合同法：成功与不足"，载《中国法学》1999年第3期。

或取得咨询，则此时之公法性质劳动保护法即并不产生私法转化之双重效力。此外，若依公法性质劳动保护法规定，由其规范目的管制，并非直接针对个别劳工，而系针对一雇主之全体受雇员工或针对一特定全体之劳工，个别劳工此时仅是作为全体员工或该群体员工之一份子而受到保护，则此时该公法保护规定原则上亦不得产生转化效力。总之，一公法性质之劳动保护法规定是否会直接转化为雇主契约义务，并令劳工取得必要时得以要求直接履行请求权，完全取决于该规定之规范目的，规范目的形成双重效力之界限。”〔1〕

第二，公法规范主体的限制。公法性质的工作环境法规范的主体存在两种情形：首先，以雇主为对象的规范，如《安全生产法》第21条规定：“生产经营单位应当对从业人员进行安全生产教育和培训，保证从业人员具备必要的安全生产知识，熟悉有关的安全生产规章制度和安全操作规程，掌握本岗位的安全操作技能。未经安全生产教育和培训合格的从业人员，不得上岗作业。”由于其根本目的在于实现劳动过程的安全、健康，保障劳动者的身体健康，而基于劳动合同的关联，用人单位对于劳动者也负有保障身体健康的安全保护义务，因此，当规范的主体为雇主时，原则上其规范内容可以转化为私法劳动合同的内容。其次，公法规范的主体为用人单位之外的其他主体，如中介机构、政府机关等。《安全生产法》第12条规定：“依法设立的为安全生产提供技术服务的中介机构，依照法律、行政法规和执业准则，接受生产经营单位的委托为其安全生产工作提供技术服务。”公法性质的工作环境权法虽然基于实现职

---

〔1〕 黄程贯：“‘劳动基准法’之公法性质与私法转化”，载《“中国法学会社会法学研究会2006年年会暨海峡两岸社会法理论研讨会”论文集》，2006年10月，第12～13页。

业灾害预防的目的要求其他主体承担相应的义务，但无法直接要求其对使用这些器械或者接受该服务的劳动者承担相应的安全保护义务，因此，在此种情形下，公法性质的工作环境权法所课予的义务主体，并非可以成为私法劳动合同的义务主体。

公法自身规范目的的限制与公法规范主体的限制二者之间具有一定的重合，原则上，公法规范的主体为用人单位之外的其他主体的情形时，其规范目的并非为了保护劳动者个体，而是基于一定的安全秩序之维持。

2.4 小结：宪法意义上工作环境权的规范效力

法的效力是指："法作为一种国家意志所具有的约束力，具体表现为由国家制定或认可的法律规范及其表现形式——规范性法律文件对主体行为具有普遍的约束作用。"[1]工作环境权作为宪法基本权利，具有相应的规范效力。目前学界关于宪法基本权的规范效力的讨论主要集中在两个方面：一是基本权在公民与国家之间的拘束力；二是基本权在公民之间的拘束力。前者被称为基本权的"垂直效力（Vertical Effect）"，后者则被称为基本权的"水平效力（Horizontal Effect）"。

2.4.1 工作环境权的垂直效力

基本权的垂直效力是指基本权对于国家的拘束力。然而，工作环境权等具有社会权属性的基本权对于国家公权力的拘束力的强弱乃争议之问题，其是否可以直接作为裁判依据，当国家不作为或不完全作为时，是否可以据此提出给付请求？因此，

---

〔1〕 孙国华、朱景文主编：《法理学》，中国人民大学出版社1999年版，第287页。

根据基本权的垂直效力（主要是对于立法机关的拘束力）的从无到有，从弱到强可以区分为：[1]

（1）方针条款。所谓方针条款，是指宪法的规定，是给予国家公权力（尤其是立法者）一种日后行为的方针指示。这些方针指示的作用，其政治及道德意义大于法律意义。由于此种条款仅仅表示公权力努力的方向，对立法权虽有政治上、道德上努力义务的性质，但是不产生法的拘束力。其方针条款只是指引立法之“方向”，在“内容”方面则委由立法者形成。因此，对于一个与之相违背之立法并不能发生矫正作用，其不能达成社会基本权之理念及制度之要求。

（2）宪法委托。所谓宪法委托，是指立法者由宪法获得一个立法的委托。诚然，宪法无法对于社会基本权的内容及范围予以明确规定，须先经立法者为一定之实行行为，而非直接适用宪法之规定。其与上述方针条款制度不同，此即宪法委托具有法规范力。立法者在形成（实践）该委托，亦即在决定社会基本权之内容方面，虽拥有相当大的裁量权限，但是，倘若立法者订立的法律，有违背该社会基本权之条款时，将产生违宪之后果。

（3）制度性保障。制度性保障，是指宪法明白地规定，保障某些社会基本权利，如同宪法所特别保障的政党制度、人民私有财产制度、宗教自由制度及公务员制度等。这个起源于魏玛宪法时代的制度保障理念，赋予立法者相当广泛的形成权力来将该制度予以建构。制度性保障的含义随着社会发展，由最初的对“某些既存或为宪法所肯认的制度须受宪法直接保护，立法者不得以法律任意变更其核心价值内涵”，

---

〔1〕 参见陈新民：《德国公法学基础理论》（下册），山东人民出版社 2001 年版，第 696～699 页。

转变为“国家必须建立某些制度或法律，确保其存在，以实现基本权利”。

（4）主观公权利。其认为社会基本权利应该如同其他的宪法自由权利一样，具有直接的、强行的效力，即人民得为自己利益要求国家为一定行为、不作为或容忍之权利，例如，我国社会救助法赋予人民可向政府申请生活急难救助的权利。主观公权利必须具备下列要件：其一，必须是法规范所赋予，并且法规所赋予的公权利具有强制性，行政主体因法规的强制性而取得义务性；其二，权利人必须可以确认其权利所在；其三，授予公权利之法规必须同时保障人民该种权利的可实践性。

在德国法中，基本权利具有双重属性，一是作为主观权利；二是作为客观价值规范或者客观价值秩序。然而对于基本权利的上述两种属性的描述主要是针对传统的自由基本权，而对于社会基本权而言，西方学者普遍反对将其视为主观公权利，其原因在于：其一，基于国家权力的分权体制及原则，若承认社会基本权为主观公权利，公民可以直接向法院提出请求，则无异于将政治决策的决定权限由国会转移到法院，如此，宪法所确立的权力分立原则便会遭到破坏。其二，社会基本权内容的不确定性。社会基本权的内容多半极为抽象且不确定，需要根据具体社会经济状况予以确定，因此，基于法律的安定性考量，若宪法对上述细节都予以明确的话，则宪法条文的数量将会激增。其三，国家财政资源的制约。社会基本权的实现需要相应的财政资源，倘若国家财政能力有限，则尽管国家有心于社会基本权的实践，亦只是心有余而力不足。因此，“社会权则是针对那些伴随着资本主义高度化而产生的失业、贫困、劳动条件恶化等弊害，为保障社会的、经济的弱者而形成的20世纪的人权。这种权利又称为‘由国家给予照顾的自由’，即可要求国家给予积极照顾，以使社会性的、经济性的弱者能够营构‘值得作为人的生活’的权利。不过，这种权利不是那种仅以宪法的规定作为根据就能要求法院实现其权利的具体权利。其要求成为可以向法院请求救济的具体权利，尚有必要由立法赋予其依据”[1]。

对于工作环境权而言，从基本权利的理论来看，公民并不享有请求国家提供安全、健康工作环境的权利，其并不具有主观公权利的规范效力，而仅具有方针条款的效力，即工作环境权仅是立法机关进行立法的指导纲领，而不具有强拘束力，立法机关对于何时立法以及法律的具体内容具有相应的裁量空间。然而，工作环境权作为基本权利，其具有相应的客观价值秩序的效力，而所谓的“基本权利的客观价值秩序”是指基本权利除了具有防御权的功能外，同时蕴含一定的客观价值决定，换言之，就宪法所保障基本权利的规定整体观之，基本权的作用不再只是一种“权利”，而是一种“价值体系”或“价值标准”，属于国家公权力乃至于全体人类所应共同追求的目标，对此一般称为“客观的基本规范”或基本权利的“客观功能”。[2]德国联邦宪法法院曾在“吕特案”判决中指出：“基本法无意作为价值中立的秩序。……其在基本权利章中同时建立一个客观的价值秩序，而此正彰显出对基本权利规范作用的原则性强化。……此项价值体系的重心在于，在社会团体中自由发展人类的人格及其尊严，必须能够作为宪法上的基本决定，而适用在所有的法领域；立法、行政及司法均可自此价值体系获得准

〔1〕［日］芦部信喜、高桥和之：《宪法》（第3版），林来梵、凌维慈、龙绚丽译，北京大学出版社2006年版，第72~73页。

〔2〕参见李建良、简资修主编：《宪法解释之理论与实务》（第2辑），“中央研究院”中山人文社会科学研究所2000年版，第330页。

绳与驱动力。"[1]因此，从基本权的客观价值秩序以及人性尊严条款中产生了国家的保护义务，即"在面对基本权之时，国家权力不只限于自我约束或作为被防御的对象而已，更应扮演保护、促进、提升之角色功能"[2]。这种作为客观价值秩序的基本权对国家产生的保障义务充分体现在战后德国基本法的规定中。德国《基本法》第1条规定："人的尊严不可侵犯，尊重和保护它是国家的义务；……下列基本权利直接有法律效力，并约束立法、行政和司法。"[3]工作环境权的客观价值秩序，对于立法、执法和司法的拘束体现为：

第一，工作环境权对立法机关效力分为两个层面：其一，从消极意义来看，工作环境权具有禁止国家的直接侵害的效力，即立法机关不得随意立法限制工作环境权，而只有在以公共利益为目的的前提下，并且符合妥当性和比例原则的要求时才可以予以限制。从此种意义上来看，当国家立法不当，导致公民的工作环境权受到侵害时，公民可以通过宪法诉讼请求确认立法违宪。当然就我国而言不存在宪法诉讼，而只能根据全国人大的法律审查机制，对于违宪的法律予以修改或废止。其二，从积极意义来看，工作环境权有要求国家立法禁止他人侵害的效力。立法机关有义务制定法律，以防止他人非法侵害。这是基本权的水平效力的体现，实质上是基本权在平等主体之间的效力体现。

---

〔1〕 李建良、简资修主编：《宪法解释之理论与实务》（第2辑），中"央研究院"中山人文社会科学研究所2000年版，第330页。

〔2〕 黄程贯："德国劳动法上关于工作权保障之探讨"，载《宪政时代》2003年第1期。

〔3〕 郑贤君："作为客观价值秩序的基本权——从德国法看基本权保障义务"，载《法律科学》2006年第2期。

第二，工作环境权对行政机关的效力也体现在两方面：一是对行政机关抽象行政行为的制约；二是对具体行政行为的制约。在行政机关行使抽象行政行为的情况下，特别是在奉行“议会至上”和“议会主权”的国家里，议会而不是行政机关有权规定公民基本权利并对基本权利作出限制，对公民基本权利的处分非经民意代表机构——议会（立法机关），法律不得作出，行政机关须依法行政，要求行政机关在制定规范性文件的过程中不得逾越权限处分公民基本权利，一些国家对行政机关“越权”的法律判断也以此为基础。在行政机关行使具体行政行为的情况下，基本权利对行政机关也形成了约束，要求具体行政行为的作出不得侵害宪法基本权利的一些原则规定和具体规范，如行政机关在公务员录用过程中基于种族、肤色、性别而作出的差别性或者歧视性决定就被认为违反了宪法平等原则。

第三，工作环境权对司法机关的效力。传统理论既不认为法院可以侵害基本权利，也不认为基本权对司法机关有拘束力，不要求法院在普通的民事审判中贯彻基本权利。只是到了现代，随着人权保障观念的勃兴和加强，实践中也产生了在私人关系中贯彻基本权的需求，特别是宪法平等原则和禁止歧视等，法院才作为“公共机关”被要求有义务在普通审判中保障基本权利，基本权利遂形成了对法院的约束。

2.4.2　工作环境权的水平效力

传统理论认为，宪法基本权利在国家与公民之间产生效力，而在私人之间，不具有任何效力。然而自《魏玛宪法》开始，宪法基本权利开始积极介入私法关系，《魏玛宪法》第

118条[1]和第159条[2]规定，人民的言论自由不得受劳动或雇佣关系的限制。劳动者的结社自由亦不得以劳动合同予以限制。至此，基本权突破“公民与国家的二元架构”的制约，对平等主体的公民产生效力，而这被称之为基本权的“水平效力”。其“在不同国家的称谓不同。德国称其为‘第三者效力’（Third-Party Effect）或者‘间接第三者效力’（Indirect Third Party Effect）；美国称其为‘州政府行为理论’（State Action Doctrine）；加拿大称其为‘政府行为’（Governmental Action）；英国称其为‘水平效力’（Horizontal Effect）。”[3]

随着社会结构的变化，当市民社会内部发生分化形成强势群体和弱势群体时，具有强势地位的团体和个人对于其他居于弱势地位的个人，可能利用地位上的差距形成对其基本权利的妨碍。学界关于基本权的水平效力一直存有争论，而其具体的观点包括：

2.4.2.1 否定说

持此种观点的学者依然坚持“公民与国家的二元架构”的区分，其认为基本权利仅规范国家与人民之间的关系，而对于私人之间的关系则无法适用。从宪法实践来看，如美国尽管采取“国家行为理论”间接地承认了基本权的水平效力，但是，

---

〔1〕《魏玛宪法》第118规定：“德国人民，在法律限制内，有用言语，文字，印刷，图书或其他方法，自由发表其意见之权，并不得因劳动或雇佣关系，剥夺其此种权利。如其人使用此权利时，无论何人，亦不得妨害之。不得施行检查。惟对于电影，得依据法律，酌设相当规定。又为防止淫亵文书之发行，及于公开展览及演艺时为保护青年起见，得以法律处置之。”

〔2〕《魏玛宪法》第159条规定：“为保护及增进劳工条件及经济条件之结社自由，无论何人及何种职业，均应予以保障。规定及契约之足以限制或妨碍此项自由者，均属违法。”

〔3〕郑贤君：“公法价值向私法领域的再渗透——基本权利水平效力与契约自由原则”，载《浙江学刊》2007年第1期。

"'州政府行为理论'依然是基本权利垂直效力的另一种表现，因为该理论适用于私法的前提是必须在一个私人关系中寻找'州行为'或者'国家行为'要素"[1]。即美国联邦最高法院通过判例确定在一定的情形下，由于私人的行为具有国家性质[2]，而承认基本权可以予以适用。

2.4.2.2 肯定说

从根本上而言，传统上固守公法与私法的绝对划分，导致了学界对于基本权利的水平效力的否定。但是不可否认的是，随着社会结构的转变，公私法的融合趋势日趋明显，因此，为了维持基本权利的客观价值，基本权利的水平效力是不可否认的。"在战后的宪法中，人权是以个人尊严的原则为轴心、以自然权思想为背景而得到实定化的，为此，其价值乃是实定法秩序中的最高价值，也是公法、私法在内的整个法秩序的基本原则，对所有法的领域来说应是妥当的，故而，宪法的人权规定，对来自私人的人权侵害也就应采取某种形式予以适用。"[3]

(1) 直接适用说。该观点认为，宪法不仅规定国家的组织结构，亦作为客观的价值秩序，规定支配国民的全体生活之法

---

〔1〕 郑贤君："公法价值向私法领域的再渗透——基本权利水平效力与契约自由原则"，载《浙江学刊》2007年第1期。

〔2〕 美国的"国家行为理论"所确立的行为具体包括：①行使"公共职能"的行为（The Performance of the "Public Function"），其具体包括：一是竞选国家公职人员前的预选活动（Pre-general Election）；二是运用私有的公园、购物中心或企业所有的市镇来行使市政职能；②对私人歧视的司法强制（The Judicial Enforcement of Private Discrimination）；③重要的国家参与（Significant State Involvement），而其具体又包括：一是国家机关与私人主体之间存在着协商或合谋的行为共同剥夺公民的基本权利；二是如果私人主体采取了一定的行为，该行为的主体如果是国家则会违反第十四条修正案，而在该行为中私人主体与国家存在着一种互相受益的关系，或者被称为"共生关系"（Symbiotic Relationship）。

〔3〕 [日] 芦部信喜、高桥和之：《宪法》（第3版），林来梵、凌维慈、龙绚丽译，北京大学出版社2006年版，第96页。

原则，依此宪法观，其认为宪法基本权规定亦适用于私人间关系。持有该观点的主要代表是德国前劳动法院院长尼伯代，其认为，基本权利之条文在私人的法律关系中，应该有“绝对的效力”，并且可以直接适用。其基于基本法人类尊严之最高目标，认为基本权利是最高层的规范，故而，倘若基本权利之条文不能直接在私人间被适用的话，则宪法的基本权利之条文，将沦为绝对的宣示性质罢了。人类尊严是法律理念领域内的最高的价值，也是在法内形成风俗化的力量。面对社会实力者以及经济上之强者，谈个人的个别价值的保障，应受到宪法的承认。因为这些社会团体，并非比个别价值更高的价值，个人不应沦为他们的“工具”。且由于个人不是一个“孤立的主权个体”，而是必须和社会、团体发生关系，基本法所揭示的社会（福利）国原则，必须阻止社会上有力的强者来压迫弱者，而侵犯公益。所以，尼伯代认为，直接适用性的基本权利条文，可以废止、修正、补充，甚或重新创设私法的规定。为了强化这种直接拘束之功能，其认为，整个法律秩序应视为一体，这些基本权利不应只被视为指导原则或解释原则，而是可在私人的法律关系中，被视为个别的私法规定予以援用。[1]

（2）间接适用说。基本权利在私法领域的直接适用说存在以下问题：一是如承认人权规定的直接适用，则私法自治这一市民社会原则会被广为妨害，有可能发生由宪法来大幅度规制私人间行为的事态。二是基本人权原本就是主要对抗国家性质的所谓的“不受国家干涉的自由”，这在现代仍是人权的本质性取向。三是由于基本权利常常兼具自由权和社会权的侧面，因

〔1〕 参见陈新民：《德国公法学基础理论》（上册），山东人民出版社2001年版，第302~304页。

此，往往会在消极不作为和积极作为之间面临冲突。[1]因此，基本权利的水平效力的直接适用说为学界所质疑。德国学者杜立希认为，承认宪法的基本权利，并非转为第三者之权力而制定，而是针对国家之权力而产生。杜立希认为将任何宪法基本权利之规定“形式地移植”到私人的法律关系，侵犯了私法自治以及契约自由等私法体系的基本价值。为了经由私法达到使基本权利对私法有效力，其提出以私法中概括条款作为私法实现宪法之基本权利理想的媒介，其以为“概括条款”具有“价值满足之能力及价值满足之必要性”，以此来满足基本法（透过其基本权利规定）所形成的价值体系。[2]日本学者认为，“除了从规定的旨趣、目的或法律条文上直接具有私法上之效力的人权规定之外，就其他的人权（自由权与平等权）而言，应通过对法律中的概括性条款，特别是像（日本）《民法》第90条违反公序良俗的法律行为无效那样私法的一般性条款，融入宪法的旨趣来加以解释和适用，使之间接地规制私人间的行为。这也是通说和判例的立场”[3]。

对于基本权的水平效力，目前德国和日本学界和司法实务界的通说为“间接适用说”。然而，学界对于“间接适用说”也并非没有异议，原因在于：其一，并非所有的基本权利均可以成为私法概括条款——公序良俗的内容。其二，将宪法的人权规定填充至私法的一般条款之意义时，宪法的人权规定之内容贯彻至何种程度？或意思的自治等被相对化至何种程度？可

[1] 参见［日］芦部信喜、高桥和之：《宪法》（第3版），林来梵、凌维慈、龙绚丽译，北京大学出版社2006年版，第100页。

[2] 参见陈新民：《德国公法学基础理论》（上册），山东人民出版社2001年版，第291~297页。

[3] ［日］芦部信喜、高桥和之：《宪法》（第3版），林来梵、凌维慈、龙绚丽译，北京大学出版社2006年版，第97页。

能因解释者的不同，而有大的差异。其三，对于私人纯粹的事实行为所造成的人权侵害，间接效力的有效性如何?[1]从水平效力的探讨来看，实际其存在两个面向的讨论：一是从立法的角度来看，基本权利的水平效力主要针对的是立法者在制定法律（私法）时，必须遵循基本权利的客观价值秩序，且将基本权利的内容予以落实；二是从司法的角度来看，水平效力则体现为法官在对私法纠纷进行裁判时，当寻找纠纷解决的依据时，可能面临一般法律规范的漏洞，因此，需要遵循基本权的客观价值秩序对私法的概括条款进行解释。

劳动法作为随着工业社会产生而形成的社会法，其法律关系发生在强势主体的雇主与弱势主体的劳动者之间，因此，对作为弱势主体的劳动者的个人尊严以及基本权利的侵害主要来源于作为强势主体的雇主。如在工作环境权领域，雇主作为生产资料所有权人，其享有相应的财产权和经营自由权，然而，劳动者享有的工作环境权与雇主的财产权和经营自由权之间存在冲突，雇主可能通过其缔约地位的优势侵害劳动者的工作环境权利。然而，工作环境权作为宪法权利，其水平效力在原则上也应该仅为间接适用，即法官在裁判过程中必须基于工作环境权的客观价值秩序，通过私法公序良俗条款的解释，来确定雇主对于劳动者工作环境权的限制违法。

然而，学界通常在宪法基本权利的层面来界定“社会权”，即“社会权”是与自由基本权相对的“受益权”和“积极权利”。“社会权乃相对于自由权所提出的人权理念，其特质在于为了实现社会经济生活中的实质自由、平等，可要求国家积极

---

〔1〕参见［日］阿部照哉等：《宪法》（下册），中国政法大学出版社2006年版，第58页。

介入保障的权利。”[1]然而，需要强调的是作为部门法意义上的社会权的重要性不可忽视，其原因在于：一是宪法基本权利是公民对国家所享有的，其对公民与公民之间的关系通常仅仅具有间接效力，而部门法意义上的社会权则直接影响公民与公民之间的关系；二是受到宪法的权力分立原则的制约，法院直接适用宪法裁判受到限制，通常而言，宪法基本权利的规范效力，必须通过部门法中的基本原则或者一般条款来予以贯彻。因此，法院通常是首先适用部门法中具体的法律规则，当未规定具体法律规则或者规定不明确时，则适用部门法的基本原则，只有在未有基本原则或者基本原则违反宪法的情形下，法院才可能适用宪法基本权利来进行裁判。

宪法中社会基本权与部门法中的社会权具有紧密的联系，一方面，从法律体系的位阶来看，宪法作为基本法，具有扩展和延伸出其他法律的功能，因此，宪法中社会基本权的规定，是作为部门法的社会法的宪法基础，如《劳动法》是国家基于宪法劳动权的保障而制定的。另一方面，宪法中社会权被称为“受益权”、“积极权利”，而权利人有何受益处，国家又实施何积极行为？具体体现在部门法中的社会权，从某种意义上说，部门法意义上的社会权是国家对于公民社会基本权所承担的积极作为义务的具体表现。

---

[1] 许庆雄：《宪法入门Ⅰ：人权保障篇》，元照出版公司1999年版，第139页。

第3章

工作环境权的保障

权利的保障包括两个方面，一是权利的预防性保障，即权利未受侵害之前所采取的各种措施，其目的在于督促权利实现，预防权利的侵害；二是权利的救济性保障，即当权利受到侵害后，为了对受害权利人进行补救而采取的措施，其目的一方面是弥补权利人的损失；另一方面，是对于加害者进行相应的惩罚。关于工作环境权的立法亦是如此，主要包括工作环境风险的预防以及工作环境灾害的救济两个方面，因此，下文关于工作环境权保障的论述也主要从事前预防与事后救济两个方面展开。

3.1 预防性保障——以工作环境的职工参与为中心

从广义上看，工作环境权的预防性保障，包括两个方面：

第一，对于微观的劳动者个体所采取的保障性措施，主要是指劳动者个体基于法律规定或者劳动合同的约定而享有的请求雇主提供安全工作条件的权利。具体包括：①获得职业安全卫生教育、培训；②获得职业健康检查、职业病诊疗、康复等职业病防治服务；③了解工作场所产生或者可能产生的职业安全卫生危害因素、危害后果和应当采取的职业安全卫生防护措施；④要求用人单位提供符合防治职业病要求的职业安全卫生防护设施和个人使用的职业安全卫生防护用品，改善工作条件；⑤对违反职业安全卫生法律、法规以及危及生命健康的行为提出批评、检举和控告；⑥拒绝违章指挥和强令进行没有职业安全卫生保护措施的作业。

第二，工作场所内部以及外部宏观环境的安全卫生健康，包括工作场所中的物以及劳动者群体的安全卫生，由劳动者民主参与而在企业内部形成的雇主与雇员合作建构的预防性组织及其采取的措施。如劳动者职业安全卫生机构或代表所享有的权利、采取的措施。工会组织对于企业工作环境事务的参与，亦属于此种宏观意义的预防性保障内容，如工会有权对建设项目的安全设施与主体工程同时设计、同时施工、同时投入生产和使用进行监督，提出意见。工会对生产经营单位违反安全生产法律法规、侵犯从业人员合法权益的行为，有权要求纠正；发现生产经营单位违章指挥、强令冒险作业或者发现事故隐患时，有权提出解决的建议，生产经营单位应当及时研究答复；发现危及从业人员生命安全的情况时，有权建议生产经营单位组织从业人员撤离危险场所，生产经营单位必须立即作出处理。工会有权依法参加事故调查，向有关部门提出处理意见，并要求追究有关人员的责任。

微观的劳动者个体性的预防性保障与企业内宏观的工作环境安全卫生机构或者代表所采取的预防性保障之间具有密切联系，无论是针对劳动者个体的预防性保障措施，还是工作环境安全卫生机构或代表所实施的宏观的参与性预防保障措施的目的都是相同的，即预防工业事故，保障劳动者的安全、健康。其中，微观的劳动者个体性的保障是前提和目的，而宏观的参与性的保障则是工具和手段。二者的区别在于，微观的劳动者个体的预防保障主体具有单一性，即单个劳动者；实践中劳动者与工作场所的物质环境，以及劳动者之间是无法完全割裂的，因此，基于工作环境的整体性需要，宏观的职工参与的预防性保障应该是工作环境权预防性保障的中心。工作环境中的职工参与的必要性在于：

(1) 工作环境权保障的目的之一在于实现劳动者的安全、健康，而从工作环境的整体性而言，劳动者不仅享有权利，而且应承担相应的义务。

(2) 从利益相关者理论来看，劳动者不仅从属于企业，也是企业生产经营活动的最直接的参与者，他们对于企业生产经营中所存在的工作环境安全卫生风险最为熟悉。

(3) 职工的参与是政治民主在企业内的具体体现，随着社会政治体制的完善，人民不仅仅参与国家管理，而且对于企业经营享有一定的参与权。

职工民主参与的内容包括：①社会事务，即企业内有关劳工福利及劳动条件等问题，如工作时间安排、在职培训、休假规定、工资拟定等；②人事事务，即企业内人事问题之决定，如职工雇佣、调遣及解雇等；③经济事务，即有关企业生产、财务及销售等问题，如生产计划、企业财务状况、生产与销售情况等讨论和分析。[1]“德国法中规定了两种形式的参与，一种是社会参与决策；另一种是经济参与决策。所谓社会参与，是指企业雇员参与决定劳动过程中的社会性问题，诸如直接涉及劳动者个人切身利益的有关雇员劳动时间、劳动保护、劳动安全等劳动法上的问题，雇员社会参与决定权，主要是通过由企业雇员组成的独立代表机构‘企业参决委员会’实现……经济

[1] 参见祁华清：“国外工业民主模式与我国职工参与制度选择”，载《中州学刊》2002年第2期。

参与决策是指企业雇员以特定的方式，在一定程度上参与决定企业事务、监督企业管理，它直接涉及企业生产经营的经济问题，诸如企业盈利的使用、再投资的规模及再投资的方向。经济参与决定权主要是通过企业雇员参加公司监事会实现。”[1]

根据职工就上述事务的参与程度不同，职工民主参与可分为三个层次：①仅听取报告的假参与（Pseudo Participation）。这是一种低层次的参与，职工只是在企业的社会事务方面有一定的参与权，但在人事和经济事务方面，雇主对于职工仅有报告企业营运情况的义务，职工也只有听取报告的权利。②参与讨论的部分参与（Partial Participation）。相对于前一种参与层次，这种参与程度要高。职工除了社会事务方面有较高参与权外，对于企业人事和经济事务有参与讨论、交换意见及提出建议的权利。但职工在这些事务方面的参与，只限于影响决策，无法参与决策制定，最后的决定权仍在雇主及管理者的手里。③共同决定的完全参与（Full Participation）。这是最高层次的职工参与。雇主在社会、人事、经济事务方面的决策，应得到职工同意，才能通过。共同决定建立在职工能够获得有关信息且能参与讨论的基础上。当劳资双方意见不一致时，须通过协商或妥协途径谋求解决办法。[2]

就内容而言，工作环境中的职工参与应属于社会事务的参与；在参与程度方面，听取报告、参与讨论以及共决三种不同程度的参与并非绝对割裂的，而是呈现出依次递进关系，较高程度的参与通常会吸收低程度的参与，即咨询、建议的参与势

---

〔1〕 范健、张萱：“德国法中雇员参与公司决策制度比较研究”，载《环球法律评论》1996年第3期。

〔2〕 参见祁华清：“国外工业民主模式与我国职工参与制度选择”，载《中州学刊》2002年第2期。

必包括了听取报告，共同决定的参与则更是包括了前两者。因此，从此种意义上来看，作为劳动者参与的最高层级——工作环境的共同决定参与权，其实际上包含了工作环境知情权、工作环境协商权。正如奥地利学者所言："工作委员会的参与权其参与程度不尽相同，从单纯的知情权、咨询权，到与雇主缔结执行契约的权利、延迟安全卫生措施的权利，以及绝对的无法为企业外任何机构撤销的投票权。而所有的这些权利都与雇员职场安全卫生参与权具有重要联系。"〔1〕

国际劳工组织（International Labor Organization；ILO）1993年《预防重大工业事故公约》（第174号公约）第20条规定："为确保工作安全制度，须通过适当的合作机制，同重大危害设置中的工人及其代表进行协商。尤其是，工人及其代表须：①充分和适当地得知同重大危害设置有关的各种危害及其可能发生的后果；②得知主管当局做出的所有命令、指示或建议；③就下列文件的编写参与协商，并能接触这些文件：a. 安全报告；b. 应急计划和程序；c. 事故报告；④就预防重大事故和控制有可能导致重大事故发生的事态发展的做法和程序，以及一旦发生重大事故时应遵循的应急程序，定期地得到指导和培训；⑤在其工作范围内，并在不会处境不利的情况下，对根据接受的培训和经验而有正当理由认为重大事故迫在眉睫时，采取纠正行动，并在必要时中断活动；并酌情在采取此种行动之前或之后，立即通知其直接上级或发出警报；⑥同雇主商讨他们认为能够产生重大事故的任何潜在危害，并有权向主管当局通报这些危害。"上述规定是关于工作环境中职工参与的权利内容及其保障的部分规定，如知情权以及获得培训的权利等。工作环

〔1〕 Gustav Wachter，"Occupational Safety and Health in Austria"，载《政大劳动学报》1994年第4期。

境的职工参与以劳资合作为基础，通常而言，此种参与是由劳动者选举的工作环境安全卫生代表或者机构来行使的，因此，笔者认为，以工作环境的职工参与为中心的预防性保障的具体内容应该包括：选举安全代表或组建安全卫生机构的权利——知情权——咨询、建议权——检查、处置权——共同决定权。

3.1.1 选举安全卫生代表的权利

国际劳工组织（ILO）一直致力于通过政府、雇主以及雇员三方协作，促进国际劳工标准公约，1976 年国际劳工组织通过了《三方协商促进履行国际劳工标准公约》（第 144 号公约）。因此，第 155 号公约中多次提及“代表性的雇主组织和工人组织”以及“工人代表”，2006 年国际劳工组织通过的《促进职业安全与卫生框架公约》（第 187 号公约）更是明确规定：“批准本公约的各成员国应在与最具代表性的雇主和工人组织协商的情况下通过制定国家政策、国家体系和国家计划的方式促进职业安全与卫生的持续改善”。并且，国际劳工组织通过了《关于多国企业和社会政策的三方原则宣言》，对多国企业、政府以及雇主组织和工人组织在诸如就业、培训、工作条件和生活条件以及劳资关系这样的一些领域提供了指导路线，敦促社会伙伴牢记并最大限度地实施某些国际劳工公约和建议书，并且明确“多国企业应当与主管的安全卫生当局工人及其组织的代表和公认的安全卫生组织充分合作在适当的情况下与安全卫生有关的事项应当包括在与工人及其组织的代表签订的协议中”。

从上可知，国际劳工组织意图通过三方协商的机制来促进国际劳工标准的履行，并且形成以下两个层次的三方协商机制：

第一，国家层面的三方协商。国际劳工组织（第 155 号公约）第 4 条规定：“各会员国应根据本国情况和惯例，经与最有代表性的雇主组织和工人组织协商后，制定、实施和定期审查有关职业安全、职业卫生及工作环境的连贯的国家政策。”为此，作为国际劳工组织成员的国家或地区也多数建立起国家层面的三方协商机制，通过与雇员团体、雇主团体合作，制定并执行相关的法律，如我国已建立全国、省级以及市级劳动关系三方（政府、企业、职工）协商机制，并逐步向县（市、区）和产业一级延伸，以协商形式解决劳动关系中存在的各种问题。

第二，企业内三方（尤其是雇主与雇员）的合作。国际劳工组织（第155号公约）第19条规定：“应在企业一级做出安排，在此安排下：……②企业中的工人代表在职业安全和卫生方面与雇主合作；③企业中的工人代表应获得有关雇主为保证职业安全和卫生所采取措施的足够信息，并可在不泄露商业机密的情况下就这类信息与其代表性组织进行磋商；④工人及其企业中的代表应受到职业安全和卫生方面的适当培训；⑤应使企业中的工人或其代表和必要时其代表性组织，按照国家法律和惯例，能够查询与其工作有关的职业安全和卫生的各个方面的情况，并就此接受雇主的咨询；为此目的，经双方同意，可从企业外部带进技术顾问……”

三方协商机制的建立和推广是多种因素促成的，其中包括政治上的协商民主、经济上的合作等。在国家层面的三方协作的具体形式不尽相同，有些国家设立专门的机构，如俄罗斯设立三方委员会等。此外，三方协商也体现在诸如相关机构的构成等，如美国设立国家职业安全卫生咨询委员会，由来自行政管理、劳工、职业安全和职业卫生专业及公众等方面的代表组成。对于企业层面工作环境的劳动者参与的形式，多数国家规定根据企业规模由劳动者选举安全卫生代表与雇主进行合作，或者选举代表与雇主等组成安全卫生委员会，如瑞典、丹麦、美国、日本等。因此，原则上雇员享有选举安全卫生代表或者设立安全卫生委员会的权利。但是，企业内工作环境的职工选举安全代表的权利，受到以下因素的影响：

（1）企业的规模，如丹麦《工作环境法》规定，雇员人数为1～9人的企业，应通过雇主、雇员以及管理人员之间定期的直接接触和对话进行安全卫生合作。雇员人数为10～34人的企业，安全卫生机构由1名以上的管理人员、1名以上的雇员选举的安全卫生代表，以及雇主或者雇主代表组成，其中雇主或雇主代表担任主席。安全卫生机构需要承担企业日常的和整体的安全卫生事务的职责。雇员人数为35人的企业，应按照以下两个层面建立安全卫生机构：一是1个以上的安全卫生小组负责日常的安全卫生事务。每个小组至少包括1名指定的管理人员、1名雇员选举的安全卫生代表；二是1个以上的安全卫生委员会，负责总体的安全卫生事务。如果企业根据上述规定建立了1个或者2个安全卫生小组，安全卫生委员会则由该安全卫生小组成员构成。如果企业建立了3个以上的安全卫生小组，则应该在雇员的安全卫生代表中选举2名作为安全卫生委员会成员。安全卫生委员会的主席应由雇主或者雇主代表担任。[1]

（2）雇员是否属于工会成员，或者是否属于企业所认可的工会（Recognized Trade Union）成员。如英国对此分别制定了《健康和安全（咨询雇员）规则》［Health and Safety（Consultation with Employees）Regulations 1996］和《安全代表和安全委员会规则》（Safety Representatives and Safety Committees Regulations 1977），其中前者的适用范围是：①非工会组织会员的雇员；②或者非雇主承认的工会组织会员的雇员，但是雇主承认

［1］ Working Environment Act 2011（DK），6，6a，6b.

的工会组织不同意代表他们的情形；③雇主承认的工会组织会员的雇员，但是未指定也不即将指定安全代表的情形。后者的适用范围是：①雇主承认的工会组织的会员；②已经或者即将指定安全代表。通常而言，安全卫生委员会由雇主和雇员双方的代表组成，而无论是雇员选举的安全代表还是安全卫生委员会成员，都必须是不履行管理职责的劳动者。从英国的规定可知，工会组织对于企业内的工作环境事务并不必然享有相应的权利，通常而言，工会组织是否对企业工作环境事务享有参与权，可能受制于该国家或地区的工会制度，如单一工会制还是多元工会制度等。我国《安全生产法》以及《职业病防治法》等都规定，工会对于企业的职业安全卫生享有相应的监督、举报、建议等权利。然而，工作环境的职工参与并不能与工会组织的参与完全等同，如我国工会组织因为自身的独立性、建会率与入会率等问题直接影响到工作环境的职工参与。截至2013年6月底，我国工会会员总数达到2.8亿人，其中，农民工会员总数为1.09亿人；全国基层工会组织总数275.3万个，覆盖基层单位637.8万家，职工入会率达到81.1%。[1]尽管工会的入会率和建会率都较高，但是一方面，依然有部分企业未建立工会，部分劳动者未加入工会组织，因此，对于未建立工会的企业的劳动者以及未加入工会的劳动者而言，其无法切实地享有相应的工作环境安全卫生的参与权；另一方面，从实然角度来看，我国工会组织能在多大程度上切实维护职工权益仍是值得检视之议题。

---

〔1〕“我国工会会员总数达到2.8亿”，载中国新闻网，http://finance.chinanews.com/cj/2013/10—12/5368931.shtml，最后访问时间：2013年10月15日。

3.1.2 工作环境知情权

知情权（Right to Know）是在二战后所逐渐形成的宪法基本权，其最初源自宪法的表达自由，由于表达意愿的自由是以“接受者”为前提，从而“接受者”就有接受信息的自由。所以，知情权在其本来意义上是一种自由权，是个人排除国家干预的权利，国家的义务形态是不作为。但是，随着资讯在当代社会中重要性的大大提升，其对于个人发展的意义也大为增加，而个人获取资讯的能力却相对地减弱了。因此，知情权就发展出要求国家积极地公开资讯，提供资讯的权利。此后，由于市民社会中强弱主体的资讯获取能力存在差别，而导致交易信息的不对称，这一方面影响到交易成本；另一方面，则影响交易安全和交易效率，因此，知情权的内容由国家信息扩张到非国家信息，如消费者对商品销售者或者服务提供者所享有的知情权。因此，有学者根据所获得的信息的不同，将知情权划分为广义和狭义，其中，前者是指知情权的对象既包括官方消息、官方情报或官方信息，也包括非官方的消息、情报或信息。后者则仅指获取官方的消息、情报或信息的权利。[1]

在工作环境领域，由于雇主作为工作场所的提供者，通常拥有大量的与雇员的工作环境安全、健康相关的信息，而这些信息来自医疗人员、政府机关、前任雇主等。如果雇主隐瞒相关的信息，一方面会使雇员丧失是否为了工作而冒特定危险的选择自由；另一方面，则会直接侵害到雇员的安全和健康。因此，各个国家或地区的职业安全卫生立法都强制性地要求雇主向雇员告知相关的信息。从工作环境知情权的信息内容来看，

〔1〕 参见杜钢建：“知情权制度比较研究——当代国外权利立法的新动向”，载《中国法学》1993年第2期。

“雇主除了掌握个体雇员的特定信息外，还拥有影响部分雇员群体或者全体雇员的信息，如与健康危害相关的信息”[1]。因此，从上述信息内容的区别，可以将工作环境知情权划分为以下两种：

第一，与劳动者个体信息相关的知情权，如雇员个人的医疗档案（Medical Files），美国职业安全卫生署（OSHA）制定了大量的标准，强制性地要求对于工作中涉及石棉、苯以及铅等物质的雇员进行健康检查，检查的结果仅可以向OSHA、国家职业安全卫生研究所（NIOSH）、雇员或者雇员书面授权的代表（如医生、律师、家庭成员、同事或者工会代表）公开。[2]

第二，与劳动者群体信息相关的知情权，如劳动者职业安全卫生代表或者机构对于职业安全卫生信息享有知情权，其获得雇主有关安全卫生及工作环境之计划或决策构想的充分咨询，是上述机构和代表发挥其职责的前提和基础。挪威《工作环境法》第9节第2条规定：①雇主有义务尽早地与雇员选举的安全代表就相关安全控制措施的必要性、设计、运用以及主要的变化进行讨论；②在采取上述措施之前，雇主应该向可能受其影响的雇员告知以下信息：一是控制措施的目的；二是控制措施的可行性结果，包括如何运用控制措施；三是控制措施的预定期限。

上述两种知情权尽管在信息的内容上存在一定的差别，但是有些时候二者除了信息接受主体不同之外，则是完全相同的，如职场的危害信息等。我国《劳动法合同法》第8条规定：“用

---

〔1〕 Alfred G. Feliu, *Primer on Individual Employee Rights*, 2nd ed., Washington, D. C.: Bureau of National Affairs, 1996, p. 81.

〔2〕 See Alfred G. Feliu, *Primer on Individual Employee Rights*, 2nd ed., Washington, D. C.: Bureau of National Affairs, 1996, p. 84.

人单位招用劳动者时，应当如实告知劳动者工作内容、工作条件、工作地点、职业危害、安全生产状况、劳动报酬，以及劳动者要求了解的其他情况；用人单位有权了解劳动者与劳动合同直接相关的基本情况，劳动者应当如实说明。”该规定是基于诚信原则，即劳动者与用人单位在订立和履行劳动合同过程中，基于相互之间的注意义务，彼此承担一定的告知义务。该规定与工作环境知情权的联系在于，诚信原则可以视为雇主对于雇员的告知义务的基础；然而，其二者的区别在于：①基于诚信原则的告知义务是相互的，并非如工作环境知情权一样，主要是雇主对雇员所负担的单方的义务；②二者所形成的基础不同，劳动者根据《劳动合同法》第8条规定所享有的与工作环境安全卫生相关的知情权是基于私法契约产生的，而此处的工作环境知情权则主要基于工作环境法的强行性规定。但是，根据公法规范的私法效力，当雇主违反工作环境法所规定的告知义务时，则可以通过劳动合同的诚信原则，视为违反劳动合同，情节严重的，劳动者既可以以用人单位存在欺诈为由，请求认定劳动合同无效；也可以以用人单位根本违约为由，请求解除劳动合同；③劳动者根据《劳动合同法》第8条所享有的工作环境安全卫生相关的知情权的义务主体为雇主，而此处的工作环境知情权的义务主体则是以雇主为主，除此之外，还包括工作场所危害物质的生产者（Manufacturer）和进口人（Importer）等，如美国规定，工作场所的危害化学物质的生产者或进口人应该确保其所生产或进口的每一危害化学物质都有“物质安全数据表”（Material Safety Data Sheet）。[1]

---

〔1〕 See Alfred G. Feliu, *Primer on Individual Employee Rights*, 2nd ed., Washington, D. C.: Bureau of National Affairs, 1996, p. 86.

3.1.2.1 工作环境知情权的内容

根据工作环境的构成，笔者认为，工作环境知情权的内容主要包括以下两个方面：①工作的物质要素的信息，如工作场所、工作环境、工具、机器和设备、化学、物理和生物的物质和制剂、工作过程的设计、测试、选择、替代、安装、安排、使用和维修；②用人单位为了确保工作环境安全卫生而进行的安全卫生规划、采取的安全防护措施等，如英国《职业安全与卫生法》规定，雇主需要向雇员或者他们的代表提供能使他们全面和有效参与咨询所必需的信息。对于咨询代表，雇主应该给他们提供足够的信息，以使他们能够履行他们的职责。雇主提供的信息范围包括：因工作产生的危险；控制这些危险的恰当的措施或建议；当雇员面对这些危险时，该如何处理，包括应急机制。雇主应将雇员所需要的相关信息纳入他们的健康和安全管理系统部分。[1]

工作环境知情权的内容较为多样，必须根据工作环境安全卫生的具体情况而定。通常而言，法律规定雇主对于工作环境安全卫生相关信息负有记录、存档义务（Recordkeeping），劳动者则享有相应的查阅权利，从广义上看，此种权利也应属于知情权的范畴。德国在《企业组织法》中明文规定，“使用人有义务在劳动者开始就业时就告知其灾害卫生危险，并告知其为避免上述危险所采取的措施以及相关设施”。在第81条中，除规定劳动者有上述知情权外，还规定，在使用人根据劳动者的职务、责任、作业的种类、作业工程、计划的技术装置来变更预定的防护措施及其影响、劳动者的作业领域时，劳动者个人有对上述变更的内容的知情权，即作业领域变更时的知情权、有

---

〔1〕 Health and Safety at Work Act 1974 (UK), p. 27.

关与作业本身的变更相伴的职业知识、能力提高的讨论权，此外，在第82条中，除了规定劳动者对于有关劳动者本人的工作事务有知情权以外，具有特别重要意义的是，还规定劳动者对于劳动场所以及工作程序有提案权。上述一系列规定的权利内容，既然已经为企业组织法所确认，那么，上述规定被限定为具有与企业相关的性格就是毫无疑问的了，一般认为，上述规定在本质上是源于第75条所规定的保护、促进劳动者发展个人的人格自由，即与一般劳动者的人格保护有关。在上述规定中，最为直接地表现了劳动者对于劳动场所的危险有知情权的是第81条第1项以及以该项为基础的第2项的条文，其他规定所确认的讨论权、提案权等权利从比较宽泛的意义上而言，也可以认为属于知情权。〔1〕

3.1.2.2 工作环境知情权的限制

知情权实际上是对强势主体与弱势主体之间信息不对称的平衡，义务人放弃其相应的信息利益，而使权利人得到保障。因此，劳动者的工作环境知情权在特定的情形下受到相应限制。英国《职业安全与卫生法》规定，雇主无需提供下列信息：①违背国家安全利益或法律的信息；②与某些人相关，但其未允许公布的信息；③可能对组织造成严重伤害的信息，除了基于健康和安全的原因外；④或者由其他人所提供的与其商业相关的信息；⑤或者雇员为了法律诉讼的目的，已经获得的信息。〔2〕笔者认为，工作环境知情权主要受到以下限制：

（1）商业秘密。商业秘密指不为公众所知悉、能为权利人

〔1〕 参见［日］三柴丈典：《劳动安全卫生法论序说》，信山社2000年版，第287页。

〔2〕 See Consulting employees on health and safety，载英国安全卫生执行局（HSE）网站，http：//www.hse.gov.uk/pubns/indg232.pdf. 最后访问时间：2009年2月8日。

带来经济利益、具有实用性并经权利人采取保密措施的技术信息和经营信息。因此，秘密性是商业秘密的首要特征，企业对于商业秘密是采取严格的保密措施的，从而劳动者的工作环境知情权受到商业秘密的限制。国际劳工组织《职业安全和卫生及工作环境公约》（第155号公约）第19条规定："……企业中的工人代表应获得有关雇主为保证职业安全和卫生所采取措施的足够信息，并可在不泄露商业机密的情况下就这类信息与其代表性组织进行磋商……"

但是商业秘密对于工作环境知情权的限制，并非指用人单位可以以商业秘密为由拒绝向劳动者或者劳动者职业安全卫生代表或机构告知相关的信息。而是尽管工作环境安全卫生相关信息涉及商业秘密，企业依然必须向安全卫生委员会或代表披露相关信息，只是劳动者或劳动安全卫生机构成员或代表在获知相关商业秘密后，不得随意泄露，除非该与工作环境相关的商业秘密危害到公共利益。其原因在于，工作环境权的目标在于保障劳动者的生命安全和身体健康。职业灾害的发生不仅会危害到劳动者个人的生命和健康，还涉及公共的环境安全等社会公共利益，而用人单位的商业秘密权，从根本上属于用人单位的经营权和财产权的范畴，从权利的价值位阶来看，应该低于劳动者的生命权、健康权以及公共的环境权。

（2）违背国家安全利益（National Security）或违反法律的信息。如果雇主所掌握的工作环境安全卫生相关的信息与国家安全利益相关，或者是法律明确规定禁止向他人披露的信息，则用人单位无需将此告知劳动者或者安全卫生委员会成员或代表。

（3）涉及第三方的隐私信息。隐私是指与公共利益、群体利益无关的，当事人不愿他人知道或他人不便知道的个人信息，以及当事人不愿他人干涉或他人不便干涉的个人私事和当事人不愿他人侵入或他人不便侵入的个人领域。此处所说的隐私主要是指私人信息，如其他人的健康信息等；原则上，用人单位对于其所知悉的第三人的隐私无需履行告知义务。此处的第三人是指劳动者和用人单位之外的他人，包括其他劳动者等。

3.1.2.3 工作环境知情权的保障

知情权是劳动者工作环境机构和代表履行职责的前提和基础，具有重要意义，雇主违反相应的告知义务，侵害劳动者工作环境机构或代表的知情权时，应该承担相应的责任。如《德国企业组织法》第23条第3项的规定，如果使用者严重违反本法所规定的义务，对于使用者的作为、不作为或者对一定行为的默认，工会或者代表劳动者的组织可以向劳动法院提起告诉。在判决确定使用者存在不作为或者对一定行为的默认后，如果使用者没有按照判决改正，根据工会或者相关组织的要求，在事前通告后，劳动法院可以决定对使用者处以秩序罚即秩序金，或者在判决确定使用者存在作为后，请求劳动法院决定对使用者课以罚金以间接强制作为。此外，如果使用者的作为或者不作为，妨害了以工会为首的诸劳动者的代表组织、仲裁委员会等其他纷争处理机构的正当活动，根据该法第119条第1项的规定，能够处以1年以下的自由刑或者罚金刑，这样，就从行政处罚与刑事制裁这两个方面严密地保护了劳动者知情权的实效性。[1]1984年美国宾夕法尼亚州制定了《雇员知情权法》（危害沟通标准），赋予工人知悉工作场所危害物质的权利，政府对违反该法案的处罚力度较大，其规定，“任何人作出错误陈述、表达或者提供虚假的本法所要求留存的证书、记录或其他文件，

---

〔1〕 参见［日］三柴丈典：《劳动安全卫生法论序说》，信山社2000年版，第288页。

或者故意的违反本法规定，处不超过10 000美元的民事罚款，或者处一级犯罪，或者二者并罚。任何雇主或者供应商为了掩饰或者虚假披露与物质的危害性质及其严重性相关的信息，故意或者过失地准备物质安全数据表，处不超过10 000美元的民事罚款，或处一级犯罪，或者二者并罚”。[1]瑞典《工作环境法》第3章第3条规定：“雇主应该确保雇员获得有关其工作条件的足够信息，以及其工作中的危害因素的足够信息。雇主应该确保雇员获得必要的培训，以使其能够知道采取何种措施来避免工作中的危险。雇主应该注意只有当雇员获得充分的指导后，才能接近有明显的疾病或者事故危险的区域。”[2]

3.1.3 工作环境咨询、协商权

基于工作环境的整体性以及劳动者的利益相关性，工作环境的安全、健康和舒适虽然主要是雇主的义务，但是劳动者也应该承担相应的义务，与雇主合作构建舒适的工作环境。雇员参与的最简单的方式就是雇主咨询其意见、倾听其建议。雇员的参与对于安全和健康的实现具有重要作用，因为雇员对于工作场所存在的安全、卫生问题最为熟悉，并且知道如何处理，有证据表明负责安全和健康的雇员拥有更高的安全卫生标准，更高的生产率以及更为积极的工作动力。劳动者工作环境机构或代表享有咨询协商权，其目的在于：①更健康和更安全(Healthier and Safer)的工作场所——因为雇员的参与将有益于危害的确定、评估以及控制和消除危害措施的提出；②更好(Better)地决策安全卫生事务——因为该决策是基于组织内大量人员的经验和参与，包括那些对他们自己的工作和事务拥有

---

〔1〕 Pennsylvania Right to Know Act (No. 1984 ~ 159), Section 16.

〔2〕 Working Environment Act 2011 (SW), Chapter 3, Section 3.

广泛了解的雇员；③更强的承诺（Stronger）来执行决策或行动——因为雇员主动地参与了这些决策的实现；④更紧密的合作和信任（Greater Co-operation and Trust）——因为雇主和雇员相互沟通、相互倾听，从而相互之间能够更好地了解各自的观点，形成联合解决问题机制——通过法律，雇主需要就安全卫生事务咨询其所有的雇员。[1]并且为了切实地确定工作环境安全卫生措施与设施的科学性和合理性，雇主以及安全代表可以邀请企业外部的专业人士提供意见。“劳工参与安全卫生改善措施有关决策，经常面临一些关于工作流程，牵涉复杂的技术性问题，例如新型机械、化学或生物性物质之使用及现代生产科技日益精进所带来更为复杂的安全卫生问题等。劳工安全卫生代表对于涉及科技有关问题，提出任何见解，必须要有科学根据，才能被资方或管理人员所接受。因此，若干国家在立法中特别规定，劳工代表为与资方讨论安全卫生问题，必要时得邀请企业外或劳工检查机构的安全卫生专业人士到会场提供意见。”[2]

劳动者职业安全卫生机构或者代表所享有的工作环境咨询、协商权的范围涉及较广，其中主要是雇主为了实现工作环境安全所采取的措施，如英国《职业安全与卫生法》规定，下列事项应咨询雇员：①任何可能极大地影响雇员的职业安全卫生的新措施，如新设备、新的工作方式以及新的程序；②雇主聘用适当人员来协助其遵守安全卫生法规的计划；③向雇员提供因为他们工作产生的安全、健康危害的信息，用于减少或者消除

〔1〕 See Consulting employees on health and safety，载英国安全卫生执行局（HSE）网站，http：//www. hse. gov. uk/pubns/indg232. pdf，最后访问时间：2009 年 2 月 8 日。

〔2〕 黄越钦：《劳动法新论》，中国政法大学出版社 2003 年版，第 431 页。

这些危险的措施，以及当雇员面临这些危害时，应如何处理，包括应急程序；④安全卫生的培训和规划；⑤雇主计划采用的任何新技术产生的安全卫生结果。[1]日本《劳动安全卫生法》也规定了类似内容，第17条规定："雇主应该根据法律规定的规模的工作场所及行业设立安全委员会，以对相关事项进行调查审议，并对以下事项提出意见和建议：①劳动者职业危险基本预防措施；②劳动灾害的原因以及预防其再次发生的措施；③除了上述两项外，其他劳动者职业灾害预防的重要措施"[2]。

除此之外，雇主应与劳动者安全卫生代表或者安全卫生委员会协商的事项还包括，诸如对于工作环境的改变、职场管理规则的确定，以及因工致残职工的康复和工作岗位的变更等。并且，对于雇主与安全代表或者安全委员会进行咨询、协商的时间及方式，也有明确规定，如挪威《工作环境法》规定，企业经常性雇员为50人以上的，雇主应该就与雇员劳动条件有关的问题履行告知义务，并且就相关问题与雇员选举的代表进行协商、讨论。如就可能对企业内劳动条件导致重大改变的决定履行告知和协商义务，并且应该在合理的时间，尽快地履行上述告知和协商义务。[3]相关信息的提供，应使雇员所选举的代表能够熟悉相关事情，进行适当调查，并且对于相关问题进行深入思考以对协商、咨询作准备。而协商必须基于雇主所提供的信息，并且在经理层级与相应的安全代表之间，以适当的方式，就适当的内容进行协商。协商应该采取规定的方式进行，

---

〔1〕 Involving your workers in health and safety，A guide for small businesses，载英国安全卫生执行局（HSE）网站，http：//www. hse. gov. uk/pubns/web35. pdf，最后访问时间：2009年1月10日。

〔2〕 Industrial Safety and Health Act 2006（JP），Article 17.

〔3〕 Working Environment Act 2012（NO），Section 7－1.

以使雇员选举的代表能够与雇主当面协商，并且对于其所提出的任何意见获得合理的答复。英国则规定，所谓咨询是指向雇员提供机会以帮助雇主做出最后决定，其具体程序内容包括：向雇员提供信息——给予雇员足够时间表达他们的观点——正式考虑雇员的意见。事实上，就工作环境事务与雇员咨询、协商，并非雇主必须与雇员协商一致，而是指雇主在做出最终决定前，必须考虑雇员的意见，并且对于他们所提出的任何问题、最终的决定以及为何做出该决定做出回应。[1]

3.1.4 工作环境检查权、处置权

劳动者工作环境机构及其代表享有定期对工作场所的工作环境状况进行监督检查的权利，对于检查结果，应该报告给雇主、员工以及代表员工的工会组织，且对于相关问题提出书面的建议。因此，劳动者工作环境机构或者工作环境代表所享有的检查权实质是围绕对职场工作环境检查所展开的整个过程，包括检查——报告——建议——处置。如加拿大《职业安全卫生法》规定，安全代表应代表员工，在下列工作场所的职业安全卫生事务上与雇主合作："……b. 搜集、调查和立即处理职业安全卫生事务；c. 参与工作场所安全卫生事务的监察、询问和调查……"[2]"当监察人员向所有者、建筑商、承包人、雇主或者其他负责工作场所的管理人员出具书面命令或者报告时，应该：a. 于工作场所能引起大家注意的显眼位置张贴该命令或报告的复印件；b. 向安全代表或委员会提供复印件；c. 向投诉

〔1〕 Involving your workers in health and safety, A guide for small businesses，载英国安全卫生执行局（HSE）网站，http://www.hse.gov.uk/pubns/web35.pdf，最后访问时间：2009年1月10日。

〔2〕 Occupational Health and Safety Act 2009 (CA), Article 26 (6).

该违法行为的人提供复印件。"[1]"如果雇主在收到安全代表或者委员会的书面建议后，且该建议明确要求雇主予以回复的，雇主应该在30日内书面回复安全代表或者委员会。如果雇主在30日期限届满前有合理的原因，无法予以回复的，应该在该期限内向安全代表或委员会提供合理的延迟解释，并明确何时能够予以答复，但需尽快予以答复。如果安全代表或委员会认为上述延迟解释不合理或者难以接受的，安全代表或委员会应该立即将有关事实报告监察人员。"[2]

然而，劳动者选出的安全卫生代表在工作场所遭遇特殊危险状况时，具有特别的处置权限，例如，当用人单位有安全卫生问题发生，对于劳工的安全与健康有立即之危害时，劳工代表在这种情况下，有权要求停工。目前具体的制度模式主要包括两种：①劳动者工作环境委员会以及安全代表有权直接决定是否停工，如挪威《工作环境法》规定，雇员人数超过50人的单位，均应设置工作环境委员会。[3]该委员会中由劳工选出之代表，对该单位发生有立即危害劳工安全与健康之情事，而且确认已无其他方法可以消除此种危险时，得下令停工，但应立即通知雇主及劳工检查机构，且需获得劳工检查机构之核准，才能复工。[4]瑞典工作环境法亦有类似规定。②劳动者工作环境委员会以及安全代表没有直接决定是否停工的权利，而是需要向有关的机构报告，由主管机构处理，如奥地利员工代表在事业单位遇有立即危害劳工安全与健康之情事发生时，得向劳工检查机构请求下令停工。在法国，劳工安全卫生代表遇有立

[1] Occupational Health and Safety Act 2009 (CA), Article 8 (7).

[2] Occupational Health and Safety Act 2009 (CA), Article 27 (1) ~ (3).

[3] Working Environment Act 2012 (NO), Section 7 - 1.

[4] Working Environment Act 2012 (NO), Section 6 - 3.

即危害劳工安全卫生与健康之情事，应立即通知雇主。如果劳资双方对于该危险情事之认知或对于应采行措施之看法有歧见时，事业单位内所设安全卫生及劳动条件委员会，应于 24 小时内召开会议，达成协议。劳工检查机构如认为有必要，得下令停工。[1]在美国，根据《职业安全卫生法》规定，“美国地方法院，在部长的请示下，有权制止任何工作场所那里存在着一种危险有理由相信会迅即造成死亡或严重身体损伤的情况或活动。或是通过执行本法令的程序，这一紧迫危险被消除之前，另行行动。根据本节应发布采取必要步骤的命令避免改变或排除这种紧迫危险。禁止在这种地方或情形下进入任何人或进行任何工作，除非是为了达到改正。排除这种危险的目的所必需的人，但这些任务的完成必须安全和有秩序”[2]。

3.1.5 工作环境事务的共决权

世界多数国家所制定的工作环境权法或劳动安全卫生法，都明确规定雇主对于维护工作环境安全承担主要的责任。然而，安全、健康的工作环境并非凭雇主一己之力就可以实现，而是需要劳动者及其团体的参与，以及政府机关和其他社会组织的通力协作。德国战后兴起企业民主思潮，要求员工能够参与企业的决策，因此，产生了“员工参决权”。其缘由在于：“鉴于今日的社会，以及经济结构，依赖薪资生存的人民，比起农业时代，位数骤增。因此，一个企业（尤其是大型企业）的经营优劣成败，所影响的不再只是资本家（即是该企业财产的所有权人）个人财富的损益罢了，可能（绝对可能）更牵涉到其他

---

〔1〕 参见黄越钦：《劳动法新论》，中国政法大学出版社 2003 年版，第 431 页。

〔2〕 29 U. S. C. § 662 (a) (2010).

藉薪资为生的员工。”[1]此乃对于传统上雇主绝对财产权的限缩。劳动者的工作环境事务参与权是经营权民主化的具体体现，尽管如此，不可否认的是雇主对于企业所享有的财产权和经营权属于绝对权，对其进行限制也应符合合目的性、必要性以及比例原则，因此，劳动者安全卫生委员会以及安全卫生代表在企业工作环境方面的参与程度，除了上述所说的“咨询、协商”外，是否还包括一定程度的共决权，至今仍是相关国际公约，以及各国立法所未明确说明之处。国际劳工组织第 155 号公约以及欧盟的公约使用的是“咨询（*Consultation*）”，而欧盟的指令中与“咨询”密切相关的表述是“劳动者或者他们的代表提出建议的权利”，并增加适用了“平衡参与（*Balanced Participation*）”，[2]但是该新的表述并没有得到界定。从欧洲各国的相关法律条文的比较来看，德国的职工参与是最强大的（Strongest），其 1972 年《工作组织法》（Work Constitution Act of 1972）规定，安全卫生领域的事务应由工作委员会（Work Council）共同决定（Co-determination），该委员会由企业内的全体雇员选举产生，无论雇员是否为工会会员都有权参与选举。这意味着当雇主想采取措施预防与工作相关的事故或职业病时，以及根据安全卫生法规保护雇员的健康时，应该与工作委员会就这些措施进行协商，否则，关于该事项的主动权可能由工作委员会取得。关键点在于如果雇主与工作委员会的协商未形成任何协议，任何一方都可以将争议提交中立的第三方，即所谓的仲裁委员会。而其他国家立法通常仅仅限于咨询，事实上，从世界多数国家的立法来看，职工代表在安全卫生事务上享有咨询权是一般可

〔1〕 陈新民：《德国公法学基础理论》（下册），山东人民出版社 2001 年版，第 413 页。

〔2〕 Directive 89/391/EEC, Objective.

以接受的原则，至少有关立法的字面表述是如此。然而，问题在于那些法律都未曾对上述概念的确切含义做出界定。因此，如果有人想确定企业层面职工代表对于经营决策所施加的影响程度，对于该问题的答案只有在企业自身现实的询问中才能获得。1987~1988 年，位于都柏林的“为了提高生活和工作条件欧洲基金”曾就欧盟国家职工在安全卫生事务的参与程度进行过调查，该调查对 5 个不同领域的 3000 家企业进行了 7500 次访谈，将职工参与的程度分为 5 等：无职工参与、知情、咨询、协商以及共决。然而，一方面，调查结果令人惊讶的是无职工参与占的比重很高，仅仅 60% 的企业管理层依法告知并咨询职工代表。另一方面，对于以某种形式参与是确实可行的，管理者与职工代表之间有高度的一致。通过不同国家之间的对比可知，德国居于首位，因为德国每 4 个职工代表中有超过 3 个享有完全的共决权，而仅仅 10% 的企业拒绝提供任何信息；葡萄牙居于最末，有 70% 的葡萄牙企业拒绝提供与安全卫生有关的信息，有 25% 的企业仅仅提供信息，而咨询或者其他形式的参与则少于 5%。[1]

劳动者代表在安全委员会或者其他类似机构中依法履行自己的职责，必须能够获得使用一切必要的设施及其本身的工作职位之保障权，整体而言，其具体的保障内容主要包括：①履行职责所需的物质条件的保障，如英国规定，雇主应该为安全代表的职责履行提供相应的设施以及其他适当的协助，如果可行则应包括：电话以及为了履行职责而进行私人对话的安静场所（Quiet Area）；可上锁的柜子或者用于摆放文件、档案或者参考材料的桌子；内部或者互联网络设备；复印机以及用于向其所代表的雇员传递信息的通告板（Notice Board）等。②履行

〔1〕 See Johannes Schregle, “Occupational Safety and Health and the Working Environment: The Role of Workers' Participation”, 载《政大劳动学报》1994 年第 4 期。

职责所需时间保障，如丹麦《工作环境法》规定，雇主应该确保安全小组和安全委员会成员有足够的时间来履行其与安全生产行为有关的职责。[1]③履行职责所需的经费保障，如丹麦《工作环境法》规定，雇主应该向安全代表支付履行职责相关的费用，并且补偿其因为履行职责而遭受的收入损失。[2]④履行职责所必需的技能的培训保障，几乎各个国家都规定雇主应该对安全代表进行相应的培训。“使劳工参与企业安全卫生改善决策有效发挥功能的先决条件是提供劳工安全卫生代表或安全卫生委员会之劳工委员等适当的所需技能训练。有许多国家已在有关法规中，明定此种训练之细节。国际劳工组织第155号公约及欧联所订颁构架式指令，亦相继规定劳动代表应接受训练的科目与方式等。”[3]⑤履行职责时，解雇以及免受不公平待遇的保障。丹麦《工作环境法》规定，安全代表是企业层级的特殊雇员代表，其唯一的目的在于保护雇员的安全和卫生利益。他们根据职场相关的集体合同所确定的职场工会成员代表的规则选举，并且享有相等的解雇保障以及其他条件恶化的保障。[4]国际劳工组织第164号建议书规定，在作为工人代表或安全和卫生委员会成员履行其劳动安全和卫生方面的职责时受到保护，不被解雇或遭受损害其利益的措施。

3.2 救济性保障——公私法的双重救济

“救济先于权利”，没有救济就没有权利，权利的救济是权利得以实现的保障，而其核心在于行政、司法等国家强制力介

---

[1] Working Environment Act 2011 (DK), 8 (1).

[2] Working Environment Act 2011 (DK), 10 (1).

[3] 黄越钦：《劳动法新论》，中国政法大学出版社2003年版，第431页。

[4] Working Environment Act 2011 (DK), 10 (2).

入，这也是权利的“法律之力”的应有含义。权利的救济不完全等同于救济权，前者是指对已发生的导致伤害、危害、损失或者损害的不当行为进行的纠正、矫正或改正乃至惩处；后者则可以从两个方面予以界定，一是将救济权等同于宪法的物质帮助权，即公民在年老、疾病或者丧失劳动能力时，有权从国家获得物质帮助的权利；二是将救济权视为司法受益权，从功能主义的角度将权利救济引申为救济程序和纠纷解决方式或机制。[1]因此，救济权是权利救济的重要方式之一，但是权利的救济不限于救济权。权利的救济性意味着冲突或者受损权利的补救或者恢复，“救济的意义既体现在权利缺损后的补救阶段，也体现在权利的实现过程。在权利的实现过程中，它不仅能排除外力的继续侵害，还能克服权利主体自力的不足，允许权利主体在自力之外请求外力的援助。从某种意义上而言，救济权就是一种为弥补前一种权利的实现状态不足，法律所需要设置的后一种权利”[2]。因此，权利的救济性保障的前提在于存在权利以及权利受侵害的事实。

权利的救济性保障机制具有多元性特征，从权利救济性保障的实现方式来看，可以有自力救济和公力救济；根据权利救济的性质、主体或具体需要，存在救济方式的差别，包括政治性救济、慈善性救济、行政性救济以及法律救济，即依法律规则获得的救济等，法律救济方式本身是多样的。法律救济又有广狭义之分，狭义的法律救济，主要是指民事行政救济，其意义在于对受到侵害的权利给予补偿，对于侵权者（加害者）给

---

〔1〕参见范愉：“权利救济与多元化纠纷解决机制简议”，载《广东行政学院学报》2008年第1期。

〔2〕张维：“权利的救济和获得救济的权利——救济权的法理阐释”，载《法律科学》2008年第3期。

予惩罚或制裁，使权利得以实现。广义的法律救济，则包括刑事救济、一般司法申诉程序、宪法救济等。[1]但是，救济程序（诉讼、仲裁、行政程序等）并不等同于救济保障本身，程序仅仅具有工具价值，其无法独立于实体权利之外。“在法律上，救济是连接实体法与程序法的要素；救济权并非一种独立存在的权利，而是与请求权和胜诉权相关；救济法也不是一个独立的法律部门，而是连通实体法与程序法的一个中间性制度，并由一系列法律规则和程序所支撑。”[2]本书在此主要是从广义的法律救济以及非程序性的视角来论述工作环境权救济性保障。

雇主是劳动者工作环境权保障的主要义务人，其对雇员所承担的工作环境权的保护义务具有公私法的双重属性，因此，当雇员的工作环境权受到侵害时，雇员可以通过以下公私法的双重救济获得保障。

3.2.1 公法意义的救济性保障

3.2.1.1 行政法意义的救济性保障

（1）工作环境安全卫生行政监察执法。劳动监察是指劳动保障行政部门依法对用人单位遵守劳动法律、法规的情况进行监督检查，以保障劳动者的合法权利的行政执法行为。“劳动监察在劳动关系中为劳动者建立的是一道国家力量的保障机制，充当着保护劳动者的‘社会警察’。”[3]劳动监察是在国家劳动政策领域内的公共行政管理活动，被视为一种事实上必需的国

---

〔1〕参见范愉：“权利救济与多元化纠纷解决机制简议”，载《广东行政学院学报》2008年第1期。

〔2〕范愉：“权利救济与多元化纠纷解决机制简议”，载《广东行政学院学报》2008年第1期。

〔3〕黎建飞：“强化劳动监察的意识与职能”，载《中国劳动保障》2005年第12期。

家干预责任，一种保护劳动者身心健康所必需的政府法定义务。[1]劳动监察的对象主要是用人单位（还包括就业服务机构等劳动关系的相关主体），而劳动者并非监察执法的对象，其原因在于：

第一，劳动监察执法对象的单方性，是劳动法倾斜保护劳动者原则的具体体现。劳动法律关系的主体之间存在强弱之分，因此，基于实质正义的价值指引，需要通过国家的干预对劳动者与用人单位之间的强弱地位予以平衡，这也是劳动法社会法属性的具体体现。

第二，劳动监察执法对象的单方性，是国家宪政秩序所应遵循的“辅助性原则”的具体体现。亦即，国家只有当人民无法凭己力达成生存照顾之目的时，才有介入之必要。[2]因为近代宪政的自由法治国家理念认为：“无能力并不一定导致需要权利的保护，只有在这种能力缺乏是由外部客观因素导致的情形下，才导致社会权的保护。”[3]因此，从维护市民社会的独立性和自由价值基础来看，劳动者的不当行为，可以通过强势主体——用人单位的惩戒机制予以监督和纠正，而无需国家公权介入，对于本身居于弱势地位的劳动者予以监督。

第三，从劳动法制实践来看，实施违反职业安全卫生等劳动法规范行为的主体多为用人单位而非劳动者。

国际劳工组织《工商业劳动监察公约》（第 81 号）规定：“劳动监察制度的职能应为：（a）在可由劳动监察员实施的情况

---

〔1〕 参见［德］沃尔夫根·冯·李希霍芬：《劳动监察》，刘燕斌等译，中国劳动和社会保障出版社 2004 年版，第 1 页。

〔2〕 参见陈新民：《德国公法学基础理论》（上册），山东人民出版社 2001 年版，第 15 页。

〔3〕 夏正林：《社会权规范研究》，山东人民出版社 2007 年版，第 119 页。

下，保证执行有关工作条件和在岗工人的保护的法律规定，诸如有关工时、工资、安全、卫生和福利、儿童和年轻人就业及其他事项的规定……”根据该规定，工作环境权安全卫生是劳动监察的重要内容之一，劳动者纸面的工作环境权需要通过劳动监察制度予以贯彻落实。因此，几乎各个国家或地区的工作环境权立法中都将劳动监察置于重要位置。

目前世界上劳动监察的模式主要包括：①综合型模式。劳动监察机构的职责具有综合性，不仅覆盖职业安全和卫生，而且覆盖工时问题、节假日休息和其他劳动保护问题，如移民工人的工作条件和非法就业问题。甚至还负责监督正确计算、支付工资和社会保障津贴以及监督产业关系，同时提供调解甚至仲裁服务。②斯堪的那维亚模式。此种模式主要的共同特征是，监察机构的权力主要是强制遵守职业安全卫生和福利方面的法规，以及某些一般工作条件的法规。③联邦制模式。此种劳动监察制度模式的共同特点是普遍涵盖（尽管也有少数例外，如美国）广泛的监察职责，一般说来不仅包括职业安全卫生和工时问题，也包括其他劳动保护问题。澳大利亚、巴西、加拿大、德国、印度、瑞士和美国都在不同程度上属于这一大的模式。[1]我国《劳动保障监察条例》第11条对于劳动监察的事项进行了列举性的规定，包括：①用人单位制定内部劳动保障规章制度的情况；②用人单位与劳动者订立劳动合同的情况；③用人单位遵守禁止使用童工规定的情况；④用人单位遵守女职工和未成年工特殊劳动保护规定的情况；⑤用人单位遵守工作时间和休息休假规定的情况；⑥用人单位支付劳动者工资和执行最低工资标准的情况；⑦用人单位参加各项社会保险和缴

---

〔1〕参见陈玉萍：“国外的劳动监察制度”，载《中国劳动保障》2007年第9期。

纳社会保险费的情况；⑧职业介绍机构、职业技能培训机构和职业技能考核鉴定机构遵守国家有关职业介绍、职业技能培训和职业技能考核鉴定的规定的情况；⑨法律、法规规定的其他劳动保障监察事项。比较而言，我国的劳动监察原则上属于综合型模式，但是劳动监察机构对于职业安全卫生有关的劳动监察仅包括童工、女职工以及未成年工的特殊劳动保护以及工作时间、休息休假等劳动基准，而职业安全卫生的监督检查则主要由安全生产监督管理部门等负责，这割裂了具有整体性和系统性的劳动监察体系，使得多部门之间的执法冲突与执法漏洞并存，劳动者职业安全卫生权的保障无法落实，因此，职业灾害的发生率与职业病患病率居高不下。（具体论述请见本书第5章）。

劳动监察行政执法的方式包括以下两种：①主动执法，即劳动监察机关根据法律规定，无需公民、法人或者其他组织的同意或申请而依职权主动实施的监察执法行为；②被动执法，即基于公民、法人或其他组织的申请、举报或者投诉而实施的监察执法行为。我国《劳动保障监察条例》规定，劳动监察机关的执法方式为日常巡视检查、审查用人单位按照要求送报的书面材料以及接受举报投诉，其中日常巡视检查应该属于主动执法的范畴，而审查用人单位按照要求送报的书面材料以及接受举报投诉则属于被动执法的范畴。笔者认为，职业安全卫生的监察执法应该以主动执法为主，被动执法为辅，其原因在于：

第一，从职业安全卫生“预防为主”的原则来看，劳动监察机构的主动执法有助于督促用人单位守法，并且可以预先发现用人单位的不足，预防职业灾害和职业病的发生。

第二，从职业灾害或者职业病的危害来看，通常而言对于劳动者工作环境权的救济性保障，并不能使得劳动者受到侵害的安全、健康“恢复原状”，而仅能在经济上或者精神上起到抚慰作用，劳动监察机关的主动执法能够预防职业灾害的发生，降低社会成本。

第三，从法社会学的角度来看，劳动监察的主动执法可以提前介入，避免劳动者因举报用人单位的违法行为引发劳资纠纷，从而维护劳动关系乃至社会的稳定。

由于受到种种因素的制约，在各个国家职业安全卫生劳动监察执法实践中主动执法和被动执法所占的比率却相近，如2002年，荷兰主动性监察工作在荷兰劳动监察局的所有监察工作中占到了32%，而针对举报和事故的被动监察工作也占到了32%。[1]从功能上看，职业安全卫生监察的主动执法主要起到了预防性保障的作用；被动性执法则主要起到救济性保障的作用。但是，由于我国工作环境立法与实践之间存在一定的差距，我国职业安全卫生的监察执法通常是在劳动者、工会组织及其他社会成员的举报、投诉以及职业事故发生后进行的，因此，本书在此突出职业安全卫生监察执法的救济性保障功能。

劳动监察员为了执行劳动安全卫生监察，享有下列职权：①进入工作场所以及其他有正当理由确信应受监察的处所；②依法进行检查、测试或质询；③查阅以及复制相关材料；④依法查封或者扣押相应的材料、机器、工具；⑤为履行职责获得相应协助和保障，如委托合格的技术专家和专门人员，包括医药、工程、电气和化学等方面的专门人员进行相关监察。上述职权都仅仅是程序性权利，即监察执法过程中为了实现监察目的而享有的权利，以及据此而实施的行政行为。当劳动监察员通过主动执法或被动执法发现用人单位存在违反工作环境法的相关规定的行为时，可以对其实施行政处罚以及采取行政

---

〔1〕参见曲华锋译："荷兰的劳动监察（下）"，载《现代职业安全》2008年第5期。

强制措施，具体包括：一是责令改正，[1]即对于轻微违法，可以要求用人单位在指定的期限内予以纠正；加拿大《劳动安全卫生法》规定，劳动保障行政部门对事实清楚、证据确凿、可以当场处理的违反劳动保障法律、法规或者规章的行为有权当场予以纠正；二是行政处罚，包括警告、罚款、吊销营业执照、没收违法所得、没收非法财物、责令停产停业等；三是行政强制措施，主要是对工作场所进行查封、扣押等。如加拿大《劳动安全卫生法》规定，当监察员发现违法行为后，监察员应向所有权人、施工人、受许可人、雇主或者有理由相信对于工作场所负责的人或者监察员认为其违反了安全卫生法的相关规定的人发出命令。该命令的内容可能包括：①责令改正，即要求违法行为人立即改正，或者在监察员指定的日期内执行。监察员以口头形式发出上述命令的，应该在离开工作场所之前以书面形式确认。②守法计划（Compliance Plan），上述命令中可能要求施工人、受许可的人或者雇主向劳动部提交守法计划；该计划应该具体包括施工人、受许可的人或者雇主计划如何遵守该命令，以及何时实现该计划。③停工，即当监察员发现违反法律、法规的行为危害到劳动者的生命健康或安全时，监察员应命令停止使用任何可能的场所、设备、机器、装置、物品以及任何材料，直到该命令被遵守。该场所应该停工，直到停工命令

---

[1] 我国《劳动保障监察条例》第18条规定："劳动保障行政部门对违反劳动保障法律、法规或者规章的行为，根据调查、检查的结果，作出以下处理：①对依法应当受到行政处罚的，依法作出行政处罚决定；②对应当改正未改正的，依法责令改正或者作出相应的行政处理决定；③对情节轻微且已改正的，撤销立案。发现违法案件不属于劳动保障监察事项的，应当及时移送有关部门处理；涉嫌犯罪的，应当依法移送司法机关。"根据该规定第2项内容，其将"责令改正"作为单独的处理措施，而根据我国《行政处罚法》的规定，"责令改正"并非单独的行政处罚种类，而通常是附随于其他行政处罚而适用，以作为轻微违法的处理方式。

在监察员履行监察职责后被撤销或者取消。④查封、隔离违法的工作场所。命令存在违法行为的工作场所应该疏离所有的员工，并且用路障、栅栏或者其他可能适当的阻止职工接近的方式将该场所隔离，直到危害职工的危险被清除。⑤禁止使用危害物质的命令。雇主违反第37、41条或者指令，未获得确定的材料安全清单时，监察员可以命令禁止使用该危害材料，直到该命令被撤销或者取消。⑥在工作场所张贴上述命令。当监察员根据上述规定发出命令时，他应该将该命令的附件或者它的通知在工作场所、设备、机器、装置、物件等张贴，除非监察员授权，监察员外的其他任何人不得擅自移动该附件或者通知。[1]

通过采取上述行政处罚以及行政强制措施，对于用人单位的违法行为进行惩处和纠正，可以间接地对工作环境权利受到用人单位违法行为侵害的劳动者予以救济。与仲裁或者诉讼的救济途径相比，通过举报、投诉寻求行政监察救济，在救济成本、救济效率等方面都具有优势。关键在于采取举报的方式寻求行政救济时，由于举报人信息保密，不会导致劳动者与用人单位之间关系僵化，避免因寻求救济而被用人单位解雇。因此，有学者调研发现，目前在我国劳动争议的处理方面出现了一个新的趋势，即很多劳动者与用人单位产生劳动争议后，已经不通过劳动仲裁、民事诉讼这些救济途径进行解决，而是直接向劳动监察部门进行举报并请求处理。如果劳动监察部门不处理或者处理不力，劳动者再通过行政诉讼状告劳动部门行政不作为或作为不当。[2]

工作环境的职工参与在工作环境安全卫生监察执法过程中也有体现，劳动监察机关在监察执法中应该促进雇主和工人在

---

〔1〕 Occupational Health and Safety Act 2009 (CA), Article 8.

〔2〕 参见翟玉娟："中国劳动监察的困境与挑战——以劳动行政部门的屡屡败诉为例"，载《行政与法》2008年第8期。

健康和安全方面的协作：

首先，应该在工业事故或职业病进行查询时，与工人和管理部门的代表，特别是企业安全委员会或类似机构的成员进行合作。如加拿大《劳动安全卫生法》规定，当监察员依法对工作场所进行监察时，施工人、雇主或雇主团体应该派出安全委员会（Safety Committee）的工人代表或者安全卫生代表，或者工会组织根据知识经验以及培训经历选举的代表，以及若无工会组织，则应由工人选举代表陪同监察员对工作场所进行监察。如果工作场所没有安全委员会工人代表、安全卫生代表以及职工选举的代表，则监察员应该在监察执法过程中，尽力就工人工作安全卫生事务询问（Consult）合理数量的工人（a Reasonable Number of the Workers）。[1]

其次，应与雇主组织和工人组织的代表讨论有关实施劳动立法和工人的健康和安全问题，从而有利于促进劳动监察人员与雇主组织和工人组织的合作。

最后，应该强化对于雇主与工人的职业安全卫生教育，并且可强化对于雇主与工人在职业安全卫生方面的行政指导。如通过举办讲座、广播讲话、张贴招贴画、印发小册子和放映电影等形式，来解释劳动立法的规定，并对其实施方法以及防止工业事故和职业病的措施提出建议；举办健康和安全展览；以及在技术学校中进行工业卫生安全教育等。

劳动监察是国家对公民所承担生存保障的宪法义务的具体体现，因此，劳动监察机关应该依法实施职业安全卫生的监督检查，对于劳动监察机关及监察员的行政不作为等不当行为，劳动者可以通过行政复议或诉讼等程序追究其责任。

---

〔1〕 Occupational Health and Safety Act 2009（CA），Article 7（6）.

（2）工伤保险。工伤保险制度又称为职业伤害保险，指劳动者在工作过程中或法定的特殊情况下发生意外事故，或因受到职业性有害因素危害，而负伤（或患职业病）、肢残、死亡时，对其本人或供养的亲属给予物质帮助和经济补偿的一项社会保险制度。[1]工伤保险制度是工业劳动社会化的产物，工业时代的工业事故和职业危害导致的人身伤害具有下列特征：①“加害行为”的间接性；②“加害行为”多具有高科技性和行为构成的复杂性；③损害程度的深刻性和广泛性；④“加害”危险的扩散性及社会性；⑤“加害行为”主体的多元性和虚拟性。[2]因此，对于工业劳动风险无法采取传统的民事责任形态来承担，而应通过建立工伤保险基金来将风险社会化，因此，笔者认为工业劳动时代的工业事故风险还有一个特点，即预防与救济的社会性。

工伤保险的保障范围为职业病（Occupational Disease）或者工作伤害（Work-Related Injury），其强调“工作的相关性”（Work-Related），因此，被保险人请求给付工伤保险待遇的前提是工伤认定，即对于劳动者所遭受的伤害或者罹患的疾病是否由工作原因所引起进行认定。工作相关性的判断标准主要包括两个方面：①是否由工作原因引起？②是否发生在工作过程中？伤害或者疾病必须发生在工作过程中（包括与职务履行密切联系的准备、收尾过程）。工伤的发生往往与工作环境的安全卫生密切相关，当用人单位提供的工作场所不符合安全卫生要求，充满安全卫生的危害时，劳动者工伤或者职业病的发生率就相应地较高。因此，我国《安全生产法》、《职业病防治法》等工

---

〔1〕 参见王益英、黎建飞主编：《社会保险法》，中国人民大学出版社2000年版，第98页。

〔2〕 参见郑尚元：《工伤保险法律制度研究》，北京大学出版社2004年版，第8~9页。

作环境安全卫生立法突出了对劳动者工伤保险权的保障，其规定用人单位应该依法为劳动者办理工伤保险登记、缴纳工伤保险费用；而且明确规定，因生产安全事故受到损害的从业人员，劳动者依法享有工伤社会保险待遇请求权。工伤保险制度的建立主要有两个目的：

第一，对遭受工伤或者患职业病的职工的保障。国际劳工组织《工伤事故和职业病津贴公约》（第121号）规定，工伤保险的待遇包括医疗服务和现金津贴两部分，其中，现金津贴包括：伤残津贴、遗属及其子女供养津贴、丧葬津贴。我国《工伤保险条例》所规定的工伤保险待遇包括以下四部分内容：①工伤医疗待遇；②停工留薪期工资待遇；③伤残待遇，包括护理费、辅助器具费、伤残补助金；④死亡待遇，包括丧葬补助金、供养亲属抚恤金和一次性工亡补助金。

工伤保险通过对因工作遭受事故伤害或者患职业病的职工提供上述医疗救治和经济补偿，以保障其生存，促使其职业康复。工伤或职业病是因工作环境中的不安全、不卫生的因素所引起的，因此工伤保险制度对于因工作环境权受到侵害，而遭受工伤或患职业病的劳动者而言具有救济性作用。

第二，预防工伤事故，分散工伤风险。工伤保险制度通过工伤保险基金将风险社会化。工伤保险制度对于工伤的预防主要是通过工伤保险费率的调整来实现的。“任何人从他人的危险工作中获益，都需承担工作导致的人员伤亡的实际成本。”〔1〕因此，雇主从雇员的危险工作中获益，则应该承担相应的工伤成本，如支付工伤保险费。但是工伤保险费率的高低与工伤事故的发生率密切相关，当工作场所工作环境状况良好，工伤事故

〔1〕 Joe Sonneman, “New Views, Old Laws, on Workers' Compensation”, 28 *AK Bar Rag* 8, 2004.

发生率低，则工伤保险费的支出少；当不安全不健康的工作环境导致工伤事故或者职业病高发时，工伤保险费率也会相应地提高。“如果因不安全的工作方法或工作条件导致的工伤请求过多，则雇主的工伤保险费率将会提高，私利（Self-Interest）好过单纯的法律规范，将引导雇主提升工作方法和条件以减少保险成本。”[1] 因此，雇主为了降低工伤保险费的成本，就会采取相应的措施提高工作环境安全卫生的水平。我国《工伤保险条例》规定，国家根据不同行业的工伤风险程度确定行业的差别费率，并根据工伤保险费使用、工伤发生率等情况在每个行业内确定若干费率档次。而统筹地区经办机构根据用人单位工伤保险费使用、工伤发生率等情况，适用所属行业内相应的费率档次确定单位缴费费率。

由于与心理健康以及工作场所相关的外部区域逐步纳入工作环境权的保障范围，而这实际是近年来人权保障提升在工作环境法领域的具体体现。因此，目前工伤保险的覆盖范围也逐步扩张，以适用工作环境权的保障需要。

一方面，法院不仅认为因工作压力导致的心理疾病属于工伤赔偿范围，甚至将因此而引起的自杀也纳入工伤赔偿的范围。如 *Middleton v. N. W. Airlines* 案[2]，明尼苏达州高等法院首次认为，单纯因工作压力导致的自杀属于工伤赔偿的范畴。该判决打破了明尼苏达州长期的传统，即否定非因生理伤害或者工作有关的心理伤害导致的工伤请求。[3]

---

〔1〕 Julie L. Boehmke, “Allowing Compensability of Suicide under Minnesota's Workers' Compensation Statute”, Wm. *Mitchell L. Rev.*, 27 (2000), p. 1307.

〔2〕 600 N. W. 2d 707 (1999).

〔3〕 See Julie L. Boehmke, “Allowing Compensability of Suicide under Minnesota's Workers' Compensation Statute”, Wm. *Mitchell L. Rev.*, 27 (2000), p. 1307.

另一方面，法院经常认为，雇员在临近于公司的周边区域由特殊的危险状态所导致的伤害，也可以获得工伤赔偿，这是因为这种特别的危险状态可被合理地认为与职务活动有关。如 *Fisher v. Lincoln Tool & Die Co.* 案〔1〕，雇员因工厂无停车场需将车停在路边而遭受伤害，法院判决认为属于工伤赔偿的范围。

3.2.1.2 刑法意义的救济性保障

用人单位及其主要负责人以及个人经营的投资人等违反有关安全生产的法律、法规等规定，因而发生重大伤亡事故或者造成其他严重后果的行为，应该依法承担相应的刑事责任。我国《刑法》中规定的与生产责任事故相关的罪名主要分为两类，一是一般罪名，如重大责任事故罪、强令违章冒险作业罪、重大劳动安全事故罪；二是特殊罪名，如重大飞行事故罪、铁路运营安全事故罪、交通肇事罪等。本书在此仅就责任事故的一般罪名来分析刑法对于劳动者工作环境权的救济性保障。

责任事故罪往往“与特定的生产作业过程相联系”，其在客观方面往往存在违反规章制度的行为，且原则上责任事故罪都发生在工作场所和生产过程中，因此，我国《刑法》规定，安全责任事故罪的客观方面是在生产、作业中违反有关安全管理的规定；强令违章冒险作业罪的客观方面为强令他人违章冒险作业；重大劳动安全事故罪的客观方面为安全生产设施或者安全生产条件不符合国家规定。因此，基于生产作业的相关性，有些国家刑法典则直接规定“违反劳动保护规则罪”（西班牙刑法典第316条）、“业务过失致人死亡罪”（西班牙刑法典第142条）以及“业务过失伤害他人罪”（西班牙刑法典第152条）〔2〕。

〔1〕 37 Mich App. 198. 194 N. W. 2d 476 (1972).

〔2〕 参见申柳华：“单位作为重大责任事故罪主体研究”，载《河南公安高等专科学校学报》2006年第5期。

所以，追究犯罪人的重大责任事故罪能够对劳动者的工作环境权起到救济性保障作用。

第一，从安全责任事故罪的有关罪名的客观要件区分来看，其与影响职业安全卫生的因素几乎是相互对应的。上述安全责任事故罪的客观要件，即“在生产、作业中违反有关安全管理的规定”，是针对生产、作业中的不安全行为因素——生产行为；强令违章冒险作业罪的客观要件，即“强令他人违章冒险作业”，也是针对不安全的生产行为，而该行为是由于用人单位或者负责人的强制导致的；重大劳动安全事故罪的客观要件，即安全生产设施或者安全生产条件不符合国家规定，则是针对工作场所不安全的物的因素——生产设施或生产条件。因此，安全责任事故罪与职业安全卫生法律规定具有密切联系，违反职业安全卫生法律规定是构成重大责任事故罪的客观要件，而刑事责任的追究实际上是对于工作环境安全最强有力的保障。

第二，从在安全生产事故中受到损害的劳动者个体的角度来看，追究违法行为人的责任事故罪，对受害的劳动者能够起到精神上的抚慰作用。从刑法惩罚犯罪的目的来看，对于犯罪行为人施以刑罚，对受害人而言具有安慰和平复情绪的作用。也就是说，刑罚对于被害人及其家属具有安抚效力和补偿效力。因此，通过对违反工作环境安全卫生法律、法规的犯罪行为人实施刑罚，可以对受害的劳动者及其家属起到安抚和补偿作用。

第三，从刑事政策的整体而言，对于违反职业安全卫生的犯罪行为的追究和惩处，能够产生一般预防和特殊预防的社会效果，前者是指通过对犯罪人适用一定的刑罚，而对社会上的其他人，主要是那些不稳定分子产生阻止其犯罪的作用。一般预防对象是社会上其他人；后者则是指预防犯罪人重新犯罪。因此，对于构成安全生产责任事故罪的行为人追究刑事责任，既可以预防犯罪人重新犯罪，更为重要的是可以通过对于犯罪分子的处罚，震慑其他正在或者准备实施违反安全生产管理法规行为的行为人，有利于在社会上整体提升对劳动者的工作环境权的保障。

由于重大责任事故罪的犯罪结果通常造成重大伤亡事故或者造成重大的财产损失。根据相关的司法实践，所谓的“重大伤亡”是指致人死亡 1 人以上，或者致人重伤 2 人以上；“重大损失”则是指造成直接经济损失 5 万元以上。因此，重大责任事故罪的法定刑通常包括了有期徒刑、罚金刑。但是我国刑法关于重大责任事故罪的规定存在以下问题：

首先，在法定刑中仅规定了有期徒刑，而未对用人单位或者相关人员的犯罪行为规定罚金刑。如重大劳动安全事故罪的法定刑为 3 年以下有期徒刑或者拘役；情节特别恶劣的，处 3 年以上 7 年以下有期徒刑。

其次，将重大责任事故罪界定为结果犯，即只有发生了重大伤亡或者重大损失的结果，犯罪方既遂，才能追究违法行为人的刑事责任。事实上，国外通常将与职业安全卫生有关的犯罪规定为危险犯，即只要雇主或者相关人员的行为违反了职业安全卫生的法律规定，给劳动者的安全、健康以及公共安全造成了危险，无需职业灾害实际发生，即可追究行为人的刑事责任，如加拿大《职业安全卫生法》规定：任何个人违反或不遵守下列规定：①本法的规定；②监察员或者指挥者的命令和要求；③部长的命令。属于犯罪行为，须承担最高不超过 250 000 加元的罚金或者最长不超过 1 个月的监禁，或者二者并罚。除了上述处罚外，如个人的违法行为处于持续状态的，法院可以额外处以每天不超过 5000 加元的罚款。[1] 日本《劳动安全卫生

〔1〕 Occupational Health and Safety Act 2009 (CA), Article 43 (1) (2).

法》对于黄磷、笨等危害性物质制造、进口、运输、利用进行了严格的限制，任何人违反限制性规定，应该承担不超过3年的劳役拘禁，或者不超过300万日元的罚款。[1]

最后，我国重大责任事故罪、强令违章冒险作业罪以及重大劳动安全事故罪关于犯罪主体的规定存在一定的不足。其中，重大责任事故罪、强令违章冒险作业罪的犯罪主体为个人，而单位不构成犯罪；重大劳动安全事故罪的犯罪主体为单位，但是实际处罚的为“直接负责的主管人员和其他直接责任人员”。笔者认为，根据目前我国职业安全卫生生产的实际情况，单位犯罪较为普遍，因此，单位应该成为重大责任事故罪、强令违章冒险作业罪的主体，且实施“双罚制”对单位处以罚金等，而对直接负责的主管人员和其他直接责任人员则应该适用有期徒刑等。加拿大《职业安全卫生法》规定，根据本法规定被诉犯罪的，作为被告公司的经理、代理人、代表人、办公人员、指挥人或者监督者的行为或者过失，无论他们是否属于公司，都应该被视为被告公司的行为和过失。[2]

3.2.2 私法意义的救济性保障

雇主对于雇员生命、健康的保护照顾义务不仅是雇主对国家所承担的公法义务，而且是雇主对雇员所承担的私法义务，民法以及相应的规定中称之为“注意义务”（Duty of Care）。该义务意味着雇主应该确保对其所提供的工作场所以及设备安全，以尽可能地保护雇员的生命安全和身体健康。[3]因此，当因雇主

〔1〕 Industrial Safety and Health Act 2006 (JP), Article 116.

〔2〕 Occupational Health and Safety Act 2009 (CA), Article 43 (3).

〔3〕 Gustav Schregle, “Occupational Safety and Health in Austria”，载《政大劳动学报》1994年第4期。

违反工作环境权法规定，劳动者的权利受到侵害时，不仅可以寻求公法上的救济，而且可基于劳动合同而请求私法上的救济。

3.2.2.1 履行请求权

在劳动关系中，雇主对雇员的安全保护义务应为劳动合同的主给付义务，当用人单位违反了相关的安全保护义务，未为劳动者提供安全、健康的工作环境时，用人单位的行为构成违约，劳动者可以就此提请劳动仲裁或者诉讼，请求用人单位履行相应的义务。雇主安全保护义务的具体标准包括：

（1）工作环境法的强制性规范内容。工作环境法尽管为公法规定，但是基于诚信原则可以转化为劳动合同的内容，因此，工作环境法的规定可以被视为雇主安全保护义务的具体内容，当用人单位违反工作环境法的强行性规定，劳动者可以请求用人单位遵守工作环境法的规定，履行其安全保护义务。

（2）工作环境法未规定的事项，或者虽有规定但仅为任意性规范或者指引性规范，则具体是否适用，以及如何适用可以根据用人单位依法制定的职业安全卫生的规章制度来执行。因为《最高人民法院关于审理劳动争议案件适用法律若干问题的解释（一）》（法释［2001］14 号）第 19 条规定：“用人单位根据《劳动法》第 4 条之规定，通过民主程序制定的规章制度，不违反国家法律、行政法规及政策规定，并已向劳动者公示的，可以作为人民法院审理劳动争议案件的依据。”

（3）如果工作环境法未规定的事项，或者工作环境法规定的事项，劳动合同或者集体合同等对相关事项作出更高要求的约定时，则用人单位应该按照劳动合同或者集体合同的约定履行。《劳动合同法》第 17 条将劳动保护、劳动条件和职业危害防护规定为劳动合同的必备条款，因此，当用人单位违反了相关安全卫生法的规定时，劳动者可以根据劳动合同中有关条款诉请用人单位承担违约责任。

《劳动争议调解仲裁法》将“因工作时间、休息休假……劳动保护发生的争议”列为劳动争议仲裁的受案范围，最高人民法院关于审理劳动争议案件的司法解释也将相关的争议纳入劳动争议诉讼的受案范围，但是在我国劳动争议案件的司法实践中，劳动者单纯因用人单位未遵守安全卫生法的规定而提请劳动争议或者诉讼的案例较少。造成此种状况的原因是多方面的，既可能是劳动者为了避免失去工作岗位，也可能是违反工作环境法的行为往往不会直接导致工业事故，而职业病更是需要数年时间，因此劳动者对于用人单位违反职业安全卫生法行为的危害性认识不足，存在侥幸心理。目前与劳动争议相关的案件中，因工伤而引发的争议占有较大比例，而工伤案件的大量存在，提醒我们应该重视用人单位违反工作环境法而未造成工业灾害的行为，因为只有在工业事故发生之前，通过公法以及私法的措施对于用人单位的违法行为施以惩戒，予以杜绝，才能真正实现工作环境权保障的预防为主的原则。

尽管单纯因用人单位违反职业安全卫生法规定而提请仲裁或者诉讼的案例较少，但是，不可否认此类案件在实践中确实存在，如：范某等诉请某渔具制造厂提供劳动保护措施案。[1]

---

〔1〕 案例来源：湖北省安全生产监督管理局网站，http://www.hubeisafety.gov.cn/prolaw/content.asp?ArticleId=130，最后访问时间：2009年1月28日。由于我国未制定专门的《职业安全卫生法》或《工作环境法》，导致职业安全卫生法制缺乏整体性和体系性。《劳动法》则将属于工作环境安全卫生重要组成部分的“工作时间和休息休假”、“劳动安全卫生”以及“女职工和未成年工特殊保护”分别规定在第4、6、7章，从而割裂了上述内容的联系，而且在《劳动争议调解仲裁法》以及最高院关于审理劳动争议案件的司法解释中，关于案由的列举也是将上述内容分别规定。因此，在对我国的职业安全卫生问题进行分析讨论时，容易忽视因工作时间和休息休假以及女职工和未成年工的劳动保护而引发的劳动争议案件，而实践中因此而引发的争议也较多，如因女职工怀孕而请求特殊劳动保护引发的争议等。

1995年9月17日，范某等17名工人集体向劳动仲裁机关就某渔具制造厂劳动条件差、厂里不采取劳动保护措施提出申诉。申诉书称申诉人等17人已在某渔具制造厂小灯泡车间工作一年，该车间长年高温作业，工人曾要求厂里采取降温措施、改善劳动条件并向工人提供防暑饮料，请求该厂对工人实施劳动保护，保证工人身体健康，但未解决。仲裁机关受案后经调查，被申请人某渔具制造厂是一家私营企业，申诉人范荣等17名工人从事劳动的小灯泡车间共90平方米，采用全封闭作业，工人操作台40张，室内温度为摄氏39度。该厂从未向工人提供过防暑饮料。该厂在答辩书中称，采用全封闭式作业是灯泡焊接需要，原计划给车间安装空调，但因资金不足而未能落实。仲裁机关认为，该厂违反国家劳动安全卫生法规，让工人长期在高温下从事劳动而不采取劳动保护措施，工人工作的车间劳动条件严重影响人体健康，应当立即纠正。经调解，该厂同意在一周内为车间安装两台空调机，并每天为工人提供冷饮一次。申诉人同意并撤诉。

本案中，用人单位某渔具制造厂违反安全卫生法的规定，在高温的工作环境中未为劳动者提供必要的劳动保护措施。我国《劳动法》第54条规定，用人单位必须为劳动者提供符合国家规定的劳动安全卫生条件和必要的劳动防护用品。根据有关规定，渔具制造厂提供的室内工作场所温度高达39度，应该采取降温措施，并应提供相应的保护措施，如清凉饮料。但该制造厂却违反该规定，因此，范某等有权提起劳动争议仲裁，诉请制造厂履行相关的劳动保护义务。

3.2.2.2 给付拒绝权

当劳动场所存在立即的危险时，劳动者享有停工的权利，而此种权利又可以称之为给付拒绝权。我国《安全生产法》第

47 条第 1 款规定："从业人员发现直接危及人身安全的紧急情况时，有权停止作业或者在采取可能的应急措施后撤离作业场所。"对于给付拒绝权产生的基础，学界有以下几种观点：

（1）同时履行抗辩权说。同时履行抗辩权，是指双务合同的当事人一方，在对方未为对待给付前，有拒绝自己给付的权利。同时履行抗辩权的前提在于双务合同的牵连性，即一方的权利与另一方的义务之间具有相互依存、互为因果的关系。同时履行抗辩权的适用应符合下列要件：①双方因同一双务合同互负对价债务；②双方当事人所负债务相互间具有牵连性；③须双方债务已届清偿期；④须对方当事人未为给付或提出给付。

持有该观点的学者认为，用人单位对劳动者负有安全保护义务，应该采取措施营造良好的工作环境，保护劳动者的生命、身体免受危害。基于劳动关系的人身属性，用人单位的安全保护义务与劳动者劳动给付义务之间具有牵连性，因此，当用人单位违反职业安全卫生法律、法规时，劳动者基于同时履行抗辩权而拒绝给付劳务。"雇用人之保护义务，固为附随义务，惟为保障受雇人之安全，宜解为与受雇人之劳务提供义务，具有交换履行之牵连性，因而受雇人得类推适用民法第 264 条有关同时履行抗辩之规定，于雇用人善尽其保护义务之前，得拒绝服劳务。"[1] 而我国台湾学者林诚二教授、郭玲惠教授则认为劳动者的给付拒绝权，乃是类推适用同时履行抗辩权的规定。前者认为，我国台湾地区"民法"第 483 条之一的规定，雇用人于受雇人"服劳务，其生命、身体、健康有受危害之虞"时，即有"按其情形为必要之预防"之保护义务，此义务为雇主之

---

〔1〕 刘春堂：《民法债编各论》（中），三民书局 2004 年版，第 14 页。

附随义务，而非受雇人（劳工）服劳务之对待给付义务，理论上无“民法”第264条同时履行抗辩权之适用，但为保障劳工之安全，愚意以为此二债务实质上具有牵连性，应类推适用同时履行抗辩权之规定，使受雇人（劳工）于雇主善尽其保护义务之前，得拒绝服劳务。[1]后者亦持有相同观点，其认为应将“保护义务”提升为雇用人之“从义务”，进而类推适用第264条同时履行抗辩权之规定。[2]

（2）债权留置权说。劳动者与用人单位基于劳动关系而互负对待给付义务，当债权人的到期债务未得到清偿时，其对于相对人的债权可以拒绝履行。因此，有学者认为，劳动者给付拒绝权的法律基础在于债权留置权。德国《民法典》第273条对于债权留置权有明确的规定：“除了债权债务关系发生其他效果外，债务人基于其义务所由担负的同一法律关系，享有对债权人的已到期的请求权的，债务人可以拒绝履行所发生的给付，直到其所应得的给付被履行为止（留置权）。”

（3）劳务给付界限说。日本劳动法学者土田道夫教授认为，应衡量雇主命令危险劳动行为之必要性，以及衡量该行为造成劳工所受危险之程度。当对劳工造成危险之程度大于雇主命令之必要性时，劳工即有正当理由拒绝给付劳务，而否定雇主业务命令之效力。[3]该观点基于禁止权利滥用的视角而产生，其

---

〔1〕 林诚二：《民法债编各论》（中），瑞兴图书股份有限公司2002年版，第33~34页。

〔2〕 参见黄立主编：《民法债编各论》（上），元照出版公司2002年版，第558~560页。

〔3〕 参见张国玺：“日本安全顾虑义务法理之形成与发展——兼论台湾‘民法’第483条之一之规定”，台湾大学法律学研究所2005年硕士学位论文，第78~79页。参见陈建志：“安全保护义务规范之研究——以雇佣、劳动关系为中心”，中国文化大学2001年硕士学位论文，第20页。

本质上认为，请求劳动者履行劳动给付的义务是雇主所享有的权利，但是若该权利的行使对雇主本人无利益（或利益甚小），或者说所获得的利益远小于雇员所承受的危险时，则雇员应享有给付拒绝的权利。

（4）受领迟延说。持有该观点的学者认为，根据劳动合同的诚信原则，用人单位对于劳动者的劳动给付应该承担相应的协助义务，如果用人单位违反安全卫生法的规定，未提供安全卫生的工作环境，属于违反其协助义务。因此，当劳动者口头提出劳动给付的请求之后，用人单位陷入受领迟延，且由于劳动力自身的不可储存性的特点，导致劳动者的给付不能。我国台湾学者邱聪智教授认为："劳务给付并非个别独立地完成，劳工是在他治的劳动组织与其他的劳工共同提供劳务，甚至在许多情况下是与雇主共同完成劳务的提供，也就是劳工若要提供劳务，雇主有协力之义务，如果雇主不为此等协力义务，即可能形成雇主的拒绝受领或不能受领，符合台湾'民法'第234条的构成要件，该条规定债权人对于已提出之给付，拒绝受领或不能受领者，自提出时起负迟延责任。"[1]刘士豪副教授认为："给付不能乃是债权人所致，非可归责于债务人，根据台湾'民法'第225条第1项：'因不可归责于债务人之事由，致给付不能者，债务人免给付义务。'值得特别提出的是台湾'民法'债编1999年修正后，第483条之一明文规定者：'其生命、身体、健康有受危害之虞者，雇用人应按其情形为必要之预防。'如果雇主未按照该条文做必要之预防，难以期待劳工进入职场工作，劳工这时自可主张雇主对于已准备提出的给付，未为适当的协力义务，因此虽然劳工一方不能给付，但该劳务给

〔1〕 邱聪智：《新订民法债编通则》（下册），自刊2001年版，第475～476页。孙森焱：《新版民法债编总论》（下册），自刊2002年版，第548～549页。

付履行之障碍为雇主一方所致，是为受领迟延，同时造成不可归责于劳工一方的给付不能，使劳工免给付劳务的义务。唯有如此区分责任之归属才能确切保护劳工。"[1]

上述四种观点侧重点各自不同，给付界限说固守传统财产法的路径，将给付请求视为雇主的权利，而劳动者的人身利益置于可平衡的位置，不符合现代劳动者权利保障的理念。受领迟延说仅能免除劳动者因为用人单位受领迟延所应承担的一切责任，但是并不必然导致劳动关系的解除，只有在严重迟延致使劳动合同目的无法实现时，劳动者方能解除劳动合同。债权留置权说与同时履行抗辩权说之间存在密切的联系，其二者的区别在于：一是同时履行抗辩权适用于双务契约，其仅限于给付与对待给付存在牵连关系的情形；债权留置权的行使，则无需如此严格牵连性，仅需满足双方的债务基于同一法律关系即可。二是债权留置权可根据担保的提供而消灭，但同时履行抗辩权则不可。因为同时履行抗辩权不仅以反对债权的担保为目的，亦要求实现双方当事人间的公平。但是，从成立要件的广狭义上来看，同时履行抗辩权的适用范围是被包含在债权留置权内的。[2]因此，德国《民法典》第274条规定："对于债权人的起诉，留置权的主张，只具有使债务人被判决在受领其所得的给付的同时履行给付（同时履行）的效力"。

目前而言，受领迟延说乃学界之通说，正是由于用人单位受领迟延，造成不可归责于劳动者一方的给付不能，才使得劳动者免除劳动给付义务，然而用人单位并不因此而免除支付劳

〔1〕刘士豪："劳动契约的主要义务与附随义务之研究"，载《铭传大学法学论丛》2005年第5期。

〔2〕参见陈建志："安全保护义务规范之研究——以雇佣、劳动关系为中心"，中国文化大学2001年硕士学位论文，第79页。

动报酬的义务，劳动者依然可以基于劳动合同的约定请求用人单位支付劳动报酬。

3.2.2.3 劳动契约解除权

当用人单位违反安全卫生法的规定，未为劳动者提供安全健康的工作环境时，劳动者享有依法解除劳动合同的权利，此种解除权被称为推定解雇（*Constructive Dismiss*）的解除权，即雇主通常通过造成不可容忍的工作条件或者通过报复雇员参加劳工集体行动而强迫雇员辞职。劳动者据此解除劳动合同应符合以下条件：①雇主未按照法律规定或者合同约定提供安全的工作环境；②用人单位的违约行为致使劳动合同的目的无法实现，构成根本违约；③雇员解除劳动合同是用人单位违约行为所产生的直接效果，即用人单位的违约行为和劳动合同的解除有因果关系；④劳动者及时行使解除权。

用人单位未依法提供安全、健康的工作环境，劳动者因此而享有的契约解除权与劳动者享有的给付拒绝权密切相关，用人单位违反规定未提供安全的工作环境，当劳动者口头提出劳动给付时，用人单位陷入受领迟延，而由于劳动力的不可储存性，使得劳动者因为不可归责于自身的原因陷入给付不能，劳动合同的目的无法实现，用人单位的行为构成根本违约。“在严重的情形下，雇员享有劳动合同的立即解除权，如果雇主严重违反其保护雇员生命、健康和心理的义务，这将是雇员提前解除劳动关系正当化的实质理由，即雇员不能被期望继续劳动关系，哪怕是短暂通知期。而实践中，雇员并不能经常行使这些权利。”〔1〕

几乎世界各国的劳动法都将用人单位未按照法律规定或者劳动合同约定提供安全的劳动条件和工作环境作为推定解雇的

---

〔1〕 Gustav Schregle, “Occupational Safety and Health in Austria”，载《政大劳动学报》1994 年第 4 期。

理由之一。如《土耳其劳动法》规定：雇主、雇主代表或与雇员经常靠近并直接接触的另一受雇人患有可能传染的疾病，可以解除劳动合同。我国台湾地区“劳动基准法”第14条第4项规定，雇主、雇主代理人或其他劳工患有恶性传染病，有传染之虞者，雇员可以解除劳动合同。香港特别行政区《雇佣条例》第10条第1项规定，如果雇员合理地恐惧身体会受暴力或疾病等危害，但该等行为或疾病在其雇佣合同中并无明言或作必要之暗示预料会出现者，雇员可以解除劳动合同。我国《劳动合同法》第38条规定：“用人单位有下列情形之一的，劳动者可以解除劳动合同：①未按照劳动合同约定提供劳动保护或者劳动条件的；……用人单位以暴力、威胁或者非法限制人身自由的手段强迫劳动者劳动的，或者用人单位违章指挥、强令冒险作业危及劳动者人身安全的，劳动者可以立即解除劳动合同，不需事先告知用人单位。”

3.2.2.4 损害赔偿请求权

当用人单位未遵守安全卫生法规定，导致发生安全生产事故时，则用人单位应该对受损害的劳动者依法承担相应的赔偿责任。我国《安全生产法》和《职业病防治法》都规定，因生产安全事故受到损害的从业人员以及职业病人，除依法享有工伤社会保险外，依照有关民事法律尚有获得赔偿的权利，有权向本单位提出赔偿要求。

（1）损害赔偿请求权的基础——违约和侵权。

第一，债务不履行的违约责任。《德国民法典》第618条第1款以及我国台湾地区“民法”第483条第1款对雇主安全保护义务作了明确规定。而我国《民法通则》、《合同法》等对雇佣合同未有明确规定，但是基于诚信原则以及劳动关系的人身属性亦可从劳动合同的解释中得出用人单位的安全保护义务，且我国《劳动合同法》第 17 条亦明确要求将工作时间和休息休假……劳动保护、劳动条件和职业危害防护作为劳动合同的必备条款。因此，当用人单位未遵守职业安全卫生法规定，导致工业事故，致使劳动者受伤或者患职业病的，劳动者可以根据劳动合同的约定，基于债务不履行请求用人单位承担损害赔偿责任。我国台湾学者曾隆兴教授认为，当雇用人违反此种“安全保护义务”时，受雇人能依据债务不履行来请求损害赔偿。[1]林诚二教授认为，保障受雇人（劳工）工作环境安全与卫生及预防危险义务，均系雇主之附随义务，如因雇主未善尽此义务，致劳工执行职务时发生损害者，雇主应依不完全给付之规定，负债务不履行责任。[2]

第二，加害给付的侵权责任。加害给付是指因债务人的不适当履行造成债权人的履行利益以外的其他损失。[3]用人单位未依照职业安全卫生法规定，向劳动者提供安全、健康的工作环境导致职业灾害，不仅仅损害劳动者合同履行利益、信赖利益，而且侵害劳动者的固有利益，构成加害给付。由于加害给付同时导致履行利益的损失和固有利益的损失，因此，目前学界通说认为构成违约与侵权的责任竞合，我国《合同法》第122条被视为加害给付的责任竞合的法律基础。而张新宝教授与杨立新教授则认为不构成责任的竞合，应该区分履行利益的损失和固有利益的损失，而分别适用违约责任和侵权责任。[4]基于

---

〔1〕 参见曾隆兴：《现代损害赔偿法》，三民书局 1988 年版，第 380～381 页。

〔2〕 参见林诚二：《民法债编各论》（中），瑞兴图书股份有限公司 2002 年版，第 31 页。

〔3〕 参见王利明：“论加害给付”，载《法制与社会发展》1995 年第 5 期。

〔4〕 参见杨立新、张新宝：“人身损害赔偿若干争议问题——‘民商法前沿’系列讲座现场实录第 218 期”，载中国民商法律网，http://www.civillaw.com.cn/article/default.asp?id=23510，最后访问时间：2008 年 2 月 9 日。

侵权法与合同法二者的功能区分，笔者更为赞同张新宝教授与杨立新教授的观点。

在劳动合同领域，用人单位职业安全卫生方面的违法行为，通常会使劳动者的人身权受到侵害，对此，用人单位应该承担侵权损害赔偿责任。但是，用人单位因加害给付而承担侵权责任的归责原则为无过错责任原则，而非“债务人有过错”，“劳工在工作中有因为职业灾害而致死亡、残废、伤害或疾病等等情事，为对于因此而遭受损害的劳工提供必要之照顾，劳动基准法、职业灾害劳工保护法及劳工安全卫生法对此做了一系列的规定。而这些规定有一个共同的特色，即其补偿责任不以雇主或事业单位就职业灾害之发生有故意或过失为要件”〔1〕。

（2）损害赔偿请求权的范围——财产损失和精神损失。对于加害给付的赔偿由于存在违约责任和侵权责任的问题，且各自赔偿的利益不尽相同，而根据王利明教授的观点，应根据可预期性原则来确定是适用违约责任还是适用侵权责任，并且其认为，在加害给付的情形下，不应允许因合同责任而获得精神赔偿。“由于精神损害是合同当事人在订立合同时难以预见的，同时这种损害又难以通过金钱加以衡量，因此原则上受害人不能通过合同之诉获得精神损害赔偿。如果将精神损害纳入合同法的范围，则会使因合同不履行行为而使债权人产生焦急、不安、愤怒、忧虑等都要求精神赔偿，从而会人为地增加各种不必要的赔偿纠纷。所以在因加害给付而造成精神损害的情况下，受害人只能按侵权责任获得赔偿。”〔2〕

王利明教授乃我国知名的民法学者，对传统民法浸淫颇深，固守传统的财产法理念，因此，其观点若限定在纯粹的财产性

〔1〕 黄茂荣：《债法各论》（第1册），中国政法大学出版社2004年版，第147页。
〔2〕 王利明：“论加害给付”，载《法制与社会发展》1995年第5期。

契约而产生加害给付的情形下或许是正确的。但是，在兼具财产性和人身性的劳动合同的履行中，用人单位应该预见到其违反法定或者约定的行为，可能侵害劳动者的人身权利。所以，作为受害人的劳动者不仅仅可以基于违约而请求用人单位给付履行利益的损失，而且可以要求赔偿精神损失。

我国台湾地区“民法”第227条第1款规定，当劳工之亲属依据契约责任来请求损害赔偿时，亦得请求抚慰金。在日本基于侵权行为责任请求损害赔偿时，被害人本身所受之精神上损害，可依其民法规定来请求抚慰金。然而，在基于债务不履行之损害赔偿请求时，债权人对于造成其本身之人身侵害，可类推适用“民法”第710条之规定来请求抚慰金，此乃学界通说。然而存有疑义的是，债权人之亲属可否类推适用“民法”第711条之规定来请求抚慰金，因为契约责任原则上不承认对第三人所造成之精神上损害赔偿，因此，目前日本实务界采否定说，而学界则存在肯定说和否定说，二者争论不下。[1]

德国民法典亦是如此，其618条第3项规定，雇主违反安全保护义务导致雇员生命、健康受损的损害赔偿类推适用第842~846条的规定，但是，并未准用规定有关抚慰金请求权的第847条。而通说认为，基于第618条的违约责任的内容，并无提起抚慰金请求权的行使。但是，若第618条违反的事实同时符合侵权行为的构成要件，则可以根据侵权行为请求抚慰金。[2]

---

〔1〕 参见张国玺：“日本安全顾虑义务法理之形成与发展——兼论台湾‘民法’第483条之一之规定”，台湾大学法律学研究所2005年硕士学位论文，第45页。

〔2〕 参见陈建志：“安全保护义务规范之研究——以雇佣、劳动关系为中心”，中国文化大学2001年硕士学位论文，第84页。

（3）损害赔偿责任人的范围。由于工作环境的整体性，使得工作环境的利益相关人具有多元性，因此，因工作环境危害受到侵害的劳动者的损害赔偿责任人原则上应以雇主为主，但是，基于工作的关联性，工作环境侵权的损害赔偿责任人可能扩张至其他相关人。在涉及加工承揽的情形下，承揽人或再承揽人可能亦需对劳动者的损害承担赔偿责任等。我国台湾地区“职业灾害劳工保护法”第31条规定：“事业单位以其工作交付承揽者，承揽人就承揽部分所使用之劳工，应与事业单位连带负职业灾害补偿之责任。再承揽者，亦同。前项事业单位或承揽人，就其所补偿之部分，对于职业灾害劳工之雇主，有求偿权。”该规定明确职业灾害的责任人为：①承揽人仅就自己承揽部分所使用的劳工负责；②仅始作俑者之事业单位应与承揽人连带负职业灾害之赔偿责任；③以职业灾害劳工之雇主为最后应负责者。[1]我国台湾地区“劳动基准法”第63条规定：“承揽人或再承揽人工作场所，在原事业单位工作场所范围内，或为原事业单位提供者，原事业单位应督促承揽人或再承揽人，对其所雇用劳工之劳动条件应符合有关法令之规定。事业单位违背劳工安全卫生法有关对于承揽人、再承揽人应负责任之规定，致承揽人或再承揽人所雇用之劳工发生职业灾害时，应与该承揽人、再承揽人负连带补偿责任。”上述规定的原因在于，原工作单位提供工作场所，其负有督促承揽人或再承揽人，对其所雇用的劳动者的劳动条件应符合有关法令规定的义务，并且该义务虽然仅存在于原事业单位与承揽人或再承揽人之间，但其可能被解释为具有保护第三人（承揽人所雇之劳工）的效力。

---

〔1〕参见黄茂荣：《债法各论》（第1册），中国政法大学出版社2004年版，第149页。

3.3 小结：以预防性保障为主，救济性保障为辅

工作环境与劳动者的生命安全和身体健康有密切的联系，且安全、健康、舒适的工作环境也是劳动者人格尊严的体现，是劳动者“体面劳动”的必要前提。因为工作环境的危害造成劳动者负伤或者患病，人身权利受到侵害且通常无法恢复原状。劳动者的职业安全与健康的保障与其家庭生存保障、国家的劳动力市场乃至社会福利的供给息息相关，因此，预防性原则应是工作环境法的基本原则，而基于此，对于工作环境权的保障亦应以预防性保障为主，救济性保障为辅。工作环境权的预防性保障具体包括以下几个层面的内容：

第一，在国家层面，国家的工作环境立法应该与社会经济、科学技术的发展同步，尤其是工作场所或者生产中所使用新的物质材料的技术标准应该随时更新，确保所有的工作环境符合安全卫生的技术规程，以切实保障劳动者的人身安全、健康为原则。

第二，在企业层面，应该注重国家工作环境法律、法规的落实，通过内部的工作环境管理规划，如我国的安全生产责任制度等，督促管理人员以及劳动者遵守履行工作环境安全卫生管理计划。此外，企业应该为劳动者提供职业健康服务（Occupational Health Service），根据自身规模、经济实力等因素，自设或者制定专门的职业健康医疗服务机构，以对劳动者的安全、健康状况进行及时、专业的检查和治疗，同时对工作环境的安全卫生状况进行监督监测。

第三，工作环境安全卫生监督机关以及劳动者等其他社会监督主体，应该积极主动地介入企业工作环境安全卫生的监督检查，一方面，通过监督检查，督促企业遵守和执行工作环境法律法规；另一方面，通过主动的监督检查，对于用人单位违

反职业安全卫生法律法规的行为，及时予以纠正，避免职业灾害的发生，即尽量将职业安全卫生危害消除在潜在状态。

救济性保障亦是工作环境权保障不可或缺的内容，当工作场所存在违反工作环境安全卫生法律、法规的情况，导致职业灾害发生时，劳动者可以寻求公私法的双重救济。其中，工作环境权的公私法双重保障往往是并行不悖的，如劳动者既可以向劳动监察部门举报违法，亦可以通过仲裁或诉讼请求用人单位履行法定义务或拒绝履行劳动给付等。其中各国工伤保险待遇请求权与损害赔偿请求权关系的立法模式不尽相同，而国内学界又对此众说纷纭，存在着选择模式、兼得模式、替代模式以及补充模式（包括改良的替代模式）〔1〕。《安全生产法》和《职业病防治法》规定，因生产安全事故受到损害的从业人员以及职业病人，除依法享有工伤保险外，依照有关民事法律尚有获得赔偿的权利的，有权向本单位提出赔偿要求。而对于该规定所采取的模式，学界亦未达成一致。〔2〕笔者以为，应该根据

〔1〕 参见张新宝："工伤保险赔偿请求权与普通人身损害赔偿请求权的关系"，载《中国法学》2007年第2期。

〔2〕 关于《安全生产法》以及《职业病防治法的》的规定，共有以下几种观点：①兼得模式，即"工伤保险和民事赔偿不能相互取代，从业人员可以享受双重的保障"。李适时主编：《中华人民共和国安全生产法释义》，中国物价出版社2002年版，第120页。②补偿模式，即"发生生产安全事故后，从业人员首先依照劳动合同和工伤保险合同的约定，享有相应的给付金。如果工伤保险金不足以补偿受害人的人身损害及经济损失的，依照有关民事法律应当给予赔偿的，从业人员或其亲属有要求生产经营单位给付赔偿的权利"。卞耀武等：《中华人民共和国安全生产法读本》，煤炭工业出版社2002年版，第93页。③特殊补偿模式，"实施工伤保险，因生产安全事故受到损害的从业人员的诊疗康复费用及有关的社会保障可以得到相当程度的解决，但是在特定情况下也还有可能难以完全补偿因生产安全事故所受到的损害，这样，因生产安全事故受到损害的从业人员就有权依照有关民事法律的规定，要求生产经营单位进行赔偿"。刘左军主编：《〈中华人民共和国安全生产法〉释义及实用指南》，中国民主法制出版社2002年版，第147页。

不同主体之间的法律关系进行具体的分析：

（1）雇主未为劳动者办理工伤保险的情形。为劳动者办理社会保险登记并缴纳相应社会保险费用是用人单位的法定义务，如果用人单位未为劳动者办理工伤登记的，则应该根据《工伤保险条例》第62条的规定，由社会保险行政部门责令限期参加，补缴应当缴纳的工伤保险费，并自欠缴之日起，按日加收万分之五的滞纳金；逾期仍不缴纳的，处欠缴数额1倍以上3倍以下的罚款。依照《工伤保险条例》规定应当参加工伤保险而未参加工伤保险的用人单位职工发生工伤的，由该用人单位按照条例规定的工伤保险待遇项目和标准支付费用。用人单位参加工伤保险并补缴应当缴纳的工伤保险费、滞纳金后，由工伤保险基金和用人单位依照条例的规定支付新发生的费用。《社会保险法》第41条规定："职工所在用人单位未依法缴纳工伤保险费，发生工伤事故的，由用人单位支付工伤保险待遇。用人单位不支付的，从工伤保险基金中先行支付。从工伤保险基金中先行支付的工伤保险待遇应当由用人单位偿还。用人单位不偿还的，社会保险经办机构可以依照本法第63条的规定追偿。"

（2）因雇主或者雇主雇用的其他劳动者的原因导致工伤或者职业病的情形。如劳动者参加工伤保险，但是其工伤是由雇主或者雇主雇用的其他劳动者的原因所造成的，则原则上为替代模式，即劳动者只可请求工伤保险待遇，而不得再对雇主请求侵权损害赔偿。但是，如果雇主以及其雇用的其他劳动者是故意造成的工伤事故，则工伤保险基金不承担补偿责任，而劳动者可以直接向雇主请求侵权损害赔偿。其原因在于工伤保险亦应遵循最大诚信原则，对于投保人或者被保险人故意造成的保险事故，保险人不承担赔偿责任。

（3）因雇主及其雇用的其他劳动者之外的第三人导致工伤

的情形。如果是雇主及其雇用的其他劳动者之外的第三人导致的工伤，则应采取选择模式，受工伤的劳动者可以选择行使工伤保险待遇给付请求权或者侵权损害赔偿请求权，如果其选择请求工伤保险待遇，其对第三人的请求权则转移给工伤保险经办机构，工伤保险经办机构可以据此向第三人行使代位求偿权。而且受工伤的劳动者可以向第三人请求精神损害赔偿，此处可能需要相应的程序设置，以减少救济成本。《社会保险法》第42条对此予以了明确，其规定："由于第三人的原因造成工伤，第三人不支付工伤医疗费用或者无法确定第三人的，由工伤保险基金先行支付。工伤保险基金先行支付后，有权向第三人追偿"。根据该规定，在第三人造成工伤的情形下，似乎工伤保险基金承担补充性责任，即只有在第三人不支付工伤医疗费用或者无法确定第三人的前提下，才由工伤保险基金先行支付，然后，工伤保险基金获得向第三人的追偿权。

综上，工作环境权的保障应该遵循以下路径：预防（杜绝危害因素）——纠正、消除（潜在危害）——（职业灾害或者职业病）救济，其中应以预防为主，以救济为辅。

第4章

工作环境权的比较法研究

4.1 工作环境立法模式

4.1.1 瑞典

1977年瑞典国会通过了《瑞典工作环境法》，该法于1978年1月1日正式实施。同时，原有的《劳工保护法》（Workers' Protection Act）失效。该法颁布之后历经数次修改。该法仅仅是关于工作环境问题的框架性规定（Framework），为此国家制定了大量的实施细则等作为补充。该法共包括9章，分别为：第1章立法目的及适用范围、第2章工作环境的规定、第3章一般义务、第4章国家法定职权、第5章未成年人保护、第6章雇主与雇员的合作、第7章劳动监察、第8章罚则、第9章诉讼。本书将从以下几方面对于瑞典的《工作环境法》进行详细介绍：

4.1.1.1 立法目的

该法第1章第1条规定："本法的目的是预防职业疾病和职业灾害的发生，以实现一个良好的工作环境。"[1]因此，该法案

---

〔1〕 Working Environment Act 2011 (SW), Chapter 1, Section 1.

不仅与工业事故和职业危害的预防有关，还与工作的满意度（Job Content）密切相关。良好的工作环境将会在工作多样化、工作满意度、社会参与和个人发展方面产生积极回报。[1]

4.1.1.2 适用范围

除极少数例外之外，该法适用于所有的雇员，无论其从事的是工厂工作、户外工作、农业工作、办公室工作或任何其他工作；也不论该雇员是受雇于私人领域（Private）或公共领域（Public）；在日常的和平条件下，工作环境法适用于军队与民防，而唯一的例外在于安全代表不享有中断军事训练的权利。[2]

4.1.1.2.1 完全排除适用

定作人与独立承包人（Independent Contractor）。独立承包人对于雇员的工作环境承担独立责任，其必须确保与定作人的承揽契约的履行为员工提供足够好的工作环境，而定作人无须对员工的工作环境负责。但是，若承包人也可被视为定作人的雇员，则根据劳动法长期形成的惯例，雇主的概念可能扩张至包括“隶属承包人”（Dependent Contractor），而隶属承包人被视为雇员，如某些伐木工人实际上完全隶属于定作人，以及理发师完全隶属于理发店所有人（Salon Proprietor）。[3]

4.1.1.2.2 部分适用

（1）航行于瑞典领水的外国船只，其适用本法第2章第1（1）、2、3条和第3章第4（2）条。[4]

---

〔1〕 Comments on Chapter 1, http: //www. av. se/inenglish/lawandjustice/workact/chapter01. aspx，最后访问时间：2013年8月11日。

〔2〕 Comments on Chapter 1, http: //www. av. se/inenglish/lawandjustice/workact/chapter01. aspx，最后访问时间：2013年8月11日。

〔3〕 Comments on Chapter 1, http: //www. av. se/inenglish/lawandjustice/workact/chapter01. aspx，最后访问时间：2013年8月11日。

〔4〕 Working Environment Act 2011 (SW), Chapter 1, Section 2a.

（2）下列人员视为雇员，适用本法第 2 ~ 4 章以及第 7 ~ 9 章的规定：[1]

a. 正在接受教育的学生，但学前教育的儿童和在休闲中心的学生除外；

b. 在监狱（Institution）内执行所分配工作的囚犯（Inmate）；

c. 根据《全面防卫义务法》（Total Defence Duty Act）服兵役的人，以及在全面防卫机构中提供法定服务或者自愿参与训练的人。

其中学生与囚犯也同样适用第 5 章第 1、3 条规定，而在本法第 6 章第 17、18 条中对于学生有特殊规定。

4.1.1.3 瑞典工作环境法关于工作环境中“物”的因素的规定

《瑞典工作环境法》第 2 章“工作环境的规定”（The State of the Working Environment）明确了工作条件的一般要求，条文的内容采用一般性词汇表述，在比较宽泛的意义上使用一些非确定性的概念，如适合、满意和重组等。这是因为工作环境法案是一个“框架性立法”。[2]第 2 章第 1 条对工作环境进行了总括性的规定：“工作环境必须与工作、社会性质以及社会的技术进步相关联。在船上工作，工作环境也应该满足海事安全的要求。工作条件必须与人们不同的生理状态（Physical）和心理状态（Mental）相适应。雇员应该获得参与自身工作状况设计的机会，并且获得参与可能影响其自身工作改变和发展的机会。技术、工作组织以及工作内容的设置，应该预防可能导致有害

---

〔1〕 Working Environment Act 2011（SW），Chapter 1，Section 3.

〔2〕 Comments on Chapter 2，http：//www. av. se/inenglish/lawandjustice/workact/chapter02. aspx，最后访问时间：2013 年 8 月 11 日。

健康或者事故的生理或者精神压力。报酬的支付方式以及工作时间的分配也应该在这方面予以考虑。紧密地控制或受限制的工作应该避免或者尽量减少。应该努力确保工作能够提供多样性选择机会，社会交往、合作以及不同工作间的协调一致。而且，应该努力确保工作条件能够为个人和职业发展，以及自我选择和职业责任提供机遇。”[1]

《瑞典工作环境法》第2章对工作场所中包括机器、设备等物质性因素进行了概括性规定，具体标准则是由相应的实施细则予以明确，如工作应能在健康和安全的环境下进行；工作场所应为了提供良好工作环境，而进行安排和装备。[2]职场卫生条件如空气、噪音、光线、振动等应该使人满意；应该采用足够的安全预防措施来防止因为落物、坍塌、火灾、爆炸、电流或其他相似的因素导致的伤害。[3]应该设计、安装和使用机器以及其他的技术装置，以提供足够的防止有害健康和事故的保障措施。可能危害健康或导致事故的物质只有在提供足够安全保障的条件下使用。[4]当防范有害健康或事故的足够的安全保障难以通过其他方式实现时，应该使用个人的防护设备，且该防护器材应该由雇主提供。[5]个人卫生、用餐和休息以及与事故和疾病相关的急救场所与设施应该与工作性质和雇员的需要相适应。[6]

4.1.1.4 瑞典工作环境法中主体的权利义务

4.1.1.4.1 雇主

瑞典工作环境法中的雇主包括自然人和法人，且不仅包括

[1] Working Environment Act 2011 (SW), Chapter 2, Section 1.

[2] Working Environment Act 2011 (SW), Chapter 2, Section 2, 3.

[3] Working Environment Act 2011 (SW), Chapter 2, Section 4.

[4] Working Environment Act 2011 (SW), Chapter 2, Section 5, 6.

[5] Working Environment Act 2011 (SW), Chapter 2, Section 7.

[6] Working Environment Act 2011 (SW), Chapter 2, Section 8.

私主体还包括公权力机关。为了防止雇员暴露于健康危害或者事故危险之中，雇主有义务采取一切必要之预防措施。[1]整体而言，《瑞典工作环境法》规定的雇主义务主要包括以下几方面：①维护设施、机器、设备、安全装置等其他技术设施安全的义务。②为实现良好的工作环境，系统规划、指导和控制生产经营活动的义务。③记录和保存义务。雇主应该记录工作环境状况以及改善工作环境的措施。工作环境署发出的与安全卫生相关的材料应该予以保存。[2]④提供工作条件所需的职业健康服务（Occupational Health Services）的义务。所谓的职业健康服务是指在工作环境或者康复的领域有独立的专家。职业健康服务应该对工作场所的健康风险的预防和消除发挥作用，且应该能够描述工作环境、组织、生产率与健康之间的关系。[3]⑤告知义务。雇主应该确保雇员获得有关其工作条件的足够信息，以及其工作中的危害因素的足够信息。[4]⑥指示、培训义务。雇主应该确保雇员获得必要的培训，以使其能够知道采取何种措施来避免工作中的危险。雇主应该注意只有当雇员获得充分的指示后，才能接近有明显的疾病或者事故危险的区域。[5]⑦报告义务。如果工作中发生导致雇员重伤、死亡或者同时影响数位雇员的事故或其他危害，以及发生严重危害雇员生命的事件时，雇主应该立即通知工作环境署。

4.1.1.4.2 雇员

维护工作环境同样也是雇员的义务，因此，雇员应该在工

〔1〕 Working Environment Act 2011 (SW), Chapter 3, Section 1.
〔2〕 Working Environment Act 2011 (SW), Chapter 3, Section 2a.
〔3〕 Working Environment Act 2011 (SW), Chapter 3, Section 2c.
〔4〕 Working Environment Act 2011 (SW), Chapter 3, Section 3.
〔5〕 Working Environment Act 2011 (SW), Chapter 3, Section 3.

作环境事务上提供协助，且为了实现良好的工作环境应参与所需措施的执行。雇员的义务主要包括：①遵守安全卫生法的义务。雇员必须遵守安全卫生法规以及其他为了预防疾病和事故所必需的警示。②使用安全卫生设施的义务。③通知义务。当雇员发现工作中面临生命或健康的急迫且严重危险时，应该立即通知雇主或安全代表。在上述情形下，雇员对于终止工作所产生的损失不承担任何责任。[1]

4.1.1.4.3　国家——工作环境署（Work Environment Authority）

瑞典工作环境署于2001年由10个地区的劳动监察局和国家职业安全卫生委员会合并而成。共有约800名雇员，其中大概有300人在位于索尔纳（Solna）的总部工作，另外约500人分布在全国10个地方的监察办公室。[2]工作环境署是瑞典工作环境法主要的执行机关，享有下列职权：[3]①法规制定权。在《工作环境法》第4章中，瑞典议会赋予政府就工作环境制定规章的广泛的权力，而工作环境法实施细则中，政府将其进一步授权予工作环境署。[4]近年来，工作环境署颁布了大量的规则，目前在工作环境署的法令汇编书中大概有100部规章和一般性的建议。[5]②批准、审查或者认证的职责。为了预防工作中的疾病和事故，在政府授权下，工作环境署根据需要，可以在工艺流程、工作方式或者设施使用前，以及可能导致疾病或者事

〔1〕 Working Environment Act 2011（SW），Chapter 3，Section 4.

〔2〕 See Website of Swedish Working Environment Authority，http：//www. av. se/inenglish/aboutus/，最后访问时间：2009年3月11日。

〔3〕 Working Environment Act 2011（SW），Chapter 4.

〔4〕 Working Environment Act 2011（SW），Chapter 4，Section 1.

〔5〕 Comments on Chapter 4，http：//www. av. se/inenglish/lawandjustice/workact/chapter04. aspx，最后访问时间：2013年8月11日。

故的技术装备或者材料上市销售、运输或者使用前，要求根据目前的规定对其进行许可、审核或者其他的认证。[1]③颁布禁令的职责。基于特殊的安全考虑，禁止可能导致疾病或者事故的工艺、工作方法或者技术设施、物质的使用。如果特定工作对某些雇员群体产生特定的危害，政府、主管机关或者工作环境署基于工作的考虑，可以禁止使用属于该群体的雇员，或者规定由上述雇员执行工作时，适用特殊的条件要求。[2]④提供信息的职责。工作环境署以及其他主管机关应该对于本法相关规定所进行的医疗检查，相关被检查人的名称以及检测结果提供登记信息。⑤对技术装备和危险物质进行检查的职责。[3]⑥要求雇主提供机器和危险物质清单的权力。工作环境署可以要求雇主就生产经营中使用的机器、技术装备或特定化学物质提供清单。[4]⑦要求提供暴露于危险物质中的雇员名单的权力。欧盟指令要求雇主保留那些暴露于特定危险物质中的雇员名单，该名单包括工作的性质以及暴露的程度。[5]

4.1.1.4.4 其他主体

(1) 自营职业者。工作环境法也适用于自营职业者。对于自雇者而言，其不应对在其附近工作的雇员造成危害。雇主自身完成的工作同样适用本法或者主管机构规定中的可适用部分。[6]

---

〔1〕 Working Environment Act 2011 (SW), Chapter4, Section 2.

〔2〕 Working Environment Act 2011 (SW), Chapter4, Section 4, 5.

〔3〕 Working Environment Act 2011 (SW), Chapter4, Section 3.

〔4〕 Comments on Chapter 4, http://www.av.se/inenglish/lawandjustice/workact/chapter04.aspx，最后访问时间：2013年8月11日。

〔5〕 Comments on Chapter 4, http://www.av.se/inenglish/lawandjustice/workact/chapter04.aspx，最后访问时间：2013年8月11日。

〔6〕 Comments on Chapter 3, http://www.av.se/inenglish/lawandjustice/workact/chapter03.aspx，最后访问时间：2013年8月11日。

（2）个人企业和家庭企业（One-Man and Family Undertakings）。个人企业或者仅是家庭成员经营而未雇用他人的企业也须遵守本法关于机器、技术装置和危险物质的有关规定。在判例法中，该规定是指包括任何有关技术设备和危险物质的风险预防的规定。[1]

（3）工作场所控制人。工作场所的控制人应该确保工作场所的永久性设施安全，以使在工作场所工作但并非其雇员的人不暴露于疾病或者事故危险中。还应确保工作场所使用的其他设施不产生上述危险。雇员工作的地方是由其他雇主所控制，而非他们自己的雇主控制，这种情况变得越来越普遍，如分销和其他的运输领域等，多数是发生在共同利用工作场所的情形。此种情况下，实际控制工作场所的人对于进入工作场所的其他雇主的工作人员承担责任是非常重要的。[2]

（4）劳务派遣中的用工单位。劳务派遣中的用工单位对于派遣劳动者应该采取工作所需的安全措施。[3]

（5）医疗人员。医疗人员应该就与职业或者与工作环境有关的疾病通知工作环境署，并且协助工作环境署。[4]

4.1.1.5 工作环境事务中雇主与雇员的合作

雇主与雇员之间的合作对于建立良好的工作条件至关重要。工作环境法所暗含的一个基本理念就是强调工作环境管理应该基于地方性合作。因此，《瑞典工作环境法》第3章第1a条规定："雇主与雇员应该合作建立良好的工作环境"。为此，《瑞典

---

〔1〕 Comments on Chapter 3, http://www.av.se/inenglish/lawandjustice/workact/chapter03.aspx，最后访问时间：2013年8月11日。

〔2〕 Working Environment Act 2011 (SW), Chapter 3, Section 12.

〔3〕 Comments on Chapter 3, http://www.av.se/inenglish/lawandjustice/workact/chapter03.aspx，最后访问时间：2013年8月11日。

〔4〕 Working Environment Act 2011 (SW), Chapter 4, Section 9.

工作环境法》根据企业的不同规模规定，企业内必须设立“安全代表”（Safety Delegates）、“安全委员会”（Safety Committees）或者“区域安全代表”（Regional Safety Delegates）。

4.1.1.5.1 安全代表（Safety Delegates）

经常性雇员超过5人的工作场所，应指定至少1名雇员担任安全代表。如果雇员人数为5人以下，工作需要的，也需设置安全代表。若有数名安全代表，应该指定代表人（Deputies）。安全代表的人数取决于工作场所的规模、工作性质以及工作条件。如果工作场所包括数个部门，则每个部门或者数个工作相似的部门共同选举一名安全代表。如果采取轮班制工作，则数个雇员所组成的每个班组都应在其中选举一名安全代表。安全代表应由与雇主订立集体合同的地方工会组织指定，如果没有地方工会组织，则由职工选举产生。[1]

特定的工作场所应该指定2位以上的安全代表，其中一位被指定为高级安全代表，其职责是协调安全代表的活动。[2]

安全代表的职责主要包括：[3]①监督权。如监督雇主根据本法第3章第2a条所采取的预防疾病和事故的安全防护措施。②参与权。安全代表有权参与工作场所、设施、工艺、工作方法和工作组织的规划、新建或者改造。参与使用可能导致疾病或事故的物质的计划等。③知情权。雇主应该通知安全代表对工作环境安全条件产生重大影响的任何改变。安全代表有权检查所有与其职责相关的文件并获得相应信息。④为履行职责获得保障的权利，如培训权、请假权等。雇主和雇员对于安全代表所必要的培训承担共同的责任。安全代表为了履行职责，享

〔1〕 Working Environment Act 2011 (SW), Chapter 6, Section 2.

〔2〕 Working Environment Act 2011 (SW), Chapter 6, Section 3.

〔3〕 Working Environment Act 2011 (SW), Chapter 6, Section 4, 5, 6, 6a, 7.

有请假的权利，且请假不影响其工资待遇以及其他福利。⑤协商建议权。当安全代表认为，为了实现舒适的工作环境应采取某种措施时，应该与雇主沟通，并要求其采取该措施。安全代表为检验安全领域内的条件也可以要求开展检查。当雇主收到安全代表的请求时，应该立即向其发出书面确认函，且雇主应该毫不迟疑地对该请求做出回复。如果其没有遵守上述规定，或者对安全代表的请求未在合理的时间内予以考量，应安全代表的要求，工作环境署应该考虑是否发出命令或者禁令。⑥停工权。当特定工作对雇员的生命或健康产生急迫且严重的危险时，如果通过报告雇主无法获得立即的补救措施，则安全代表可以下令暂停工作，且安全代表无须为此导致的损失承担责任。

4.1.1.5.2 安全委员会（Safety Committees）

经常性雇员为50人以上的工作场所，应该设立安全委员会。在经常性雇员不满50人的工作场所，如果雇员要求，也应设立安全委员会。该委员会由雇主代表和雇员代表组成。

安全委员会中雇员代表的产生与安全代表的产生方式相同。安全委员会的成员人数由工作场所雇员人数、工作性质以及工作条件所决定，不过其中应包括至少1名安全代表、1名经理级的成员，以及1名地方受雇者协会执行委员会成员。经其他方面同意，安全委员会的主席和秘书由雇主指定。安全委员会至少每3个月举行一次会议。安全委员会的会议应该邀请职业健康服务的代表出席。安全委员会的职责与安全代表相同，如参与工作场所工作环境措施的规划，并且监督这些措施的执行；密切关注疾病和事故预防相关问题的动向，且应不断提升工作环境条件的舒适度。安全委员会还需考虑下列问题：职业健康服务、根据第3章第2a条规定的行动计划、设施、装置、工艺以及工作方法和工作组织的新建或者修改计划。[1]

安全委员会所做出的任何决议都应该明确其有效期，但是如果安全委员会中雇主代表和雇员代表就某项决议无法达成一致，则应将相关问题提交工作环境署，如果安全委员会的成员提出要求，则应在工作环境署的职责范围内就该问题进行协商。

4.1.1.5.3 区域性安全代表（Regional Safety Delegates）

对于未设立安全委员会的工作场所，工会在当地的分会或者与其相当的雇员联合会只要有会员在该工作场所工作，就可以从该工作场所雇员以外的人中指定安全代表，称之为地区性安全代表（A Regional Safety Delegate）。[2]

为了保障安全代表的职责履行，《瑞典工作环境法》规定，安全代表履行职责不受阻挠。如果安全代表所代表的雇员在某个工作场所工作，而该雇员的雇主并不控制该工作场所，那么，控制工作场所的雇主应该允许该安全代表为了履行代表职责而进入该工作场所。安全代表不因其职务而遭受恶劣的工作条件或雇佣条件。当其职务结束时，雇主应该确保其工作条件和雇佣条件与那些未担任该职务的雇员一致或相同。且当安全代表遭受损失或者伤害时，雇主或者雇员应该承担相应的赔偿责任。而由此引发的争议应该适用劳资争议诉讼法。[3]

4.1.2 丹麦

《丹麦工作环境法》于1975年通过，1977年7月1日正式实施，其颁布实施之后经过多次修改。该法共包括16章，分别

---

〔1〕 Working Environment Act 2011 (SW), Chapter 6, Section 8, 9.

〔2〕 Comments on Chapter 6, http://www.av.se/inenglish/lawandjustice/workact/chapter06.aspx，最后访问时间：2013年8月13日。

〔3〕 Working Environment Act 2011 (SW), Chapter 6, Section 10.

为：第1章立法目的和适用范围、第2章企业内安全卫生事务、第3章部门工作环境委员会、第4章一般责任、第5章工作的履行、第6章工作场所的设计和装备、第7章技术装备、第8章物质和材料、第9章休息和休假、第10章未成年人、第11章医疗检查、第12章丹麦工作环境委员会、第12a章社会伙伴提供的关于安全和健康的资助、第13章丹麦工作环境署、第13a章工作环境研究中心、第14章诉讼权利、第15章罚则、第16章适用。

4.1.2.1 立法目的

《丹麦工作环境法》在于创造一个在任何时候都与科技和社会发展相适应的安全、健康的工作环境。该目的的基础在于企业在雇主和雇员组织的指导下，以及在丹麦工作环境署的监督和指导下，能够自己解决与安全卫生相关的问题。[1]

4.1.2.2 适用范围

《丹麦工作环境法》适用范围的确定标准是“为雇主执行的工作”（Work for an Employer），[2]其仅适用于地上工作（Work on the Ground），而对海运和航空业分别另行予以规定。其中《丹麦工作环境法》主要适用于陆地上“为雇主执行的工作”，但包括航空业中在陆地上执行的工作，以及海运和渔业中的船舶装卸工作（包括渔船）和在船上进行的船坞工作，及其他相似的工作。但下列工作不适用：①在雇主家庭内进行的工作，但雇员未满18周岁的除外；②完全由雇主的家庭成员所执行的工作，但是该成员未满18周岁的除外；③军职人员所执行的工作，以及虽非军职人员，但是其所执行的工作实质上为军事任

[1] Working Environment Act 2011 (DK), 1.

[2] Working Environment Act 2011 (DK), 2 (1).

务（Actual Military Service）。[1]

《丹麦工作环境法》的部分条款适用于“非为雇主执行的工作”以及上述不适用人员所从事的工作：①第20条规定的同一工作场所存在多个雇主的情形、第30~36条关于供应商的规定，以及第37条关于工程的定作人的规定；②第38、39条关于劳动部为了确保安全卫生所制定与工作、工艺和工作方法有关的安全卫生措施的规划、组织和执行规则；③第45~47条关于技术设备的规定；④第8章关于物质和材料的规定；⑤第58条关于陆上运输的规定。此外，劳动部可以就《丹麦工作环境法》中对雇员在自己家执行工作的有限适用予以规定。[2]

4.1.2.3 主体及其职责

4.1.2.3.1 雇主

雇主的职责在于确保工作条件的安全卫生，具体包括：①应该对工作场所的安全卫生做出书面的评估报告，且工作场所评估报告应该在企业内公开，使得企业内的管理者和雇员能够查阅。工作场所评估应该根据工作内容、工作方法、工作过程等的改变而进行修改，且至少每三年修改一次。[3]②应有效监察，以确保工作能够安全、卫生、无虞地履行。[4]③应告知雇员任何可能存在的与工作有关的事故和疾病风险。[5]④应确保雇员获得必要的培训和指导，使其在工作中能够尽可能地避免风险。[6]⑤当雇主收到丹麦工作环境署发出的书面整改通知

---

[1] Working Environment Act 2011 (DK), 2 (2).

[2] Working Environment Act 2011 (DK), 2 (3).

[3] Working Environment Act 2011 (DK), 15a (1).

[4] Working Environment Act 2011 (DK), 16.

[5] Working Environment Act 2011 (DK), 17 (1).

[6] Working Environment Act 2011 (DK), 17 (2).

时，应该告知安全代表或者工厂的职工代表。[1]⑥在雇员无法与雇主、经理或者管理人取得联系的情形下，雇主应该确保雇员为了避免因为立即且严重的危险危害到自身或他人的安全，能够基于自身的知识和可获得的技术援助，自主决定采取适当措施。且雇员的职位不因此而遭受不当影响，除非雇员有故意或者有重大过失。[2]⑦登记义务。雇主应该通知工作环境署，并且应该根据规定办理登记。[3]

4.1.2.3.2 雇员

雇员的权利及职责：①停工权以及获得赔偿权。当发生不可避免的急迫且严重的危险时，雇员有权离开工作场所或危险区域，且其职位不因此而遭受不利影响。若因违反上述规定遭受侵害则有权获得赔偿。[4]②参与权。雇员应该参与安全卫生事务。[5]③雇员应该合作确保工作条件的安全，并且应该检查安全卫生促进措施的效果。雇员发现任何可能导致事故或者疾病的不足或缺陷，且他们自身无法补救时，应该告知安全小组成员、管理人员或者雇主。[6]④任何人为了履行工作而暂时移动安全设备时，如修理或安装工作，应该确保在工作履行完毕后立即恢复该安全设备，或者采取同等的安全预防措施。[7]⑤在有多个雇主的工作场所工作的人，应该遵守企业合作的规则，以及适用于其所履行工作的规则。[8]⑥在非雇主企业的工

---

[1] Working Environment Act 2011 (DK), 18.

[2] Working Environment Act 2011 (DK), 17a, 17b.

[3] Working Environment Act 2011 (DK), 22 (1).

[4] Working Environment Act 2011 (DK), 17a.

[5] Working Environment Act 2011 (DK), 27.

[6] Working Environment Act 2011 (DK), 28 (1) (2).

[7] Working Environment Act 2011 (DK), 28 (3).

[8] Working Environment Act 2011 (DK), 29 (1).

作场所工作的人应该遵守适用于该企业的安全卫生规则，以及适用于该工作的规则。[1]⑦休息权。每24小时连续休息时间不少于11小时，每周至少休息24小时。[2]⑧医疗检查的权利。当雇员所从事的工作涉及健康危险时，应该在雇佣关系建立前、履行中以及结束后享有医疗检查的权利。[3]

4.1.2.3.3 其他主体

（1）管理人员（Supervisor）。管理人员是指代表雇主从事或主要从事对企业内或者与企业有关的任何地方的工作进行管理和监督的人。[4]①管理人员应该参与安全卫生事务的合作。[5]②管理人员应该努力确保其负责的工作场所内的工作条件的安全卫生。为此，他应该检查为促进安全卫生所采取的措施的效果。③当管理人员发现可能导致事故或者疾病的不足或缺陷时，应该采取措施避免危险。当危险无法因其当场介入而避免时，应该毫不迟疑地告知雇主。[6]

（2）供应商、安装人、修理工和设计人。机器、机器部件、集装箱、建筑预制件、电器、工具或其他技术设备的供应商在供应或展示上述物品时，应该确保在其供应、利用或展示时有必要的安全装置，以使其正当使用而不存在安全卫生风险，且在运送时应该提供简单而充分的使用、维护、运输和安装指导。

当丹麦工作环境署要求时，或者情况需要时，进口人或制造人应进行检查、测试或者调查，以确保技术装备是否安全、卫生、无虞。从事技术设备安装、改装或者调试的人应该确保

[1] Working Environment Act 2011 (DK), 29 (2).
[2] Working Environment Act 2011 (DK), 50 (1), 51 (1).
[3] Working Environment Act 2011 (DK), Part 11.
[4] Working Environment Act 2011 (DK), 24.
[5] Working Environment Act 2011 (DK), 25.
[6] Working Environment Act 2011 (DK), 26.

遵守有关设备的安全规则和指导。[1]

(3) 工程定作人 (Client)。在建筑施工活动中，数个雇主在同一工地作业，则该工程的定作人应该规划、协调、促进雇员安全卫生的措施，而且定作人应该帮助雇主，使雇主能够根据安全卫生法的规定合理地执行建设任务。[2]

(4) 安全卫生咨询员 (Health and Safety Consultant)。安全卫生咨询员是协助企业遵守工作环境法规定的专业人员。安全卫生咨询员的资格由劳动部制定相关规则。当工作环境署调查发现企业存在安全卫生问题时，可以发出咨询通知，从而安全卫生咨询员需要协助企业根据整改通知解决相关的安全卫生问题。而且安全卫生咨询员应该为了强化企业的安全卫生事故的预防，合作解决工作场所评估中所发现的安全卫生问题。[3]

4.1.2.4 企业的安全卫生合作

4.1.2.4.1 直接接触 (Direct Contact)

雇员人数为1~9人的企业，应通过雇主、雇员以及管理人员之间定期的直接接触和对话进行安全卫生合作。[4]

4.1.2.4.2 安全小组与安全卫生委员会 (Safety Group and Safety Committees)

雇员人数为35人的企业，应按照以下两个层面建立安全卫生机构：一是1个以上的安全卫生小组负责日常的安全卫生事务。每个小组至少包括1名指定的管理人员、1名雇员选举的安全卫生代表。二是1个以上的安全卫生委员会，负责总体的安

[1] Working Environment Act 2011 (DK), 30.

[2] Working Environment Act 2011 (DK), 37.

[3] Consultancy Notice, http://www.at.dk/sw40641.asp，最后访问时间：2009年3月12日。

[4] Working Environment Act 2011 (DK), 6.

全卫生事务。如果企业根据上述规定建立了1个或者2个安全卫生小组的，安全卫生委员会则由该安全卫生小组的成员构成。如果企业建立了3个以上的安全卫生小组的，则应该在雇员的安全卫生代表中选举2名作为安全卫生委员会成员。安全卫生委员会的主席应由雇主或者雇主代表担任。[1]

4.1.2.4.3 安全卫生合作的保障

为了安全代表、安全小组和安全委员会职责的履行，《丹麦工作环境法》明确规定了相应的保障：①获得履行职责时间的保障。雇主应该确保安全小组和安全委员会成员获得合理的时间，根据特定的条件来履行他们与安全有关的职责。②获得培训和信息保障。雇主应该为安全小组和安全委员会的成员提供获得与安全卫生相关的必要信息和培训的机会。③参与规划的保障。雇主应该向安全小组和安全委员会提供就工作中安全卫生事务的规划等事项的参与机会。④费用或者损失获得补偿的保障。雇主应该补偿安全代表因为履行职责而支出的费用，并应补偿其收入的损失。⑤解雇保护和不遭受任何工作条件恶化的保障。安全代表享有解雇保护，以及不得遭受任何工作条件恶化的保护。[2]

4.1.2.5 国家层面的工作环境机构

4.1.2.5.1 劳动部（Ministry of Employment）

劳动部是工作环境问题的最高主管机关，其主要是根据《丹麦工作环境法》的规定，对于具体问题制定规章，包括工作的规划、组织和履行、工作场所的设计和装备、技术装备、物质和材料（包括包装和标签）等。

---

〔1〕 Working Environment Act 2011 (DK), 6a, 6b.

〔2〕 Working Environment Act 2011 (DK), 8～10.

4.1.2.5.2 行业工作环境委员会（Sector Working Environment Councils）

劳动部设立多个行业工作环境委员会，其主要负责解决1个或多个行业内的安全卫生问题。目前丹麦共设有11个行业工作环境委员会。每个行业工作环境委员会所辖行业的雇员团体和雇主团体应各自为委员会指定相等数额的成员。行业工作环境委员会自己决定成员人数，如果委员会不能就此达成一致，则其成员人数由劳动部决定。成员和代表的任期为4年，如果中途任命，则其任期为剩余期限。行业工作环境委员会应该从其成员中选举主席和副主席，雇主与雇员的成员应该每两年轮流担任主席和副主席。[1]

行业工作环境委员会的任务是帮助行业内的每个企业解决工作环境问题、准备咨询和部门指南，包括企业用于准备工作场所评估的各种指南、确定行业内特殊的工作环境问题，以及准备该行业文件、开展并执行信息和培训活动、为雇主环境委员会制定或修改规则提供建议或意见、参与特定任务和活动的执行、组织和参与地方性工作环境。

4.1.2.5.3 工作环境委员会（The Working Environment Council）

工作环境委员会主要是为了确保社会伙伴（Social Partners）对于有关工作环境制度和规定的形成产生影响。因此，工作环境委员会在以下几方面体现了社会伙伴关系：

（1）工作环境委员会的成员主要由社会伙伴提名，由主席和下列成员组成：①丹麦联邦工会提名的6名成员；②工薪雇员和公职人员组织联盟提名的2名成员；③职业联合会联盟提

〔1〕 Working Environment Act 2011（DK），14.

名的2名成员；④丹麦雇主联盟提名的4名成员；⑤管理和行政雇员组织提名的1名成员；⑥农业雇主组织联合会和丹麦农业委员会联合提名的1名成员；⑦财政领域的雇主联合会提名的1名成员；⑧丹麦地方政府集体联合提名的2名成员；⑨财政部提名的1名成员。主席和其他成员以及他们的代理人，由劳动部部长任命，任期4年，如果中途任命，则其任期为剩余的期限。工作环境委员会的决议应该由出席的成员采取简单多数决。但投票相等时，主席享有决定性投票。[1]

（2）工作环境委员会的会议，相关的主体可以参与。下列机构可以派1名代表参与工作环境委员会的会议，但是不享有表决权：劳动部、丹麦工作环境署、国家工作环境研究中心、国家工伤委员会、丹麦内政和卫生部。[2]

（3）工作环境委员会的财政支持主要来自于社会伙伴的捐助（Contributions），包括国家、劳动力市场职业病基金、提供职业病保险的保险公司，以及依法被免除工伤保险的地方机关、区域和其他雇主。工作环境委员会的主要职责在于：①向劳动部提供咨询意见；②向劳动部提出建议书，包括工作环境的整体目标和秩序、工作环境委员会与行业工作环境委员会之间的资金分配等；③参与规则起草，工作环境委员会需就法规的制定和修改提出意见和建议，可以从其成员内或者外指定代表参与规则的起草。[3]

4.1.2.5.4 工作环境署

丹麦工作环境署是劳动部领导下的机构，其由一个中心单位和大量的地区监察员组成。丹麦工作环境署的总干事应该对

[1] Working Environment Act 2011 (DK), 67 (1) ~ (3).

[2] Working Environment Act 2011 (DK), 67 (4).

[3] Working Environment Act 2011 (DK), 68 (1).

于监察员间的责任进行划分。[1]丹麦工作环境署具体职责包括：①就工作环境事务向企业、行业工作环境委员会、雇主和雇员团体以及公众提出建议；②协助劳动部根据本法制定法规；③根据劳动部的授权制定法规；④为了促进工作环境中安全卫生，获得技术和社会发展信息；⑤对工艺、工作场所、技术设备，以及物质材料进行检查，并根据本法或行政命令发给许可证。[2]丹麦工作环境署为了确定企业是否需要监察（Inspection），应该与雇员共同对企业的安全卫生条件进行调查（Screen），而该调查为监察的基础。而且工作环境署会在其网站上通过不同颜色的微笑符（Smileys）公开企业的安全、卫生状况，其中绿色微笑符（Green Smiley）表明该企业不存在任何违反工作环境法的情况；黄色微笑符（Yellow Smiley）表明该企业收到工作环境署限时或者即时整改通知；红色微笑符（Red Smiley）表明该企业收到了整改通知或者禁止通知。[3]

工作环境署享有下列权力：①丹麦工作环境署的职员为了履行职责，可以进入公共和私人的工作场所。警察部门应该提供必要的协助。[4]②工作环境署的职员为了履行职责可以要求提供任何可用的文件，包括照相，以及为了进一步分析或检测而进行取样。[5]③责令违法行为立即或在指定的期限内改正。[6]④丹麦工作环境署为了避免对雇员或他人的安全健康的立即且严重的危险，可以命令立即消除危险、立即撤离在危险

---

〔1〕 Working Environment Act 2011（DK），70.

〔2〕 Working Environment Act 2011（DK），72（1）.

〔3〕 Red, yellow and green Smileys and Smiley with a crown, http：//www. at. dk/sw12200. asp，最后访问时间：2009 年 3 月 12 日。

〔4〕 Working Environment Act 2011（DK），76（3）.

〔5〕 Working Environment Act 2011（DK），76（5）.

〔6〕 Working Environment Act 2011（DK），77（1）.

地带的人，以及立即停用正在使用的机器、集装箱、建筑预制件等。[1]⑤工作环境署可以要求造成现实的安全卫生危害的机器设备、个人保护设备或者物质材料的供应商或者销售者采取必要措施进行补救，以及停止供应或销售相关的机器、设备、个人保护装置、物质或材料，并从市场召回。[2]

4.1.2.5.5 工作安全卫生诉讼委员会（The Council of Appeal on Health and Safety at Work）

丹麦工作环境署的决定可能被诉至工作安全卫生诉讼委员会，该委员会由社会伙伴代表组成，其具体包括主席和下列成员：①丹麦工会联盟提名的3名成员；②工薪雇员和公职人员组织联盟提名的1名成员；③职业联合会联盟提名的1名成员；④丹麦雇主联盟提名的1名成员；⑤农业雇主联合会和丹麦农业委员会联合提名的1名成员；⑥财政领域的雇主联合会提名的1名成员；⑦丹麦地方政府集体联合提名的1名成员；⑧经理和行政人员联合会提名的1名成员；⑨司法部提名的1名具有专业法律知识的成员；⑩丹麦科技大学提名的1名具有专业科技知识的成员；⑪内政和卫生部提名的1名具有专业职业医疗知识的成员。[3]

工作安全卫生诉讼委员会的主席及代表，由劳动部部长提名，社会事务部部长任命。任命当天，他们需要通过法律、经济及相关的考试。其他指定成员及其代表由劳动部任命，任期4年。若有成员为中途任命，则其任期仅为剩余期限。[4]

---

〔1〕 Working Environment Act 2011 (DK), 77 (2).

〔2〕 Working Environment Act 2011 (DK), 77 (3).

〔3〕 Working Environment Act 2011 (DK), 81a (1).

〔4〕 Working Environment Act 2011 (DK), 81a (2), (3).

4.1.3 挪威

4.1.3.1 立法目的

《挪威工作环境法》的立法目的在于，“确保这样的工作环境，能够为健康且富有意义的工作条件提供基础，免除生理和心理的不良影响而提供充分安全，能够在任何时候保持与科技和社会发展相符合的福利水平。具体包括：①确保良好的雇用条件和工作中的平等待遇；②促进雇员个人的工作条件与其能力和生活环境相适应；③通过雇主与雇员组织的合作以及公权机关的指导和监督，为企业内的雇主和雇员提供自我保障和发展工作环境的基础；④促进包容性工作条件”[1]。

4.1.3.2 适用范围

《挪威工作环境法》原则上适用于任何雇用员工的单位（Undertakings），但是法律明确规定不予适用的除外，如船运业、捕猎业和捕鱼业，包括在船上从事猎物处理的；军事航空业，其适用《航空法》（Aviation Act）。此外，王室（The King）可以就本法有关条文对于公职人员（Civil Servant）是否适用以及适用的范围制定条例；而且王室还可以就排除或部分排除公共行政机关适用本法制定条例。[2]但是，下列人员在适用本法的单位内工作时，就本法关于工作环境安全卫生的规定，视为雇员：①接受教育或者在研究所从事研究的学生；②服役人员；③履行民防职责的人或者从事民防的军人；④惩戒机构中的囚犯；⑤医疗机构、康复机构中的病人；⑥基于职业培训或者因工作相关措施而置于工作场所，但非雇员的人；⑦未被雇用，

[1] Working Environment Act 2012 (NO), Section 1 - 1.

[2] Working Environment Act 2012 (NO), Section 1 - 2.

而参与劳动力市场计划的人。[1]

根据《挪威工作环境法》规定，挪威劳动部可以规定该法全部或者部分适用于下列情况：①离岸石油经营活动，即在挪威内水、挪威领海以及挪威大陆架的部分区域从事自然资源的勘探和开采；②无雇员单位（Undertakings with no Employees）；③建设工程的法定责任人及其代表；④在雇员或者雇主家内完成的工作；[2]⑤被雇主派往外国的雇员（Posted Employee）。[3]

4.1.3.3 主体的义务

4.1.3.3.1 雇主

雇主应该遵守该法的规定，其具体的义务包括：①对非自己雇用的雇员的义务。雇主对于非自己的雇员，包括派遣工人、自雇者，当他们执行与雇主的经营或者工作场所有关的工作时，雇主应该确保其经营活动或者自己雇员的行为能够使非自己的雇员享有完全良好的工作环境，并且为了实现完全良好的工作环境应与其他雇主合作，并确保派遣工的工作时间符合本法第10章的规定。[4]②禁止报复举报的雇员。[5]③实施系统性的工作环境安全卫生计划的义务。[6]④特殊的预防义务。如告知雇员与工作有关的危险，负责指示和监督其他雇员的人，应该具有履行职责所必需的能力。[7]⑤寻求专家协助的义务。⑥提供职业健康服务的义务。[8]⑦雇主有义务接受工作环境安全卫生

[1] Working Environment Act 2012 (NO), Section 1-6.

[2] Working Environment Act 2012 (NO), Section 1-3, 4, 5.

[3] 外国雇员（Posted employee）是指被派往其雇佣关系通常所关联的国家以外国家从事有限期限工作的雇员。Working Environment Act 2012 (NO), Section 1-7.

[4] Working Environment Act 2012 (NO), Section 2-2.

[5] Working Environment Act 2012 (NO), Section 2-5.

[6] Working Environment Act 2012 (NO), Section 3-1.

[7] Working Environment Act 2012 (NO), Section 3-2.

[8] Working Environment Act 2012 (NO), Section 3-3.

的培训。[1]⑧记录工伤和疾病的义务。雇主应该记录所有因工作而受到的伤害情况，以及因为工作条件或者工作本身而导致的疾病。[2]⑨通知义务。当有雇员因为职业灾害而死亡或者遭受严重伤害时，应该及时通知劳动监察局以及最近的警察局，并且应该采取书面形式予以确认，且安全代表有权要求提供复印件。[3]⑩告知与协商的义务。经常性雇员为 50 人以上的单位，雇主应该向雇员提供对于工作条件有重要影响的信息，并且就相关事务与雇员选举的代表进行协商，如企业经营活动和经济状况的现状和预期发展的信息，可能导致工作组织或雇用条件发生重大改变的决定信息等。雇主应在适当的时间提供上述信息，并且协商应该尽早进行。如果单位需要对特定的信息保密，雇主则要求选出的雇员代表承担保密义务，并且该义务在上述人员的任期届满后依然存在。[4]

4.1.3.3.2　雇员

雇员的权利、义务主要包括：①合作、参与义务。雇员应该就单位内工作环境安全健康的系统设计、运行与雇主合作。雇员应该参与企业的安全工作环境的组织，应该在为了创造舒适、安全的工作环境而执行的措施方面积极主动地与雇主合作。[5]②依法使用保护设备、遵守警示的义务，并且努力预防事故或者疾病。③报告义务。当雇员发现可能危害生命和健康的不足和缺陷，且他们自身无法弥补时，应该立即通知雇主、安全代表以及其他雇员。当雇员发现工作场所的歧视或骚扰时，

[1] Working Environment Act 2012 (NO), Section 3 - 5.
[2] Working Environment Act 2012 (NO), Section 5 - 1.
[3] Working Environment Act 2012 (NO), Section 5 - 2.
[4] Working Environment Act 2012 (NO), Section 8 - 1.
[5] Working Environment Act 2012 (NO), Section 2 - 3 (1).

应该立即通知雇主和安全代表。④停工权利。当生命和健康面临危险以至于无法继续工作时，可以停工。⑤遵守劳动监察局的指示命令。[1]⑥不被报复的权利。如果不违反其他法律，雇员有权向公权力机关举报其单位内存在的应受处罚的不符合法律规定的工作条件。且禁止对举报的雇员实施打击报复。[2]⑦知情、获得培训的权利。雇主应告知雇员与工作相关的事故风险和健康危害，并使他们获得必要的训练和指示。[3]

4.1.3.3.3 其他主体

（1）医生（Medical Practitioner）。任何医生通过其医疗诊断发现雇员罹患《国家保险法》第13－4条规定的职业病或者认为是由于雇员的工作条件所引发其他疾病时，应该以书面形式通知劳动监察局。在雇员同意的情形下，还应通知雇主。[4]

（2）制造人、进口人、安装人（生物或者化学物质、机器或其他设备）。任何利用或预计将利用生物或化学物质而进口或制造该物质的企业，应该遵守本法的以下规定：了解生物或化学物质的成分及其性质；采取必要措施预防事故或伤害，或者给雇员造成过度的不舒适或不便利；为了确定物质的危害程度，依法告知指定机构化学或者生物物质的名称、成分、物理或化学属性，以及其他必要的补充信息；确保适当的包装以防止事故和伤害；应该在包装上标明化学或物质名称、制造商或进口商，以及用挪威语标明警告。

任何使用或预计将使用的机器或其他设备而生产、出售、出租、进口该机器或设备的人，在设备发出、使用前，应该确

［1］ Working Environment Act 2012 (NO), Section 2－3 (2).

［2］ Working Environment Act 2012 (NO), Section 2－5.

［3］ Working Environment Act 2012 (NO), Section 3－2.

［4］ Working Environment Act 2012 (NO), Section 5－3.

保根据本法规定设计并提供了安全装备。当为了销售、广告或演示的目的而展示机器或其他设备，未提供必要的安全装备时，应该在显眼的位置标明："机器设备不符合本法的规定且不能使用，直到制造商、供应商或进口商确保其符合要求"。在演示过程中，应采取必要的预防措施，防止人、动物或财产暴露于危险之中。上述机器和其他工作设备应该附有关于运输、安装、操作和维护的必要且简洁易懂的挪威文说明书。[1]

4.1.3.4 企业层面的工作环境事务的合作

4.1.3.4.1 安全代表（Safety Representatives）

本法适用范围内的单位都应选举安全代表，但雇员少于10人的单位，当事人双方可以书面形式作不同安排或者约定不选安全代表。除非协议对有效期另有约定，该约定自签字之日起2年内有效。根据对于单位内情况的评估，劳动监察理事会将决定其应设立安全代表。在雇员人数为10人以上的单位，应选举2名以上的安全代表。安全代表的人数应根据单位的规模、工作的性质和一般工作条件决定。如果单位由数个分开的部门组成或者雇员轮班作业，则至少每个部门或者每班应该选举1名安全代表。每个安全区域应该明确限定，不得超过安全代表职责履行或控制的范围。拥有2名以上安全代表的单位应该确定1名高级安全代表，负责协调安全代表的行动。高级安全代表应从安全代表中或者其他在单位内担任可信任职务的人中选举产生。当安全代表选举产生后，雇主应通知地方劳动监察局的官员。有关安全代表姓名的通知在任何时候都应该张贴在工作场所。[2]

安全代表的职责主要包括：①在工作环境事务中维护雇员

---

〔1〕 Working Environment Act 2012 (NO), Section 5 – 4, 5.

〔2〕 Working Environment Act 2012 (NO), Section 6 – 1.

利益的职责。安全代表应该确保雇员的健康和福利已按照本法规定得到保障。如雇员不暴露于来自机器或者技术设备的危险之中；已提供充足的安全装备和个人保护设备，并且始终处于良好的状态，随时可以使用。雇员获得必要的指导、练习和培训等。②通知和督促的职责。当安全代表知道工作环境可能导致事故或者健康危害时，应该立即通知雇主。如果安全代表无法自己避免危险，他应该将相关事务提交雇主或者雇主的代表。收到通知后，雇主应给予安全代表回复。如在合理的期间内未采取任何行动，则安全代表应该通知劳动监察局或者工作环境委员会。③参与咨询的权利。雇主应该就可能对工作环境产生重大影响措施的规划和执行咨询安全代表。④知情权。安全代表有权知悉其负责领域内或附近所发生的所有职业病、职业灾害或其他事故，与职业健康有关的措施和报告，以及所发现的任何不足或缺陷。⑤安全代表应该熟悉雇主或者劳动监察局发布的安全规则、指示、命令或者建议。⑥安全代表应参与劳动监察局对单位的监察。[1]⑦停工的权利。安全代表认为雇员的生命健康面临立即的危险，且该危险无法采取其他措施避免时，应该停止工作直到劳动监察局决定复工。安全代表只有在具有避免危险的必要时才能停止工作。停工及其理由应该及时向雇主及其代表报告。安全代表无需为停工所造成的任何损失负责。[2]

4.1.3.4.2 特殊的地方性或区域性安全代表（Special Local or Regional Safety Representatives）

在建筑和建设施工单位中，与货物装卸有关的事务以及其他特殊情况需要时，劳动部可以规定设立特殊地方性安全代表，

〔1〕 Working Environment Act 2012 (NO), Section 6 – 2.

〔2〕 Working Environment Act 2012 (NO), Section 6 – 3.

其对雇主享有的权利与安全代表相同。劳动部可以规定区域性安全代表负责某一区域的数个单位。[1]

4.1.3.4.3 工作环境委员会（Working Environment Committee）

经常性雇员为50人以上的单位应该设立工作环境委员会，委员会由雇主和雇员代表以及安全卫生工作人员（Safety and Health Personnel）组成。雇员人数为20以上不满50人的单位，任何一方当事人要求时，也应设立工作环境委员会。当工作条件需要时，劳动监察局可以决定雇员人数少于50人的单位设立工作环境委员会。雇主与雇员选举等额人数的代表担任工作环境委员会成员，并且从中轮流选举代表担任主席。工作环境委员会中的安全卫生工作人员没有投票权，当委员会出现投票僵局时，主席享有最终决定权。[2]

4.1.3.5 国家层面的工作环境监察——劳动监察局（Labour Inspection Authority）

劳动监察局是《挪威工作环境法》监察和执行的主要机关，其主要职责是对工作环境法的执行情况进行监察，具体包括：①指定专业人员代为执行管理和监察职责。当本法的监察需要特殊的专业知识时，劳动监察局可以指定专家代表劳动监察局来实行控制、监察等。[3]②对举报人信息保密。劳动监察局若接到关于违反本法的举报，则应该对举报人的姓名进行保密。[4]③自由进入工作场所。劳动监察局监察员任何时候都可以自由进入本法所适用的工作场所。监察员应该依法出示身份

〔1〕 Working Environment Act 2012 (NO), Section 6 -4.

〔2〕 Working Environment Act 2012 (NO), Section 7 -1, 2.

〔3〕 Working Environment Act 2012 (NO), Section 18 -1 (1).

〔4〕 Working Environment Act 2012 (NO), Section 18 -2.

证件，如果可能，应该与雇主和安全代表联系。[1]④雇主及其代表有权在监察时在现场，劳动监察员也可以命令其到现场，在对雇员进行访问或者若雇主的出现将产生重大不便或危害到监察的目的时，则监察员可以决定雇主的权利不予适用。除非有相反的情形，劳动监察局应该给雇主提供书面的监察结论报告，并且应该向安全代表提供报告附件，且必要时向职业健康服务机构提供。[2]⑤获知信息的权力。所有根据本法应接受监察的人，当劳动监察局要求时，尽管负有保密义务，但若信息的提供对于监察履行是必要的，则监察局可以要求其提供信息，并决定信息提供的形式。[3]⑥发出命令的权力。为了执行该法的规定，劳动监察局可以发出命令。命令应以书面形式发出，并载明命令的有效期。在急迫的危险下，劳动监察局可以命令立即采取措施。命令还应载明当事人不服该命令时享有诉讼的权利、诉讼的期限、诉讼程序，以及查阅案件材料的权利。[4]⑦当事人违反命令时，强制罚款（Coercive Fine）的权力。命令实施期限届满，当事人仍未实施的，则应根据期满后的时间按天、周或月实施强制罚款。[5]⑧停工的权力（Halting of Work）。当在指定的期限内未遵守命令的，劳动监察局可以命令全部或部分停止工作，直到命令被遵守。如果存在急迫的危险，尽管未发出命令，但劳动监察局可以停止与危险情况密切相关的活动。[6]⑨新建筑的建设施工应取得劳动监察局的同意。[7]

---

〔1〕 Working Environment Act 2012 (NO), Section 18 -4 (1).

〔2〕 Working Environment Act 2012 (NO), Section 18 -4 (2), (3).

〔3〕 Working Environment Act 2012 (NO), Section 18 -5.

〔4〕 Working Environment Act 2012 (NO), Section 18 -6.

〔5〕 Working Environment Act 2012 (NO), Section 18 -7.

〔6〕 Working Environment Act 2012 (NO), Section 18 -8.

〔7〕 Working Environment Act 2012 (NO), Section 18 -9.

4.2 职业安全卫生立法模式

4.2.1 美国

1970年12月29日，美国总统尼克松签署通过了《美国职业安全卫生法》。自该法颁布实施以来，与工作相关的伤亡下降了超过65%。1970年，估计有14 000工人因工死亡，每天因工死亡约38人。2010年，劳动统计局的报告显示因工死亡的人数为4500人，或者每天因工死亡12人。与此同时，美国的就业人口却已经翻番，在超过720万个工作场所有大约1.3亿工人。报告的数据显示严重的工伤事故和职业病下降明显，从1972年的11%下降到2010年的3.5%。[1]

4.2.1.1 立法目的

《美国职业安全卫生法》的目的是，保证全国每个男女劳动者工作条件达到尽可能的安全和卫生，提供全面的福利设施，保护人力资源。[2]

4.2.1.2 适用范围

《美国职业安全卫生法》适用于50个州及联邦权力管辖内的领土（包括哥伦比亚特区、波多黎各、维京群岛等）内私领域（Private Sector）的雇主及其雇员。但该法不适用于下列情形：①自雇者；②由家庭直系成员组成的农场雇主，且不雇用外来工人的；③由其他联邦机构管理的工作场所，如矿山安全

---

〔1〕 All About the OSHA 2013, https://www.osha.gov/Publications/all_about_OSHA.pdf, 最后访问时间：2013年8月15日。

〔2〕 29 U.S.C. § Preamble (2010).

卫生管理局能源部、联邦航空管理局或者海岸警卫队。[1]

《美国职业安全卫生法》第19节规定，联邦机构的领导应该为雇员提供安全卫生的工作条件负责，有责任制定和保持一个与根据第6节（职业安全卫生标准）所颁布的标准相一致的，有效而完善的职业安全和卫生方案。而且当雇员举报存在危害时，OSHA可以对联邦工作场所实施检查。《美国职业安全卫生法》要求联邦机构应与私领域雇主遵守一致的标准，该法1998年的修正案规定，联邦邮政部门的地位与私领域雇主相同。[2]

4.2.1.3 主体的责任

《美国职业安全卫生法》对劳动关系双方主体的责任做出了简单的规定，具体内容包括：

4.2.1.3.1 雇主

雇主的责任包括：①必须为每个雇员提供不存在被认为对雇员造成或可能造成死亡或严重生理伤害危险的工作和工作场所；②必须遵守根据本法令颁布的职业安全卫生标准；③适用范围内的雇主应该准备和维持职业伤害和疾病的记录；④雇主应该向OSHA履行报告义务，如雇员因工作相关事故死亡或者因工作相关事故导致3人以上雇员住院治疗的，雇主应该在知道上述情况后8小时内向OSHA报告。[3]

4.2.1.3.2 雇员

每个雇员必须遵守职业安全卫生标准，以及根据本法令所制定的法则、条例和命令中适用于他本人的活动和行为的规定。

---

〔1〕 All About the OSHA 2013, https://www.osha.gov/Publications/all_about_OSHA.pdf，最后访问时间：2013年8月15日。

〔2〕 All About the OSHA 2013, https://www.osha.gov/Publications/all_about_OSHA.pdf，最后访问时间：2013年8月15日。

〔3〕 See David P. Twomey, *Labour & Employment Law: Text & Cases*, 12th Edition, Thomson, 2004, p.366.

此外，美国许多州都颁布了《雇员知情权法》来保障个体雇员对于工作场所中的危害物质的知情权，其一般规定雇主有义务在工作场所张贴公告明确雇员有权知悉工作场所的有毒物质的信息。并且还规定，雇主应该使雇员的医生知悉与雇员的诊断和治疗相关的工作场所中某些物质的化学成分。地方消防、公共卫生机构，以及当地相邻的居民有权知悉，当地的雇员是否从事与可能导致安全卫生问题的危险物质有关的工作。[1]

4.2.1.4 国家层面的职业安全卫生机构

从《美国职业安全卫生法》的规定来看，其突出了职业安全卫生的国家性，因此，其重点是围绕国家机关的职责而展开的，其中涉及职业安全卫生管理局（Occupational Safety and Health Administration，OSHA），国家职业安全卫生咨询委员会（National Advisory Committee on Occupational Safety and Health，NACOSH），职业安全卫生复查委员会（The Occupational Safety and Health Review Commission，OSHRC）以及国家职业安全卫生研究所（National Institute for Occupational Safety and Health，NIOSH）。

4.2.1.4.1 美国职业安全卫生管理局（OSHA）

美国职业安全与卫生管理局是根据《美国职业安全卫生法》的规定而设立的，其隶属于美国劳工部，具备制定职业安全与健康标准、执行检查的权力，并对职业灾害拥有裁决权，以减少职业场所伤亡率和职业病为目的的联邦政府机构。其在全国范围共设置 10 个区域办公室负责各区域的职业安全与卫生管理，在区域办公室以下，还设有 73 个地区办公室直接负责具体的执行任务。区域办公室及地区办公室都是联邦职业安全与卫生管理局的派出机构。OSHA 及其各州的政府伙伴（State Part-

---

〔1〕 See David P. Twomey, *Labour & Employment Law: Text & Cases*, 12th Edition, Thomson, 2004, p. 383.

ners）共有约2400名检查员和约550名国家咨询员，此外，在遍布全国的超过130个办公室中还设有受歧视申诉调查员、工程师、医生、教育人员、标准制定者以及其他技术和支持人员。全美几乎所有的雇员都在OSHA的管辖范围内，此外其他接受OSHA服务的人包括：职业安全卫生职业人士、学术界人士、律师、记者以及其他政府部门的工作人员。OSHA的目标是：①通过直接介入的方式来降低职业危害；②通过协助、合作的方式来促进安全和卫生的文化；③通过强化职业安全卫生管理局的力量与组织来发挥功能与效率。为了实现上述目标，根据职业安全卫生法的授权，OSHA采用3个基本的策略来帮助雇主和雇员减少工作中的伤害、疾病和死亡：①强制而公平有效的执法；②宣传、教育和提供援助；③伙伴关系、联合和其他合作和自愿项目。[1]强制而公平有效的执法具体包括制定安全卫生标准、执行检查以及对违法行为进行处罚；宣传、教育和提供援助，则是指OSHA应该就职业安全卫生问题，向雇主和雇员提供大量的信息和培训材料；而伙伴关系、其他合作和资源项目则包括联盟计划（Alliance Program）、咨询计划和安全卫生绩效认可计划（Consultation Program and Safety and Health Achievement Recognition Program）以及战略伙伴关系计划（Voluntary Protection Program，VPP）等。[2]

4.2.1.4.2 国家职业安全卫生研究所（NIOSH）[3]

国家职业安全卫生研究所是主要从事职业安全卫生研究的

---

〔1〕 All About the OSHA 2013，https：//www. osha. gov/Publications/all_ about_ OSHA. pdf，最后访问时间：2013年8月15日。

〔2〕 参见曾传铭："美国推动职业安全卫生的相关机构"，载《工业安全卫生月刊》2006年第8期。

〔3〕 参见曾传铭："美国推动职业安全卫生的相关机构"，载《工业安全卫生月刊》2006年第8期。

中心，其主要研究各种安全卫生问题、为 OSHA 提供技术支持，并且向 OSHA 的安全卫生标准提供建议。该研究所隶属于美国卫生与人力服务部。根据《美国职业安全卫生法》第 12 节规定，授权 NIOSH 从事以下工作：①为制定职业安全卫生标准进行研究和提出新标准的建议。②行使该法第20 节和第21 节中所赋予的卫生与人力服务部部长的各项职责。主要包括：开展有关工人安全与卫生方面的研究以及工人的教育与培训工作。③开发有关有毒物质、有害物理因素和有害物质的信息，确定保证工人安全所允许的暴露水平。④探索新出现的职业安全卫生方面的问题。⑤开展现场调查（职业卫生危害评价），以确定作业场所使用的有毒物质。⑥通过与公共机构或私人组织签署合同、协议或其他工作安排，开展有关职业安全与卫生方面的研究。[1]

1977 年，美国国会通过了《联邦矿山安全卫生修正法》，增加了 NIOSH 在矿山卫生领域开展研究工作的权限，主要授权如下：①为美国矿山安全卫生管理局（MSHA）提供制定矿山卫生标准的建议；②为矿工进行身体检查，包括为矿工使用 X 射线检查尘肺病等；③在《美国职业安全卫生法》授权的企业开展矿山工作场所现场调查；④测试和确定个体防护用品及危害检测仪器的有效性。NIOSH 通过收集信息、开展科学研究、传播产品和服务知识，在全国乃至全球范围内为预防与工作相关的疾病、伤害、死亡发挥了重要的作用。[2]

4.2.1.4.3　职业安全卫生复查委员会（OSHRC）

美国职业安全卫生复审委员会完全独立于 OSHA，其唯一的

---

〔1〕 29 U. S. C. § 671 (2010).

〔2〕 参见王善文译："美国职业安全与卫生研究所"，载《现代职业安全》2007 年第 10 期。

功能在于对 OSHA 所实施的执法行为的反驳进行裁决。当劳工部长对于雇主违反该法的行为发出传票以及施以罚款处罚时，若雇主或雇员在法定时间内对其决定提出反驳，则劳工部长应立即通知委员会并与其商议，委员会应提供召开听证会的机会。然后委员会根据事实结论发出命令；批准、修改或撤销部长的传票或拟罚的款项，或提出其他合宜的减免方案，这种命令在发出的 30 天后成为最后命令。委员会制定的法则应该使受影响的雇员或他们的代表能作为“一方”参与听证会。对于该委员会的裁决不服的，可以将其提请相关的联邦巡回上诉法院处理。该委员会由 3 人组成，由总统从经过良好训练、教育或富有经验的有能力履行委员会职能的人中选择，征得参议院同意后任命，并指定 1 人为主席。[1]

4.2.1.4.4 国家职业安全卫生咨询委员会（NACOSH）

国家职业安全卫生咨询委员会成员由美国劳工部任命，共 12 名委员。该委员会由行政管理、劳工、职业安全和职业卫生专业及公众等方面的代表组成，部长指定公众代表中的一名担任主席，委员应视他们在职业安全卫生领域里的经验和能力的基础上选任。该委员会的主要职责则是就有关法令的管理事宜与劳工部长和卫生、教育、福利部长商讨，担任顾问，并提出建议，委员会每年至少要开会两次，所有委员会的会议都应向公众公开，要作出并保存记录，供公众查阅。[2]

4.2.1.4.5 劳动统计局（BLS）

美国劳动统计局（BLS）主要负责全美国的劳动状况的信息统计，如失业率、工资、小时平均工资、雇用成本等，其为劳动部提供统计数据，作为劳动部衡量和考察相关政策的重要

---

〔1〕 29 U. S. C. § 661 (2010) .

〔2〕 29 U. S. C. § 656 (2010) .

依据。

4.2.1.5 美国职业安全卫生管理计划

严重的危害和不安全的条件在美国工作场所依然存在，其中美国每年遭受严重的工伤和职业病的工人超过330万人，还有数以百万的工人暴露于有毒的化学物质中，这将在今后数年导致职业病。仅工伤赔偿，美国雇主每年损失530亿美元，每周损失超过10亿美元。[1]因此，美国职业安全卫生局采取以下措施来提高职业安全卫生的保障：

4.2.1.5.1 强制执法计划

（1）加强执法计划（Enhanced Enforcement Program，EEP）。通过该计划，当发现雇主违反其对雇员的安全卫生责任时，OSHA将会强硬地处理该行为。加强执法计划，是指OSHA针对曾有严重违反安全卫生规定的雇主所采取的执法行动。其帮助OSHA将重点集中在那些恶意和屡次使他们的雇员暴露于严重危险中，拒绝改正违法行为以及违反其安全卫生义务的雇主。EEP对于严重违法者的关注强化了OSHA的执法，并且提升了对于公司违法者的关注。

该计划最早于2003年9月开始实施，2008年1月1日进行了修正，但根据2009年3月美国劳动部劳动监察办公室发布的报告，该计划存在严重的管理不当，在97%的符合该计划要求的案件中美国职业安全卫生署没有严格遵守该计划要求，在29个案件中，没有采取适当的执法行动。劳动监察办公室发现，这些雇主在随后的工伤事故中导致20人死亡，其中14人死亡是

〔1〕 All about the OSHA 2013，https：//www.osha.gov/Publications/all_about_OSHA.pdf，最后访问时间：2013年8月15日。

由于相同的违法行为导致的。[1]2009年4月30日，美国众议院专门就该计划举行了听证会。[2]

（2）举报者保护计划（Whistleblower Program）。《美国职业安全卫生法》第11节第3条规定，任何人不得因雇员行使了该法所规定的权利，如向OSHA举报、申请OSHA检查、参与OSHA的检查或者在参与OSHA检查相关的诉讼或者在其中作证，而对该雇员实施解雇等其他方式的报复或者歧视。所谓的“歧视”（Discrimination）包括：解雇或裁员；将其列入黑名单（Blacklisting）；降级（Demoting）；拒绝加班或者提拔；惩戒；利益拒绝；威胁；减少工资或者工时……任何雇员如果他相信自己被解雇或受到歧视是由于有人违反了该规定所致，他可以在这种违法行为发生后的30天内向部长提出对这种歧视的控诉。收到控诉后，部长应立即进行他认为合适的调查。倘在经过调查后，如部长确认该规定已被违反，他应立即向任何合宜的美国地方法院对该人起诉。对任何这样的起诉，美国地方法院享有司法管辖权，采取措施制止对本条第1款的违反并命令采取各种合适的补救办法，包括重新雇佣或恢复雇员的原来职位并赔偿。部长须在收到根据本条提出的控诉后90天内，把他根据本条第2款所作出的决定通知控诉人。[3]

---

[1] IG's Report Faults OSHA's Enhanced Enforcement Program, http://ohsonline.com/articles/2009/04/02/report-faults-enhanced-enforcement-program.aspx，最后访问时间：2013年8月16日。

[2] Improving OSHA'S Enhanced Enforcement Program (Serial No. 111－18), http://www.gpo.gov/fdsys/pkg/CHRG-111hhrg48052/pdf/CHRG-111hhrg48052.pdf，最后访问时间：2013年8月16日。

[3] All About the OSHA 2013, https://www.osha.gov/Publications/all_about_OSHA.pdf，最后访问时间：2013年8月15日。

4.2.1.5.2 合作计划

雇主、雇员、工会以及 OSHA 之间的自愿、合作关系将对传统的 OSHA 的执法方式进行有利的替代，且是减少雇员死亡、受伤和疾病的有效方式。OSHA 拥有多种合作计划：

（1）联盟计划（Alliance Program）。OSHA 联盟计划建立于 2002 年，该计划是使致力于工作场所安全卫生的组织与 OSHA 合作从事工作场所的伤害和疾病预防。OSHA 及其盟友宣传、教育和引导全国的雇主及其雇员提升和促进工作场所的安全卫生。联盟参与的益处在于，通过该计划，组织之间可以：与 OSHA 建立互信合作关系；与其他致力于工作场所安全卫生的组织形成网络联系；获得资源以使雇员安全卫生保护最大化；作为安全卫生领域积极的领导者获得认同。

联盟计划的参与者包括：行业或职业组织、商业机构、劳工组织、教育机构、政府机关。联盟计划并不包括执法的内容，如免除一般安全的检查或者检测。并且联盟计划不同于其他计划，其并非是基于工作场所，而是关注整个行业或者行业中的危害。因此，OSHA 以及参与组织应该在以下三个方面确定、执行和实现短期或长期目标：①培训和教育；②宣传和沟通；③促进关于工作场所安全卫生的全国对话。[1]

（2）咨询计划和安全卫生绩效认可计划（Safety and Health Achievement Recognition Program，SHARP）。OSHA 咨询是免费服务，以使雇主能够确定其工作场所中可能的危害以及相应的改正方法，提高他们的职业安全卫生管理系统以及获得免除 OSHA 一年日常检查的资格。该服务由州政府雇用训练有素的专业职员提供，多数咨询是在工作场所现场完成的，但是少量的服

[1] All About the OSHA 2013, https://www.osha.gov/Publications/all_about_OSHA.pdf，最后访问时间：2013 年 8 月 15 日。

务也可以在工作场所外获得。

OSHA 的咨询服务在发展和运用工作场所职业安全卫生计划方面提供现场支持，该计划强调雇员伤害和疾病的预防。OSHA 综合的咨询帮助包括：机械系统、工作方法、工作场所的环境危害；雇主的职业安全卫生计划、雇主也可接受培训教育，作为工作场所外的有限协助。通常而言接受咨询的雇主无需为此支付任何费用，并且对雇主通过咨询所确定的危害不实施任何惩罚或者传票，但是雇主必须完善所有的严重危害和可能的安全卫生的违法行为。如果雇主没有改正咨询所确定的违法行为，则咨询员可能将雇主提起检查。

通过与 OSHA 的咨询计划合作，一些获得豁免的雇主可以要求参与 OSHA 的安全卫生绩效认可计划，作为 SHARP 计划适格参与者的雇主应该是接受综合咨询访问，受伤和患病率低于行业平均水平，通过减少咨询所确定的危害以及发展和实施良好的安全卫生计划，在工作安全卫生方面具有代表性成绩的雇主。参与 SHARP 计划的雇主可以豁免 OSHA 的计划性检查（Programmed Inspection）1 年，但是对基于事故或者举报而引起的 OSHA 的检查不予豁免。[1]

（3）美国职业安全卫生自愿保护计划（Voluntary Protection Program，VPP）。虽然 OSHA 执法在减少工作场所的伤害、疾病和死亡方面的努力起到了重要作用，但是，OSHA 努力通过自愿保护计划将雇员保护扩张，以超越 OSHA 标准的最低要求。该计划共包括 3 个计划：明星（Star）、优等（Merit）、明星示范（Star Demonstrate）。其中明星计划，是指具有完整的、成功的安全计划，伤害事故和损失工作日小于或等于工业企业全国平均

〔1〕 All About the OSHA 2013，https：//www. osha. gov/Publications/all_ about_ OSHA. pdf，最后访问时间：2013 年 8 月 15 日。

值。参与明星计划的企业3年一次现场考核，并对每年的事故率进行评定。优等计划则是指具有潜在能力和信心达到明星企业，伤害事故率低于国家平均值。参与优等计划的企业每年一次现场考核。优等企业纲要的成功实施，能保证其成为明星企业。明星示范计划则是为建立明星企业安全卫生纲要而设，它可能成为明星企业标准，也可能展示某些工业企业的职业安全卫生管理方法。这种管理方法是一种新的安全管理方式，需要进一步实践，才能确定是否成为明星企业的标准。参与明星示范计划的企业每年评定一次，这种评定可能反过来修订明星企业的标准。

OSHA设计上述计划的原因在于：对于实施有效的安全卫生管理系统进行合作而提供高质量的工作保护的雇主、雇员所取得的优异成绩表示认可；激励其他雇主、雇员通过同样优异的方式实现优异的安全卫生结果；在雇主、雇员和OSHA之间建立合作关系。参与VPP意味着，提升雇员安全工作的主体性，以提高产品质量和生产率。如工时损失事故率比行业平均水平低50%，OSHA就审查雇主的VPP申请，并且施行现场检查以确定其安全卫生系统在工作场所运行有效。OSHA对许可的工作场所持续性实行定期评估。任何参与者每年2月应该向OSHA办公室提交最近的工作场所年度评估报告，该评估报告应该包括过去1年的伤害和疾病次数和比率。[1]

(4) 战略伙伴关系计划（OSHA Strategic Partnership Program，OSPP）。OSHA的战略伙伴计划是OSHA和雇主团体、雇员、工会代表，以及其他利益相关人（如行业和职业联合会、大学或其他政府机构）之间通过自愿订立长期性书面合同而形

---

〔1〕 All About the OSHA 2013，https：//www.osha.gov/Publications/all_about_OSHA.pdf，最后访问时间：2013年8月15日。

成的合作关系。该计划目的在于通过鼓励、协助和认可伙伴，为减少严重危害和实现高水平的雇员安全卫生而付出努力，来对美国的工作场所产生重大的积极影响。伙伴关系帮助参与者：①建立有效的安全卫生管理系统。②培训管理者和雇员来认识并减少或者控制行业中共同的危害。③给予雇员对于自我保护发挥重大作用的机会；建立伙伴之间经验和其他资源分享的渠道。参与该伙伴关系的益处在于：工作场所的伤害和疾病减少，随之使得工人赔偿和其他伤害和疾病相关的成本减少；提高雇员安全工作的主动性，提升产品质量和生产率；发展或提高安全卫生管理系统；正面的社会认同和互动。

许多 OSHA 战略伙伴关系是为了引导全面的工作场所安全卫生管理系统的发展和执行而设计。OSHA 发现采取系统化的方式是减少工作中的死亡、伤害和疾病的最好的战略。其他的伙伴关系则关注特殊行业危险的减少或控制。[1]

职业安全卫生的保护，不仅使雇员的安全健康获得保障，雇主也可获益，他们将支付较少的工伤赔偿、减少医疗开支，以及因为“重返工作岗位计划”（Return to Work Programs）减少开支、降低残次品率、减少对受伤职工支付的工作调动成本。此外，还有诸如生产率的提高、替代雇员的培训成本减少以及加班费减少等间接利益。鼓励企业自愿改进和扩大保护，免除对企业的定期检查，提供必要的技术支持，使企业建立一套完善的职业安全卫生管理体系。

4.2.2 英国

英国是工业革命的发源地，因此英国的劳动安全卫生立法

〔1〕 All About the OSHA 2013, https: //www. osha. gov/Publications/all_ about_ OSHA. pdf，最后访问时间：2013 年 8 月 15 日。

历史悠久，作为现代劳动法开端的1802年《学徒健康和道德法》，其实质即是劳动保护法。此后，英国又通过工厂立法将劳动保护的对象从未成年工逐步扩大到女职工，再扩大到一般劳动者；而且劳动保护的行业也逐步从纺织行业扩大到所有行业；劳动保护的范围也从工作时间扩大到劳动条件等各方面。

1974年英国通过了《英国职业安全与卫生法》（Health and Safety at Work etc. Act 1974），该法以“合理可行（reasonably practicable）”为原则。[1]

4.2.2.1 立法目的

《英国职业安全与卫生法》第1条规定：“本法规定目的如下：①保障工作人员职业安全、卫生与福利；②保护非工作人员，避免因工作人员工作活动引起安全卫生或相关的危险；③管制和控制易爆物或易燃物或其他危险物质的使用，并且普遍地防止非法获取、占有和使用这些物质；④控制各工作场所有毒的或危害性物质排放至大气中。”[2]

该法所称的因工作人员的行为或者与之相关而引起的危险包括：①由于单位的经营方式引起的危险；②为了经营目的而使用的工厂或物质引发的危险；③工厂的条件或者工厂的任何部分引发的危险。

4.2.2.2 主体的义务

4.2.2.2.1 雇主

雇主有义务在合理可行的范围内确保其所有雇员在工作中的安全、健康和福利，包括工作制度以及工作场所的提供和维护应该安全健康；产品和物质的利用、处理、储存和运输不存在安全卫生危险；向雇员提供工作安全卫生所必要的信息、指

---

〔1〕 Health and Safety at Work etc. Act 1974 (UK), 2.

〔2〕 Health and Safety at Work etc. Act 1974 (UK), 1.

导、培训和监督。雇主对于其所控制的工作场所，应该确保其安全卫生，对于进出该场所的方式（Means）应该确保安全卫生。为确保雇员工作环境的安全卫生，应该对其福利设施的安排有充分的考虑。雇主有义务制定与雇员工作场所安全卫生相关的规章制度，并且经常对其进行适当修改，应该将相关说明及修改通知所有雇员。[1]此外，《英国职业安全与卫生法》规定，雇主对于不属于其雇员的人也应承担相应的安全卫生保护义务。任何雇主在经营其事业时，都应确保可能受其影响但不属于其雇员的人不被暴露于安全卫生危险中。任何雇主以及自雇者都有义务向可能受其经营影响的不属于其雇员的人依法提供与其经营方式相关的影响他们安全卫生的信息。[2]

雇主应与雇员的安全代表进行协商，以订立和履行协议，这将使得雇主及其雇员在提高和发展雇员工作安全卫生的保护措施，以及检验上述措施的有效性方面进行有效合作。雇主应该就有关工作安全卫生的措施与劳动者安全代表协商，征求其意见，如①任何可能严重影响到劳动者工作时的健康及安全的改变，包括在程序、工具或工作方式方面的改变；②雇主应提供劳工了解工作场所可能涉及的风险以及降低或消除这些危险的措施；③提供充分的急救设备等。

4.2.2.2.2 雇员

《英国职业安全与卫生法》第7条规定：“雇员应该对其自身以及其他可能受其工作或者疏忽影响的人的安全卫生尽到合理的注意。对于法律所规定的雇主以及其他人的义务履行，雇员应该与他们合作，以尽可能使上述义务或要求得到履行或

---

〔1〕 Health and Safety at Work etc. Act 1974 (UK), 2.

〔2〕 Health and Safety at Work etc. Act 1974 (UK), 3.

遵守。”[1]

4.2.2.2.3 其他主体

（1）制造人、设计人、供应人、进口人。从事商品制造、设计、供应和进口的人，应该确保所设计和建造的物品，工人在任何时候安装、使用、清洗或维护都应该是安全卫生的。供应商应向被供应人提供使用的相关信息，如该物品是为何而设计、测验情况以及任何其他为确保任何时候安全卫生所必要的条件。[2]

（2）海关官员（Customs Officer）。海关官员，为了加快执法机关或者检查员履行本法规定的职责，可以扣押任何进口的商品和物质，扣押期限最长不超过2个工作日。[3]

4.2.2.3 国家职业安全卫生机构

4.2.2.3.1 中央职业安全卫生机构

（1）职业安全卫生委员会（Health and Safety Commission）与职业安全卫生执行局（Health and Safety Executive）。英国设有两个合作性组织——安全卫生委员会和安全卫生执行局。其中安全卫生委员会由主席和6~9名成员组成，其中主席和成员均由内阁大臣（Secretary of State）任命。在任命上述委员会成员之前，大臣应该就其中3名成员，咨询其认为适当的雇主代表组织；就其中3名成员，咨询其认为适当的雇员代表组织；而至于其他成员，则应咨询其认为适当的诸如地方政府机关等其他组织的代表机构，包括职业团体。安全卫生执行局（HSE）由3人组成，其中经大臣批准，由委员会任命1人担任执行局主任，其他成员则由委员会在与主任协商后任命。安全卫生执

[1] Health and Safety at Work etc. Act 1974（UK）, 7.

[2] Health and Safety at Work etc. Act 1974（UK）, 6.

[3] Health and Safety at Work etc. Act 1974（UK）, 25a.

行局是安全卫生委员会的执行机构，其负责代表安全卫生委员会执行其任务，而安全卫生委员会可以向执行局发出指令。

委员会及执行局以及他们的官员和服务人员应该代表内阁履行职责，其具体职责是指，除了本法所规定的其他职能外，委员会的一般义务是为了实现本法的目的，实施或者安排其认为适当的活动，如协助和鼓励相关人员实现与本法相关的目的；就研究、研究结果的出版，以及培训和信息的提供订立协议，并鼓励研究与本法目的相关的培训和信息；向政府部门、雇主、雇员、雇主和雇员各自的代表组织，以及其他相关人提供信息和咨询服务，并且使他们能够持续获知信息以及相关事务充分的咨询；向有权的立法机关提出立法建议……此外，委员会享有执行检查（Inspection）和质询（Inquiry）的权力，而检查和询问的权力适用于，为了实现本法的目的或者与其相关的规定，委员会认为必须且适当的任何事故、情况以及其他事项。委员会可以在任何时候命令执行局或授权的其他人就相关事项进行调查并提供特定报告；并且在内阁大臣许可的情况下，就相关事务进行质询，而该质询应该公开进行，除非本法另有规定。[1]

（2）就业医疗咨询服务局（Employment Medical Advisory Services，EMAS）。就业医疗咨询服务局是安全卫生执行局的下属机构，其由职业安全卫生的专业人士组成，包括医生和护士。他们就工作相关的医疗事务为组织和个人提供专业咨询意见，包括雇主、雇员、工会以及安全卫生执行局的理事、地方机构的环境健康官员以及其他监护照看专业人士。《英国职业安全与卫生法》规定，设立就业医疗咨询服务局的目的在于：①确保国务大臣、安全卫生委员会以及与雇员或求职人员和为了就业

〔1〕 Health and Safety at Work etc. Act 1974（UK），10.

而接受培训的人员的健康有关的其他机构分别考虑上述人员的健康保护及其提升问题，保证上述人员能获知信息并且接受足够的咨询；②向雇员、求职人员和为了就业而接受培训的人员提供与雇用和雇用培训健康相关的信息和建议；③国务大臣的职能中与就业相关的其他目的。[1]

就业医疗咨询服务局的工作中心在于预防疾病和提升健康水平，其通过对工作对群体和个体的健康产生的影响进行评估、为个人工作能力的健康影响提供咨询、为工作场所的急救提供咨询以及支持健康促进活动。

4.2.2.3.2　地方职业安全卫生检查机构

英国为增加职业安全卫生的检查效率，于曼彻斯特设有各地检查站，而各职业安全卫生检查站，亦视业务需要，再分为几个分区，全国划分约有220个检查任务分区，检查员的检查内容涵盖安全卫生及劳动条件的保护，但除了有关安全卫生是由政府强力的监督检查外，关于劳动条件的问题，如工资、工时等，一般通过工会团体协商来自行解决，政府不作不必要的干涉。

4.2.2.3.3　检查员

根据《英国职业安全与卫生法》规定，委员会或者地方机关（Local Authority）等执法机关为了有效执行法律规定的职责，必要时可以任命具有相应资格的人担任检查员。检查员的任用资格为文、理、工、法学院毕业的人员，经考试合格后录取，经考试合格的检查员要接受为期2年的训练，经试用合格后才正式任用，在任用期间内，亦经常提供短期的训练课程。任何检查员都应该通过书面任命状，明确赋予其职责和权力，其仅

[1] Health and Safety at Work etc. Act 1974（UK），55.

能在指定的范围内行使权力。但是，书面任命状所明确的权力任命机关可以予以变更。检查员执行任务时，应出示任命状。检查员的权力主要包括以下几种：[1] ①随时进入工作场所检查；②当遭遇严重阻碍时，检查员可以带领警察执行任务；③对于用人单位实施相关法规的情形，检查员应对雇主、劳工及其他相关人员分别进行询问；④检查员可以要求雇主提供相关资料以便检查的进行；⑤停工与复工的处罚；⑥当雇主违反相关法律规定时，检查员应拍照、录影或影印相关文件；⑦查阅资料，并可复印相关材料；⑧为了履行职责，可以要求他人在职责范围内提供便利和协助；⑨检查员如发现工作场所有立即的危险性物品时可当场扣押；⑩检查员认为，某人违反相关条款规定或者根据情况认为，其有可能继续或者再次违反该规定，可以向该违法行为人发出整改通知（Improvement Notice）。当某人实施的行为或者其控制下实施的行为，存在严重伤害危险时，检查员可以发出禁止通知（Prohibition Notice）。收到禁止或者整改通知的人，可以在通知指定的履行期内向劳资审裁处（Employment Tribunal）提起诉讼，审裁处将会撤销或者确认该通知。

4.2.2.4 国家职业安全卫生中的伙伴关系和员工参与

《英国职业安全与卫生法》主要是以国家的职业安全卫生职责的履行为主要内容，对于职业安全卫生事务的社会伙伴参与和员工参与少有涉及，但是其中部分条款依然提及劳动者选举安全代表。对于职业安全卫生事务中社会伙伴关系以及员工参与的规定主要适用《1997 年安全代表和安全委员会规则》（Safety Representatives and Safety Committees Regulations 1977）以及《1996 年健康和安全（咨询雇员）规则》［Health and Safety

[1] Health and Safety at Work etc. Act 1974（UK），20，21，22，24.

(Consultation with Employees) Regulations 1996]。

4.2.2.4.1　安全卫生委员会（Safety Committee）

《1997年安全代表和安全委员会规则》规定，工会可以指定安全代表以代表工人与雇主协商有关工作安全卫生问题。而雇主需就工作场所安全与健康有关的事项，定期向经由合法选出的安全代表或委员会咨询。雇用10人以上的单位，只要有两位以上的安全委员向公司的管理层要求时，公司就必须于3个月内设置安全委员会。安全委员会应定期开会，商议工作范围涵盖一般安全卫生及福利事项，委员会的成员包括劳资双方代表，而劳工人数应占一半以上。委员人数根据事业单位规模、所具危险性、工作时间等因素而定，可由工会自行决定。另外委员会亦得视需要设置分会，委员会主席职务一般由劳资双方代表各轮流担任1年。安全委员会的责任包含：①协助雇主开发有利于工作安全的系统；②分析与通报职业病，以及事故的发生原因；③审查安全调查报告；④有效率的监测维护安全与健康的训练活动；⑤在工作场所内宣传安全与卫生观念，以及注意安全通报系统。

4.2.2.4.2　安全代表（Safety Representative）

安全代表由雇主认可的工会组织（Recognized Trade Union）从员工中选派出任，被选为安全代表的人应该在当选前两年一直在雇主处工作，或者在相似的行业至少工作两年。安全代表代表某一类工人中的一群或者数群，认可的工会组织有代表协商的权利。然而，相关工会组织如果达成协议，安全代表可以代表数群工人。安全代表也可代表属于同一雇主但不在同一工作场所工作的雇员。代表人数并没有明确的规定，根据相应的惯例（Code of Practice）规定，安全代表人数的确定依据包括：①雇员总数；②不同职业种类；③工作场所的规模以及工作场所位置的种类；④轮班制的运用；⑤工种和其内在危险的程度和种类。并且在拥有多个工作场所的大型雇主中，安全代表的数量应该反映商业结构。

安全代表的职责包括：①对工作场所潜在的危险和危害进行调查，并且检查工作场所事故发生的原因；②对所代表雇员有关的安全卫生问题的举报进行调查；③就上述问题向雇主报告；④向雇主反映影响工作场所雇员工作安全健康和福利的一般性事务；⑤检查工作场所；⑥代表雇员在工作场所与安全卫生执行局的检查员或者其他执法机构进行协商；⑦从检查员处获得相关信息；⑧就其职责范围内的事，参与安全委员会的会议。为了保障安全代表的职责履行，雇主应该提供相应的培训、设施以及假期等。[1]

英国劳工参与的模式也分为三个层级，即获知信息——咨询和协商——共决。《1977年安全代表和安全委员会规则》以及《1996年健康和安全（咨询雇员）规则》中重点是讨论咨询（Consulting），其规定雇主应该就可能影响雇员安全健康的事务与其咨询、协商，但是，上述两个规定适用的对象不同，其中《1977年安全代表和安全委员会规则》的咨询适用的对象为：①雇主认可的工会组织会员，且已经任命或将要任命的安全代表的；②虽非工会会员或者虽非雇主认可的工会组织会员，但是雇主认可的工会组织同意代表他们的。而《1996年健康和安全（咨询雇员）规则》中咨询的对象为非根据《1997年安全代表和安全委员会规则》所代表的雇员，如①非雇主认可的工会组织会员的雇员；②既不属于工会组织会员，且雇主承认的工会组织不同意代表他们的；③雇主承认的工会组织会员的雇员，

---

〔1〕 Safety Representativesand Safety Committees, http: //www. unison. org. uk/acrobat/11191. pdf，最后访问时间：2009年1月10日。

但是未指定也不即将指定安全代表的。[1]如下图（4-1）：

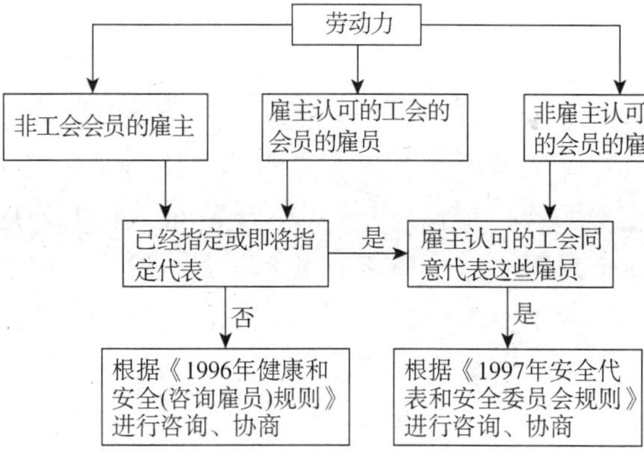

图4-1　英国《1977年安全代表和安全委员会规则》与《1996年健康和安全（咨询雇员）规则》适用关系图

4.2.3　日本

4.2.3.1　立法目的

《日本职业安全卫生法》第1条规定："本法与劳动基准法相辅并行，以确立防止劳动灾害的标准，建立责任体制，促进自主活动的措施及应采取的对策，以确保劳动者安全与健康，同时建立舒适的工作环境为目的。"[2]

4.2.3.2　适用范围

该法适用于所有雇员，而具体的范围与《日本劳动基准法》第9条规定相同，但是，仅雇用同居亲属的单位或者工作场所及其雇员，以及家务雇员除外。[3]

---

〔1〕 Consulting Employees on Health and Safety, http://www.hse.gov.uk/pubns/indg232.pdf，最后访问时间：2009年1月10日。

〔2〕 Industrial Safety and Health Act 2006（JP）, Article 1.

〔3〕 Industrial Safety and Health Act 2006（JP）, Article 2（2）.

4.2.3.3 主体的责任

4.2.3.3.1 雇主

雇主不仅应遵守本法规定的预防工业灾害的最低标准，而且应通过创造舒适的工作环境和提高工作条件的方式努力确保工作场所中工人的安全卫生。应该努力在预防工业灾害的措施方面与国家合作。[1]

两个以上的从事建筑相关事业的雇主，当共同承揽同一工程，且在同一工作场所工作时，他们应该根据厚生劳动省的规定，从中指定一人担任他们的代表，并通知相应的都道府县的劳动局局长。[2]

（1）成立安全卫生管理组织。

第一，选任安全卫生总管理者（General Safety and Health Manager）。雇主应该根据厚生劳动省的规定以及关于工作场所的规模的规定，为每一工作场所选任1名安全卫生总经理。且由其领导安全管理者、卫生管理者以及技术事务管理者的工作，并且对下列事项执行总管理：劳动者健康危害预防措施事务；劳动者的安全卫生培训；健康诊断以及其他的劳动者健康维护和促进措施；劳动灾害的原因调查以及再发防止措施。安全卫生总管理者的职位应该由对工作场所实施灾害总管理的人担任。都道府县劳动局局长为了防止劳动灾害，必要时可以向雇主推荐人选担任安全卫生总管理者。[3]

第二，选任安全管理者或卫生管理者。雇主应该根据厚生劳动省的规定，从符合规定的拥有相关资格的人中选任1名安全管理者。安全管理者负责与安全相关的技术事务。雇主应该

---

〔1〕 Industrial Safety and Health Act 2006 (JP), Article 3 (1).

〔2〕 Industrial Safety and Health Act 2006 (JP), Article 5.

〔3〕 Industrial Safety and Health Act 2006 (JP), Article 10.

根据工作场所的分级，从获得都道府县劳动局局长许可的或者依法获得相应资格的人中选任 1 名卫生管理者，负责与卫生有关的技术事务。为了预防劳动灾害，劳动基准检查局局长必要时可以命令雇主增加安全管理者或卫生管理者的数量或者解雇现任安全管理者或卫生管理者。[1]

第三，选任安全卫生促进者。雇用劳工少于 100 人以下的雇主，应该任命安全卫生推广员；该安全卫生推广员负有与雇用劳工超过 100 人以上的雇主所任命的安全推广员与卫生推广员一样的责任。[2]

第四，选任产业医生。雇主应根据工作场所的规模从医生中选任一名产业医生，为雇员提供健康照护以及执行法律规定的其他事务。产业医生应该具备符合法律要求的医药知识。[3]

第五，选任操作主管。《日本职业安全卫生法》规定雇主必须雇用作业主任员（Operation Chief）。作业主任员必须取得地方都道府县劳动基准检察署有关监督危险性工作的执照。[4]

第六，选任安全委员会或卫生委员会或者安全卫生委员会成员。每个产业中雇用超过 50 人以上的雇主，必须在每个工作场所设置卫生委员会；但是，符合劳动法令规定的特定雇主，必须设置安全委员会。[5]

（2）告知雇员相关信息，并且对于工人和其他人的体检信息保密。

（3）当存在立即危险时，停工的义务。

---

〔1〕 Industrial Safety and Health Act 2006（JP），Article 11，12.

〔2〕 Industrial Safety and Health Act 2006（JP），Article 12－2.

〔3〕 Industrial Safety and Health Act 2006（JP），Article 13.

〔4〕 Industrial Safety and Health Act 2006（JP），Article 14.

〔5〕 Industrial Safety and Health Act 2006（JP），Article 17，18，19.

（4）对雇员进行健康检查。

（5）对雇员进行安全卫生教育。

（6）针对特定的危险和有毒物质，采取预防措施。

（7）对工作场所的安全卫生情况进行记录。

4.2.3.3.2 雇员

劳动者不仅应遵守预防工业灾害所必需的事项，而且应在工业灾害的预防上与雇主或其他主体合作。如该法有关预防安全卫生伤害的规定。[1]

4.2.3.3.3 其他主体

（1）设计人、制造人和进口人。从事机器、仪器等其他设备的设计、制造或进口的人，以及从事原材料制造或进口的人，还有从事建筑设计或施工的人，应该在设计、制造、进口以及建设时，努力预防工业灾害的发生。[2]

（2）发包人。建设工程的发包人，在将工程承包给他人时，应该尽到注意义务，所提供的条件不应在施工方法、工期等方面阻碍工作安全卫生的实施。[3]

（3）检查业者。《日本职业安全卫生法》规定，雇主有进行定期自检的义务。意欲从事企业自检服务的人，可以依法向都道府县劳动局提出申请、进行登记。

4.2.3.4 日本职业安全卫生监督管理

4.2.3.4.1 中央厚生劳动省劳动基准局——地方都道府县劳动局劳动基准部——劳动基准监督署

《日本劳动基准法》明确了厚生劳动省负责一切与工人安全、健康有关的事务，包括制定标准、管理规章、行政监察、

[1] Industrial Safety and Health Act 2006 (JP), Article 4.

[2] Industrial Safety and Health Act 2006 (JP), Article 3 (2).

[3] Industrial Safety and Health Act 2006 (JP), Article 3 (3).

工伤保险和中介机构的管理等。其中对于职业安全卫生监督管理共分为三级：其一，中央层级为厚生劳动省劳动基准局；其二，地方为都道府县劳动局劳动基准部；其三，基层为劳动基准监督署。其中厚生劳动省劳动基准局具体负责劳动安全卫生事务，在47个都道府县设立了都道府县劳动局劳动基准部，基层监管机构则是设立在各厂区的343个劳动基准监督署，是厚生劳动省的派出机构，接受厚生劳动省的指挥和领导。

厚生劳动省劳动基准局是负责日本安全生产监督管理的中央机构，负责政策法规的制定以及对地方监管机构的监督指导。该局目前下设3个部：监督部、安全卫生部和工伤赔偿部。其职责包括：制定政策法规，编制对行业或企业的监督指导方针；对监督指导方针的背景、重点行业、工种、监督指导方法等进行指导；对地方监管机构是否按照监督指导方针结合地方实际情况开展监管工作进行监督指导；对地方监管机构的业绩、事故统计等报告进行汇总和分析；负责监察员的任免，并安排监察员研修、学习履行其职责所必需的理论和实务。

劳动基准监督署是最基层的监管机构，下设3个科：监督科、安全卫生科和工伤赔偿科，直接对企业的安全生产进行监督和检查。其职能包括：制定年度监督计划，并就计划内容与地方监管机构协商；按照年度监督计划对企业进行监督指导；向地方监管机构汇报对企业实施监督的情况。〔1〕

4.2.3.4.2　劳动基准监督官

日本的劳动检查员称为劳动基准监督官。根据《日本劳动基准法》的规定，劳动基准监督官的权限及其义务为：①可以对工作场所、宿舍及其他附属建设物实施检查，要求查阅账册

〔1〕 参见汪月：“建立管理系统　健全监督机制——日本的安全生产监督监察机制”，载《现代职业安全》2008年第11期。

及文件，对使用人或劳动者进行质问。②即时处置权。《日本劳动基准法》第103条规定："当单位附属的宿舍，违反劳动安全卫生基准对雇员产生急迫的危险时，监督官可以单独执行此行政机关的权限，命令雇主全部或一部分的停止使用、变更或其他事项。"③接受举报或者要求提交报告。如果工作场所存在违反劳动基准法的情况，雇员可以向相关行政机关或者劳动基准监督官举报。为了执行劳动基准法的规定，劳动基准监督官必要时，可以要求雇主或者雇员就必要的事务提交报告或者命令雇主或者雇员到案。④保密义务。劳动基准监督官不得泄露其在履行职责过程中获知的秘密。[1]

4.2.3.5 日本职业安全卫生中的伙伴关系和职工参与

4.2.3.5.1 安全委员会（Safety Committee）与卫生委员会（Health Committee）

《日本职业安全卫生法》第17、18条规定，雇主应该根据有关工作场所规模的规定，在每个工作场所设立安全委员会和卫生委员会。其中安全委员会由下列成员组成：①安全卫生总管理者，或者雇主从对该工作场所的经营运行享有总体控制权力的人中指定的人；②雇主从安全管理者中选任的人；③雇主从工作场所中拥有安全经验的劳动者中选任的人。其中由上述①中的成员担任安全委员主席；而对于②、③的成员，雇主应指定以下人员：该工作场所绝对多数工人组织的工会推荐的人员或者该工作场所不存在由绝对多数工人组织的工会时，由代表绝对多数工人的其他主体推荐的人员。安全委员会的职责为对下列问题进行调查、审议并向雇主提出建议：①劳动者危险防止的基本措施；②劳动灾害发生的原因以及再发防止对策；③劳动者危

[1] Industrial Safety and Health Act 2006 (JP), Article 91.

害预防相关的其他重要事项。

卫生委员会的组成人员则为：①安全卫生总管理者，或者雇主从对该工作场所的经营运行享有总体控制权力的人中指定的人；②雇主从卫生管理者中选任的人；③雇主产业医生中选任的人；④雇主从工作场所中拥有卫生经验的劳动者中选任的人。此外，雇主还可以选任受雇于工作场所的工作环境检测的专业人士为成员。其中，由①中的成员担任卫生委员会主席。其职责主要是对下列事项进行调查、审议并向雇主提出建议：①劳动者健康危害预防的基本措施；②劳动者健康维护和促进的基本措施；③劳动灾害发生的原因以及再发防止对策。

4.2.3.5.2 安全卫生委员会

《日本职业安全卫生法》第19条规定，如果雇主未依照该法第17、18条规定设立安全委员会和卫生委员会，则应设立安全卫生委员会替代二者。安全卫生委员会在组成成员及其职责方面与上述安全委员会和卫生委员会的相同。

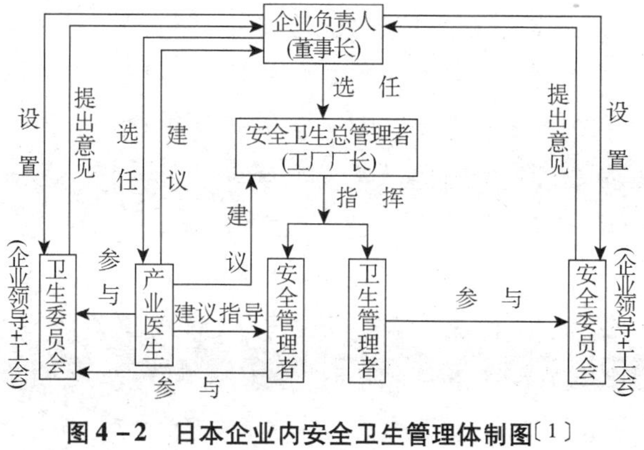

图4-2 日本企业内安全卫生管理体制图[1]

---

〔1〕 参见汪月："建立管理系统健 全监督机制——日本的安全生产监督监察机制"，载《现代职业安全》2008年第11期。

4.3 国际组织的工作环境权规范研究

4.3.1 国际劳工组织

保护工人免遭就业而引起的身体不适、疾病和伤害是国际劳工组织在其《章程》中规定的目标之一，《费城宣言》第3段（g）规定，国际劳工组织具有在世界各国推动实现充分保护各行业工人生命与健康的各项计划的庄严义务。为此，国际劳工组织制定了大量的与工作环境权保护相关的公约和建议书。国际劳工组织将国际职业安全卫生标准中涉及职业安全卫生方面的标准公约和建议书分为以下5类：①一般规定标准是用来指导成员国为了达到安全健康的工作环境，保证工人的童工福利与尊严制定的方针和措施，一般指政策指导性的标准。如2002年职业病名单建议书（R194）、1985年职业卫生服务公约（C161）、1985年职业卫生服务建议书（R171）、1981年职业安全和卫生及工作环境公约（C155）、1981年职业安全、卫生和工作环境建议书（R164）。②特殊行业的预防标准。针对某些行业，如建筑业、矿业、农业、商业和办公室及码头作业等制定的预防标准。如2001年农业安全卫生公约（C184）、2001年农业安全卫生建议（R192）、1995年矿安全卫生（C176）等。③特殊危害的预防标准。针对特殊物质白铅、辐射、苯、石棉和化学品或工作环境中的特殊危害而制定的预防标准。如1993年预防重大工业事故公约（C174）、1993年预防重大工业事故建议书等。④劳动监察标准。如1947年劳动监察公约（C81）、1947年劳动监察建议书（R81）等。⑤保护措施标准。针对未成年人体格检查、生育保护、搬运最大负重量，而制定的保护措施。如2000年生育保护公约（C183）、2000年生育保护建议书（R191）等。

国际劳工组织为了适应社会经济的发展，关于职业安全卫生的公约和建议书的制定也不断地调整，根据国际劳工组织在2003年国际劳工大会第91届会议报告《国际劳工组织在职业安全与卫生领域的标准相关活动：针对旨在为这种活动制定一个行动计划的讨论而进行的一项深入研究》中的描述，此种调整具有以下两个特点：[1]

4.3.1.1 职业安全与卫生涉及的领域不断扩张

从国际劳工组织所制定的所有关于职业安全卫生的公约和建议书来看，职业安全与卫生涉及的领域不断扩张，已从工作场所、部门和国家扩展到整个世界。职业安全与卫生明确地体现在“体面劳动”概念当中，也提供了一个行动平台，用于促成就如何将社会、经济和环境政策结合到一起以实现全球可持续发展目标这一问题达成全球共识。在这方面，消除贫困与职业安全与卫生有紧密联系。工作中的安全卫生在世界所有地区都是一个紧迫问题，有迹象表明，全球职业事故和职业病数量正在上升。

4.3.1.2 在立法技术方面，从规则向政策的转变；从详细标准到综合标准的转变；以及从刚性、精确的规则向更加灵活的以进程为基础的条款的转变

具体而言，职业安全与卫生规定的内容和范围已经从集中于工业安全，转向工作场所安全卫生以及使工作环境适应工人

〔1〕 2003年国际劳工大会第91届会议报告六：“国际劳工组织在职业安全与卫生领域的标准相关活动：针对旨在为这种活动制定一个行动计划的讨论而进行的一项深入研究”，载 http://www.ilo.org/wcmsp5/groups/public/—ed_norm/—relconf/documents/meetingdocument/wcms_ilc_91_rep-vi_zh.pdf.

需要，并从单纯的保护措施转向对风险的预防和评价。国际劳工组织成立初期，其工作的重心是提高工厂中的安全程度，提供针对由某些物质（尤其是危险物质）引发的工业危险的保护，如白铅、炭疽热和白磷。直到1971年苯公约（第136号）得到通过，国际劳工组织一直致力于制定针对这些危险物质的专门法规。在20世纪30年代，国际劳工组织开始制定关于办公室卫生和建筑业安全方面的标准，从而引入了更为广泛的行业部门概念。在战后年代，更加重视健康保护和对职业卫生服务的需要。然而，总的来说，国际劳工组织日益认识到对人类环境，而且也是对工作环境采取更为综合性措施的必要性。1972年发表的“罗本斯报告（Robens Report）”是这方面进展的一个重要标志。从那以后制定的国际标准都采用了相当数量的新的、更全面的方法和内容。国际劳工组织的首次努力导致1977年工作环境（空气污染、噪音和振动）公约（第148号）的通过，这是一个较以前任何职业安全与卫生标准都全面得多的标准。但其管辖范围仅限于那些属于该公约关于空气污染、噪音和振动的定义内的物理危害及有害物质和介质。

1975年，国际劳工大会通过一项决议，为“关于国际劳工组织在工作条件和环境领域的未来行动的决议”。1976年，国际劳工组织通过《改善工作条件与工作环境国际计划》（PIACT），该计划将职业安全卫生与环境问题两者结合，且规定了国际劳工组织与世界卫生组织的职能，也就是与工作相关的卫生问题归于一类，非与工作相关之卫生问题又归于一类，国际劳工组织则是负责通过改善工作条件与工作环境的劳工策略，而该计划还为职业安全卫生制订了一个综合模式，其中亦包含国际劳工组织在职业安全卫生的所有基本规范与原则。1981年职业安全和卫生及工作环境公约（第155号）清楚地标示了一个新起点，因为其标明国际劳工组织的观念已从单纯的劳动保护转变为关于特定工作流程、特定物质、与经济活动的特定部门方面，制定劳工安全卫生保护规范的概略式要点，转变为以综合方式处理职业安全、卫生与工作环境问题。此外，从其内容上来看，在很大程度上还是一个政策文书，而不是规定具体的法律义务。公约对国家政策的制定、实施和定期审查做出规定，最终目的是“在合理可行的范围内，把工作环境中内在的危险因素减少到最低限度，以预防来自工作、与工作有关或在工作过程中发生的事故和对健康的危害”。除两例情况外[1]，第155号公约以后通过的所有文书都包括一项规定，要求就其规范的主体制定国家政策。与第155号公约不同，但与1985年职业卫生设施公约（第161号）相同的是，这些公约都没有规定政策的具体内容，而是直接规定实施公约应采取的措施。

2000年，国际劳工组织成立安全工作部门（Safe Work），并且逐渐完成安全、卫生、环境保护指引计划。同年，国际劳工组织又公布了“职业安全卫生评估标准”（OSHAS 18001与OSHAS 18002）。2001年，国际劳工组织通过了“职业安全卫生管理制度指南”，同年8月，国际劳工组织又正式制定了《职业安全卫生管理指导原则》（ILO-OSH2001）作为会员国在职业安全卫生管理之基础架构。2002年，国际劳工组织对于155号公约增加了一些补充性的规定，其内容包括对于职业灾害、职业病、危险场合以及通勤事故做出更加明确的定义，且明确规定雇主对职业灾害、职业病、职业事故等相关指定机构有通报与登记职业灾害、职业病、职业事故以及疑似职业病案例的责任。[2]

---

〔1〕 第162号公约和第167号公约。

〔2〕 参见陈怡惠：“工作环境权之研究”，台湾政治大学劳工研究所2006年硕士学位论文，第19~20页。

4.3.2 欧盟

“社会的协调发展”是欧盟的宗旨之一，而职业安全卫生对于社会的协调发展以及欧洲同一市场的形成具有重大影响，为此，欧盟制定了大量的有关职业安全卫生方面的指令。实际上早在欧盟的前身欧洲煤钢共同体、欧洲经济共同体和欧洲原子能共同体时，相关的条约对于职业安全卫生就有相关约定，如1951年《建立欧洲煤钢共同体条约》（史称《巴黎条约》），规定煤钢共同体有责任改善其相关领域内企业员工之工作环境并提升生活水准，同时推动过程中尽可能和谐化。1957年《建立欧洲经济共同体条约》及《建立欧洲原子能共同体条约》（史称《罗马条约》），更是明确规定原子能共同体机构必须建立统一的安全标准以保护劳工及维护劳工之健康，并确保这些标准之落实（第2条B款）。并且在《建立欧洲原子能共同体条约》第2、3章对“安全与卫生”进行了专门规定。

1986年《单一欧洲法令》包含了以条约新的第118条第a款（新条款第137条）的方式对内部市场方案中社会领域的作用的有限认可。第118条第a款包含有下列承诺：“成员国应特别注意鼓励改善劳动者的健康与安全状况，尤其是工作环境的改善；在维持已改善条件的同时应把领域条件的一体化作为目标。”据此，欧共体委员会起草了3个行动方案来概括适用第118条第a款的要点，这形成了《1989年社会宪章》和相关的行动方案的基础。《1989年社会宪章》第19条第1款规定：“每位劳动者必须在其工作环境中享有令人满意的健康与安全条件。在维持已经改善的条件的同时，必须采取适当的措施在该领域实现工作条件的一体化。”[1]

理事会于1989年6月12日通过一项框架性指令（89/391框架性指令），该指令第1条第1款明确指令的目标是采取措施来鼓励改善劳动者的工作安全与健康。它包含的“一般原则包括职业风险的预防、健康与安全的保护、风险与事故因素的消除以及劳动者及其代表信息的获得、协商和平衡参与（Balanced Participation）”。89/391号指令规定了最低标准：它没有为成员国降低已实现的保护水平提供合理性理由，因为成员国在维持改善的同时有责任鼓励工作条件的改善并使这些条件一体化。已经具体认可了这一点的是指令第1条第3款，它规定本指令不影响“现在的或未来出现的更有利于劳动者的工作安全与健康保护的欧共体或成员国的规定”。该框架指令规定了一系列的子指令，这些子指令可以不严格地分为3类：影响工作场所的子指令——89/654（工作场所，Workplace）；制定工作设备要求的子指令——89/655（工作设备，Work Equipment）、89/656（人员保护设备，Personal Protective Equipment）、90/269（手动机器负荷量，Manual Handling of Loads）、90/270（荧幕显示设备，Display Screen）；以及与化学、物理和生物媒剂有关的子指令——90/394（预防职工暴露于工作中的致癌物质，Carcinogens at Work）。

4.3.2.1 89/391/EEC号指令的适用范围

该指令适用于所有部门的活动，无论是公有部门还是私有部门。这包括一个未完全列举的名单中的工业活动、商业活动、农业活动、管理活动、服务活动、教育活动和文化活动，以及休闲活动。在某些具体的公共领域活动中——诸如军队或武装

[1] [英] 凯瑟琳·巴纳德：《欧盟劳动法》，付欣译，中国法制出版社2005年版，第402~410页。

警察和民事环保护服务业的某些具体的活动——有一些特殊例外。[1]

4.3.2.2 89/391/EEC号指令有关雇主、雇员的权利义务的规定

4.3.2.2.1 雇主的权利义务

第5条第1款包含有苛刻的义务要求雇主有责任在“与劳动有关的每一方面保证劳动者的健康与安全”。[2]第6条规定了雇主的一般义务。这些义务的涉及面较广：雇主不仅必须采取必要的措施来保护劳动者的安全与健康，而且也必须防止职业风险的出现，提供信息和培训，设立必要的组织与资源。概括而言，雇主的义务具体包括：①评估工人的安全、健康风险，包括生产设备的选择、化学物质或者准备措施的采用，以及工作场所的设备。在风险评估之后，雇主必须采用预防措施和生产方式以确保提供给工人的安全卫生保护得到提升；应该将其整合到工厂和/或企业的所有活动中以及所有层级。②当雇主将工作委托给某个工人时，应该考虑该工人在安全卫生方面的能力。③确保规划和引进新设备是与工人或者他们的代表协商的议题，包括设备选择的结果、劳动条件、工人安全健康的工作环境。④采取适当的措施确保只有受到充分指示的工人才能进入到具有严重危险的区域。[3]⑤咨询雇员。雇主应该咨询雇员和/或他们的代表，并且允许他们参与所有与工作安全卫生相关问题的讨论。[4]

---

〔1〕 Directive 89/391/EEC-OSH “Framework Directive”, https://osha.europa.eu/en/legislation/directives/the-osh-framework-directive/1.

〔2〕 Directive 89/391/EEC, Article 5 (1).

〔3〕 Directive 89/391/EEC, Article 6 (3).

〔4〕 Directive 89/391/EEC, Article 11 (1).

4.3.2.2.2　劳工的权利义务

第13条第1款规定了劳动者义务的一般原则，每个劳动者都有义务尽可能地照顾好自己的安全与健康，根据培训和雇主的指导照顾受其行动影响的其他人员。劳动者具体的权利义务包括：

（1）正确地使用机器或其他的生产工具、人员保护设备与安全设备。这包括限制拆卸、改变或随意地去掉安装在机器或仪器上的安全设备。

（2）任何他们有理由认为存在严重和立即出现的健康与安全危险或安全保护中有缺点的工作状况，劳动者应立即通知雇主或负责安全与健康事务的劳动者。

（3）劳工与其代表有提出建议的权利。

（4）劳工代表不得因其履行职责而受到不利的对待，这些代表应享有适当带薪休息时间，雇主应提供必需的措施使其得以执行任务。当劳工及其代表遭受不利时，享有向主管机关提起诉讼的权利；劳工代表在相关机关进行检查时必须有机会进行观察（89/391第11条）。

（5）劳动者必须与雇主或具体负责监察安全的工作人员合作实施健康与安全方面的措施，保证安全的工作环境和工作条件。[1]

4.3.2.3　89/391/EEC号指令对于会员国法律的冲击

为了解89/391/EEC号指令在各会员国实施的情形，欧洲联盟在会员国之间做了一份调查报告，来检验89/391/EEC号指令在各会员国内安全卫生管理的可行性。89/391/EEC号指令是欧盟在安全卫生政策最重要的指令，其借着整合的预防方法及工作安全卫生条件的要件持续改善，改变了劳工安全卫生方面保

〔1〕参见［英］凯瑟琳·巴纳德：《欧盟劳动法》，付欣译，中国法制出版社2005年版，第402～410页。

护的实施方法。这个新的方法建立在89/391/EEC号主要建构指令所导引的几个基础原则之上，包括：雇主责任、预防、报告、训练、咨询与劳工参与。89/654/EEC、89/655/EEC、89/656/EEC、90/269/EEC、90/270/EEC号指令导致国家法律主体的理性化与简单化。指令的修订强迫会员国从改善原则为基础的法律转换为以个别行为与组织结构为基础的预防方法。在调查中发现，89/391/EEC号指令在会员国执行时已经达成减少劳动灾害的数量及职业病的数量的目标，但其缺点是：①从大公司的观点而言，该指令的执行运作很平稳，但是对中小企业（SMEs：Small and Medium-size Enterprises）而言可能就有很大的影响。②在中小企业（SMEs）的雇主与劳工之间，告知（Information）的程度仍然不够。③安全卫生很少是一个公司整体经营过程中不可或缺的一部分。会员国指出劳动检查员长期资源缺乏涵盖新法案的所有方面，特别是在中小企业方面。④劳动检查资源的缺乏，使得新的法令难以实施，且为了使中小企业及高风险行业有效执行职业灾害的预防，增加罚则是必要的。〔1〕

欧盟也针对此现象提出了89/391/EEC号框架指令应改善的方法，包括：①增加指令适用于中小企业的程度；②确保职业灾害与一致的统计资料的可获得性；③提供简单的途径去告知与协助雇主与劳工，使得劳雇双方认知他们的权利与义务；④按步骤行动并且分配必要的资源去保证一致的、有效的实施；⑤确认指令的任何条款已经因为技术发展而落伍，并且需要修改，针对临时性劳工的特殊情况给予较大的注意。〔2〕

〔1〕 参见［英］凯瑟琳·巴纳德：《欧盟劳动法》，付欣译，中国法制出版社2005年版，第402～410页。

〔2〕 参见［英］凯瑟琳·巴纳德：《欧盟劳动法》，付欣译，中国法制出版社2005年版，第402～410页。

4.3.2.4 欧洲职业安全卫生署（European Agency for Health and Safety at Work）

为了加强职业安全与健康信息的交流，1994 年 7 月 18 日欧盟执委会规则第 2062/94 号指令，提到建立一个欧洲工作安全卫生署。此后 2003 年 10 月 30 日，该法案修正案生效。欧洲职业安全卫生署的总部设在西班牙的毕尔巴鄂市。该机构成立的宗旨是在成员国之间，通过职业安全卫生方面的技术、科学和经济信息交流来促进和改善劳动者的职业安全和健康水平。

欧洲职业安全卫生署的管理人员由来自欧盟成员国政府、雇主和雇员以及欧盟委员会的代表组成。其中有 25 个是各会员国的政府代表，25 个雇主组织的会员代表，25 个劳工组织的会员代表，以及 3 个共同体的会员代表。欧洲职业安全卫生署的主要职责是：①搜集职业安全卫生信息；②传递职业安全卫生信息；③为成员国的职业安全卫生项目提供信息服务，包括提供有关职业安全卫生发展战略和政策、协助开展职业安全卫生文化，提供有关风险行业的职业安全卫生信息，加强中小型企业改善工作条件，提高安全卫生水平；④在有关工作安全卫生方面，促进与支持会员国之间资讯的合作与交换等。[1]

4.4 小结

4.4.1 法律文本的结构的比较

从下表关于不同国家的职业安全卫生立法的文本框架的比较

〔1〕 参见［英］凯瑟琳·巴纳德：《欧盟劳动法》，付欣译，中国法制出版社 2005 年版，第 402～410 页。

表4-1 关于不同国家的职业安全卫生立法的文本框架的比较

国家	法律文本的章节														
瑞典	目的及范围	工作环境的规定	一般义务	国家法定职权	未成年人保护	雇主与雇员的合作	劳动监察	罚则	诉讼						
丹麦	目的和范围	企业内安全卫生事务	部门工作环境委员会	一般责任	工作的履行	工作场所的设计和装备、技术装备、物质和材料	休息、休假	未成年人	医疗检查	丹麦工作环境委员会	社会伙伴提供的关于安全和健康的资助	丹麦工作环境署	工作环境研究中心	诉讼权	罚则
挪威	总　则	雇主和雇员的义务	工作环境措施	工作环境相关的要求	记录通知的责任，以及制造者等的责任	安全代表	工作环境合作	知情与协商	职场内的控制措施	工作时间、休假	未成年人及年轻人的雇用	反歧视保障、招录	雇佣关系的终止	企业所有权转移中雇员的权利	争议、执行、法律责任
美国	国会调查结果和目的	定　义	本法的适用	责　任	咨询委员会	视察、调查和纪录保存	传　票	执法步骤	司法复查	职业安全卫生复查委员会	抵制紧迫危险的步骤	民事诉讼代表	商务秘密的机密性	变动宽容和豁免	
英国	总　则	一般义务	安全卫生委员会和安全卫生执行局	安全卫生规定及审批守则	执　行	信息的获取和公开	有关农业的特殊条款	违法条款	财政条款	其他规定及补充					
日本	总　则	职业灾害防治计划	安全卫生管理体制	劳动者职业危害	机械危险物质相关规则	维持并促进职工健康的措施	营造舒适工作环境的措施	安全卫生改善计划	监　督	其他规定	罚　则				

可知，瑞典、丹麦和挪威3国制定的工作环境法具有框架性和综合性，内容涵盖了工作场所的物的因素、人的因素以及劳动方式的因素，重点突出了工作环境中雇主与雇员的合作。美国、英国以及日本3国制定的职业安全卫生法整体上围绕职业安全卫生机关及其行政执法展开，因此，整体上依然是强调职业安全卫生的公法管制。

4.4.2 立法目的的比较

表4－2 立法目的的比较

立法模式	国家	立法目的
工作环境法	瑞典	预防职业疾病和职业灾害的发生，以实现一个良好的工作环境。
	丹麦	创造一个在任何时候都与科技和社会发展相适应的安全、健康的工作环境。
	挪威	确保能够提供健康和有意义的工作条件基础，能够免受生理和心理的不良影响的充分安全，能够在任何时候保持与科技和社会发展相符合的福利水平的工作环境。
职业安全卫生法	美国	保证全国每个男女劳动者工作条件达到尽可能的安全和卫生，提供全面的福利设施，保护人力资源。
	英国	①保障工作人员职业安全、卫生与福利；②保护非工作人员，避免因工作人员工作活动引起安全卫生或相关的危险；③管制和控制易爆物或易燃物或其他危险物质的使用；并且普遍地防止非法获取、占有和使用这些物质；④控制各工作场所有毒的或危害性物质排放至大气中。
	日本	确保劳动者安全与健康，同时以建立舒适的工作环境为目的。

立法目的是制定该法所欲实现的目标和宗旨，其对于法律的制定、执行以及适用具有重要意义。从上表的比较来看，上述六国在职业安全卫生立法目的的具体内容上较为相似，但是，其区别在于：采取工作环境立法模式的瑞典、丹麦以及挪威突出强调了工作环境的“开放性”特征，即工作环境与社会需求和科技发展的协调。而采取职业安全卫生法模式的美国、英国以及日本则在立法目的的表述上更为具象，整体上依然围绕“劳动者工作条件的安全卫生”。

4.4.3 适用范围的比较

表4-3 适用范围的比较

立法模式	国家	适用范围
工作环境法	瑞典	适用于私人领域（Private）或公共领域（Public）的所有雇员，特定情形除外。
	丹麦	适用于陆地上“为雇主执行的工作”以及部分适用于“非为雇主执行的工作”。
	挪威	适用于任何雇用员工单位（Undertakings），但是法律明确规定不予适用的除外，如船运业、捕猎业等。
职业安全卫生法	美国	适用于50个州及联邦权力管理内的领土（包括哥伦比亚特区、波多黎各、维京群岛等）内私领域（Private Sector）的雇主及其雇员。
	英国	适用于一切雇佣关系，包括自雇者。
	日本	适用于所有雇员，政府公务员除外。

从前文关于相关立法适用范围的论述来看，无论是采取职业安全卫生立法模式还是工作环境立法模式，适用领域都逐渐从劳动者的生理健康扩张到心理健康。但是，比较而言，其二

者关于适用范围的规定的区别在于：一是关于人的效力的区别。瑞典、丹麦以及挪威在其工作环境法中明确规定了适用范围；而美国、英国以及日本则是通过相关主体的界定来确定适用范围，如《美国职业安全卫生法》规定："'雇主'指从事对商业有影响的业务，且雇有雇员的人，但不包括美国或任何州或一个州的行政分支机构"[1]。此外，瑞典等采取工作环境立法模式的国家将公职人员的职业安全与健康也纳入适用范围，而美国等采取职业安全卫生立法的国家，则将公务人员的职业安全与健康排除适用。二是适用范围的狭窄不同。瑞典、丹麦以及挪威的工作环境法明确规定企业的安全卫生代表及其机构可以参与与企业直接相关的环境事务，因此，其适用范围已经不仅仅局限于职场内，也包括职场外的环境。而美国、英国以及日本的职业安全卫生法在整体上还限于职场的范围内。

4.4.4 工作环境职工参与的比较

表4-4 工作环境职工参与的比较

立法模式	国家	职工参与
工作环境法	瑞典	根据工作场所规模，设立安全代表、安全委员会以及区域性安全代表。
	丹麦	根据工作场所规模，采取个人接触或者设立内部安全组织的方式参与。
	挪威	根据工作场所规模，设立安全代表、工作环境委员会，并且在特殊的行业和地方设立相应的安全代表或工作环境委员会。

[1] 29 U.S.C. § 652 (5) (2010).

续表

立法模式	国家	职工参与
职业安全卫生法	美国	OSHA 未对企业内的安全卫生机构作强制性规定，但是其规定雇主和雇员应互相合作；雇员可以选举代表。
	英国	根据工作场所规模，设立安全代表或安全卫生委员会。
	日本	根据工作场所规模，设立安全委员会、卫生委员会或者安全卫生委员会。

从上文可知，上述国家中多数将三方协商作为保障良好工作环境实现的重要方式，其中瑞典、丹麦、挪威三国在工作环境领域建立起了国家和企业两个层面三方机制，其工作环境法强化了企业内职工参与。而美国、英国以及日本也在企业层面建立了职工的参与机制，设立了相应的职业安全卫生代表或机构。但是，由于美国工会组织的参会率较低，并且未在职业安全卫生领域建立和发展三方协商机制，因此，1970 年《美国职业安全卫生法》对于企业内职工参与的规定较少，而主要依靠相关的法律、法规以及 OSHA 的强制执法来保障工人的职业安全卫生。日本虽然在企业建立了安全委员会、卫生委员会或者安全卫生委员会，但是从其规定来看，安全卫生委员会的成员都是由雇主来选任，而雇员以及工会组织仅有推荐候选人的权利。

随着经济全球化，不同国家之间的法律制度呈现出融合的趋势，在职业安全卫生领域亦是如此，上述国家的工作环境立法以及职业安全卫生立法之间在具体制度构建及其功能方面高度趋同，而这也可从法律文本中相关术语的混用管窥一斑，无论是瑞典、丹麦以及挪威的工作环境法，还是美国、英国以及日本的职业安全卫生法，都是将“工作环境”与“职业安全卫生”并用，而国际劳工组织的第155号公约及其162号建议书亦是如此。但是，从上文比较可知，采取职业安全卫生立法在立法模式、立法目的、适用范围以及职工参与等方面依然与工作环境立法存有差别。正如我国台湾学者黄越钦教授所言，“①‘政府’为劳工安全卫生保护之主体，‘政府’透过对雇主之公法上之义务强制，间接达成劳工保护之目的。②雇主在这一法律体系中，处于消极被动之地位，雇主所有的安全卫生设施之完成，无非是向‘政府’履行一定公法上之义务，以免因未履行义务时遭受处罚。③劳工在此一体系中，无何自主性可言，劳工不但不是安全卫生法之主体，而系反射利益之保护对象，无任何权利义务可言。然而，工作环境权法对上述情形已作了根本改变。首先工作环境权法制已由上述‘政府’本位原则改变为劳工本位，换言之，工作之安全卫生不只是‘政府’强制雇主保护劳工的义务，而是劳工在安全卫生法保护中应享有之权利，因此劳工应有安全卫生代表，在安全卫生防护措施自决策与执行中，与雇主共同担负以下任务……”〔1〕

2006年1月15日至17日，联合国环境规划署（United Nations Environment Programme，UNEP）、国际劳工组织（International Labour Organization，ILO）、国际自由劳工联盟（International Confederation of Free Trade Unions），以及世界劳工联盟（World Confederation of Labour）在肯尼亚首都内罗毕（Nairobi）召集来自世界150多个工会组织的领导人举行首届“劳动与环境”（Labour and the Environment）会议，该会议最后通过了《关于持续性遗产的工人倡议》（The Workers' Initiative for a Last-

---

〔1〕 黄越钦：《劳动法新论》，中国政法大学出版社2003年版，第437页。

ing Legacy, or WILL 2006）对劳动者的环境权（Workers' Environmental Rights）[1]的承认，虽然其与工作环境权具有较大的区别，但是正如联合国环境规划署的执行主任在会议开幕致辞时所言，"工作与环境之间具有自然的协同关系（Natural Synergy）"，因此，可以肯定工作与环境的关系会越来越紧密。

〔1〕 基于联合国"可持续发展"（sustainable development）的倡议，该会议的中心议题是通过与工会组织的合作来强化作为可持续发展的支柱的环境的发展。See UN Meeting Endorses Workers' Environmental Rights, http: //www. iisd. ca/recent/recentmeetings. asp? id =7，最后访问时间：2008 年 12 月 28 日。

第5章 中国工作环境权相关法制的分析

5.1 中国工作环境权相关立法体系的历史发展[1]

5.1.1 初创期（新中国成立初期~20世纪60年代）

1949年9月29日，中国人民政治协商会议第一届全体会议所通过的新中国的临时性宪法文件——《共同纲领》明确规定："公私企业目前一般应实行8小时至10小时的工作制，特殊情况得斟酌办理"；"保护青工女工的特殊利益。实行工矿检查制度，以改进工矿的安全和卫生设备"。1954年9月20日第一届全国人民代表大会第一次会议通过了新中国第一部宪法——1954年《宪法》，其规定："中华人民共和国公民有劳动的权利。国家

---

〔1〕 有学者将我国安全生产法规的发展划分为以下5个阶段：①初建时期（1949~1957年）；②调整时期（1958~1966年）；③动乱时期（1966~1978年）；④恢复发展时期（1978~1990年）；⑤逐步完善时期（1991年至今）。该划分方法是以不同时期国民经济和社会发展的五年规划以及相应的安全生产立法为标准。而本书在此的划分主要根据我国工作环境权相关法律、法规的制定为标准。参见罗云："《现代安全管理原理》讲座（4）"，载中国电力安全管理网，http：//www.powersafety.com.cn/default/Article/aqgl/other/200609/16365.html，最后访问时间：2009年2月27日。

通过国民经济有计划的发展，逐步扩大劳动就业，改善劳动条件和工资待遇，以保证公民享受这种权利。中华人民共和国劳动者有休息的权利。国家规定工人和职员的工作时间和休假制度，逐步扩充劳动者休息和休养的物质条件，以保证劳动者享受这种权利”。为了切实落实宪法关于劳动者职业安全卫生的规定，国家先后制定了大量的劳动安全卫生的法律、法规。

1950 年 5 月 3 日，政务院财经委员会发布了《全国公私营厂矿职工伤亡报告办法》，初步建立职工伤亡事故报告制度。该办法规定：“发生重伤事故，厂矿行政须立即直接报告当地劳动局；重大事故（重伤 5 名以上或有死亡），厂矿行政负责人应于获悉后半小时内将事故概要先以电话或电报报告。厂矿行政应于每月 3 日以前，将上月 3 日以前职工伤亡情况直接造表报当地劳动局。”1951 年 9 月 3 日至 15 日，劳动部召开第一次全国劳动保护工作会议，会议讨论研究了《工厂安全卫生暂行条例》、《限制工厂矿场加班加点实行办法》、《保护女工暂行条例》等草案，并在会后修改试行。上述法规的实施使得新中国的劳动保护制度初步建立，改变了过去劳动保护无章可循的局面，劳动安全卫生状况大为改观，伤亡事故大大减少。1952 年 12 月 17 日，劳动部发布了《关于防止沥青中毒的办法》。1952 年 12 月 23 日至 31 日，第二次全国劳动保护工作会议在北京召开。会议传达了毛泽东对劳动部《三年来劳动保护工作总结与今后方针任务》报告的批示：“在实施增产节约的同时，必须注意职工的安全、健康和必不可少的福利事业。如果只注意前一方面，忘记或稍加忽视后一方面，那是错误的。”会议根据这一批示，全面总结了国民经济恢复时期的劳动保护工作，提出了“安全与生产是统一的，安全与生产要同时搞好”的指导思想。为了实践这一思想，会议提出“四上”和“四化”目标任务，即“从思想上、设备上、制度上和组织上加强劳动保护工作，达到劳动保护工作的计划化、制度化、群众化和纪律化”。会议还拟定《加强劳动保护工作的决定》、《工厂安全卫生条例》、《保护女工暂行条例》、《工时休假条例》等文件草案。此次会议为建国初期劳动保护工作指明了方向，对劳动保护事业的长远发展起到了巨大的推动作用，产生了深远的影响。1954 年 11 月 18 日，劳动部发出《关于厂矿企业编制安全技术劳动保护措施计划的通知》，对编制计划的项目范围、职责、程序、经费开支等提出明确要求。1955 年 3 月，中华全国总工会召开了第一次全国工会劳动保护工作会议，着重研究解决各级工会组织加强劳动保护机构建设问题。会议还起草了《工会群众安全检查员暂行条例》。1956 年 5 月，国务院正式颁布了关于劳动安全卫生的“三大规程”，即《工厂安全卫生规程》、《建筑安装工程安全技术规程》和《工人职员伤亡事故报告规程》，以及《关于进一步加强安全技术教育的决定》、《关于编制安全技术安全生产措施计划的通知》、《工业企业设计暂行卫生标准》等法规和规章。同年，卫生部颁布《职业中毒和职业病报告试行办法》。1958 年 3 月 19 日，卫生部、劳动部、中华全国总工会针对工厂和矿山发布《防止矽尘危害技术措施暂行办法》、《矽尘作业工人医疗预防措施暂行办法》和《产生矽尘的厂矿企业防痨工作暂行办法》。

1958 年 9 月 5 日至 16 日，第三次全国劳动保护工作会议在天津召开。此次会议着重研究劳动保护工作的政策思想、工作路线、体制规划，以及锅炉检验工作的方针、任务。1960 年 7 月 24 日，中共中央批转劳动部、全总、全国妇联党组《关于女工劳动保护工作的报告》，提出要加强妇幼卫生保健工作，建立健全“四期”保护制度等。

但是，1958 年以后，由于“大跃进”运动，为了在生产发展上追求高速度，以实现工农业生产高指标为目标，而忽视了劳动安全卫生法律、法规的执行，工伤事故开始大幅上升。1960 年出现了新中国成立以来的第一次事故高峰。仅 1960 年 5 月 7 日，发生在山西大同老白洞煤矿的特大瓦斯爆炸事故就死亡了 657 人。[1]1960 年 4 月 10 日至 20 日，劳动部、中华全国总工会在湖南长沙召开了第四次全国劳动保护工作会议。针对当时全国事故猛增的形势，会议提出了“与工伤事故作斗争，积极改善劳动条件”的任务，提出在全国开展以“十防一灭”（即防撞压、防坍塌、防爆炸、防触电、防中毒、防粉尘、防水灾、防水淹、防烧烫、防坠落、消灭工伤和死亡事故）为中心的安全大检查群众运动。1960 年 12 月 21 日，中共中央发出《关于在城市坚持八小时工作制的通知》。1960 年国家经委、建设部、劳动部、中华全国总工会联合颁发了《关于加强生产中安全工作的规定》。1963 年，国务院先后实施了《工业企业设计卫生标准》、《关于加强企业生产中安全工作的几项规定》、《国营企业职工个人防护用品发放标准》。1965 年劳动部公布了《蒸汽锅炉安全监察规程》和《气瓶安全监察规程》。1965 年 10 月 11 日至 23 日，第五次全国劳动保护工作会议在旅大市召开，会议检查了 1963 年国务院所颁布的《关于加强企业生产中安全工作的几项规定》的贯彻落实情况。通过采取一系列措施，使全国安全生产和劳动卫生状况及时得到改善，1961 年至 1965 年，伤亡事故有所下降。[2]

---

〔1〕 参见徐川府：“改善劳动条件首次挫折——回顾‘二五’期间的职业安全卫生工作”，载《现代职业安全》2007 年第 5 期。

〔2〕 参见徐川府：“历史上的五次全国劳动保护会议”，载《现代职业安全》2007 年第 1 期；参见“50 年中国劳动保护、安全生产大事记”，载《劳动保护》1999 年第 10 期。

1949年至1965年，国家制定颁发的有关安全生产和劳动保护的标准、条例、规定等多达33项。经过该阶段的发展，我国的工作环境安全卫生法律体系初步形成。笔者认为，该阶段的职业安全卫生立法具有以下特点：

第一，法律、法规的内容多是技术性规范。该阶段立法所关注的重心在于物质性工作环境的安全、卫生，因此，多数立法都属于技术性标准，如“三大规程”等。从此种意义上，该阶段可以被视为我国的工厂立法阶段。

第二，立法缺乏规划性和整体性。该阶段的立法层级不高，多数是部门规章，并且由于管理体制的原因，不同部门之间对于职业安全卫生的立法相互交织，缺乏体系性。

第三，立法具有政策性。该阶段立法主要是为了解决建国初期工作环境安全卫生法律、法规不足，事故高发的问题，因此，具有较强的政策性，其中五次全国劳动大会对于该阶段工作环境安全卫生法律体系的形成起到了重要的推动作用。

5.1.2 停滞期（20世纪60年代中期~70年代末）

1966年至1978年，由于受到“文化大革命”的影响，我国的劳动保护立法停滞不前，安全生产工作遭到了破坏。企业的安全管理被全面否定，各级劳动保护、安全管理机构被撤销，许多劳动保护安全工作者受到冲击。许多企业经过十几年努力建立的安全管理制度被废止，建成的防护设备和防尘防毒设施被摧毁，先进的防尘防毒技术措施被停用，改善劳动条件的计划和经费全没了。因此，伤亡事故和职业病发生率再度大幅上升，形成新中国成立以来的第二次伤亡事故高峰。与1965年全国县以上企业因工死亡总数相比，1970年是1965年的2.85倍（1966年~1969年无统计数字），1971年是1965年的4.24倍，

1972 年是 1965 年的 4. 31 倍。[1]

在此期间，在国家领导人的干预下，相关机关依然在努力完善职业安全卫生的法律制度，提高劳动者的职业安全卫生保障水平。1970 年 12 月 11 日，中共中央发布了《关于加强安全生产的通知》。1971 年 9 月，在周恩来总理主持下，对各地贯彻执行中共中央《关于加强安全生产的通知》的情况进行了检查。为此，国家基本建设革委会于 12 月 13 日发布了《关于加强基本建设施工安全的规定（试行)》，对安全管理制度、施工现场管理、土石方工程、高处作业、水上作业、机电设备、防火防爆、防尘防毒提出了安全要求。12 月 20 日，冶金部颁布了《关于加强安全生产的规定》，对加强安全领导、安全教育、安全管理、组织纪律、要害部位和危险区域安全、防止职业病等问题作出具体规定。1973 年 10 月，国家计委发出了《关于防止矽尘危害和有毒物质危害工作的通知》，要求各地方、各部门订出治理尘毒危害的规划，并提取改善劳动条件的措施费用，规定“企业每年在固定资产更新和技术改造资金中安排 10% 至 20%，矿山、化工、金属冶炼企业应大于 20% 用于劳动保护，不得挪用”。1975 年 2 月 15 日，在周恩来总理的指示下，国务院有关部门在北京召开了全国安全生产会议。1975 年 8 月 25 日，国家计委发出《关于加强职工伤亡事故统计报告工作的通知》。10 月 19 日，国家计委批转国家劳动总局《关于加强锅炉压力容器安全管理工作的通知》，该通知指出“对锅炉压力容器特种设备要严加管理”。因此，各省为加强锅炉安全管理，开始恢复、建立安全机构。但是，在“四人帮”的干涉下，此种局面没有维

〔1〕 参见赵云胜、刘如民：“我国职业灾害的概况和对策”，载《劳动安全与健康》1996 年第 1 期。

持多久。[1]

5.1.3 恢复期（20世纪80年代~20世纪末）

1978年十一届三中全会以后，我国的劳动保护立法和安全生产工作迎来了新的发展。1978年10月，党中央颁布了《中共中央关于认真做好劳动保护工作的通知》（中发〔1978〕67号）。为了贯彻落实上述通知，1979年4月，国务院批转国家劳动总局、卫生部《关于加强厂矿企业防尘防毒工作的报告的通知》（国发〔1979〕100号）。1979年4月，国务院又重申要认真贯彻执行《工厂安全卫生规程》、《建筑安装工程技术规程》、《工人职员伤亡事故报告规程》和《国务院关于加强企业生产中安全工作的几项规定》。1979年《刑法》对于重大责任事故罪进行了明确规定。1980年2月25日，煤炭部颁布《煤矿安全规程》。

1982年2月，国务院颁布了《矿山安全条例》、《矿山安全监察条例》和《锅炉压力容器安全监察条例》等规范性文件，要求加强矿山及锅炉、压力容器的安全生产工作。1983年4月1日，国务院颁发了《国营工业企业暂行条例》，条例规定："申请开办的企业必须全面具备以下10项条件：……⑦环境保护、劳动安全卫生和消防安全设施方案要符合国家规定的标准……""劳动安全和卫生条件不符合国家规定，人身安全、国家财产得不到保障的"，由有关单位责令或根据企业申请批准其关闭、停业、合并、分立、转产或迁移；企业必须做好劳动保护工作，改善劳动条件，做好安全生产和文明生产，职工要遵守安全操作规程和劳动纪律，职工有要求在劳动中保障安全和健康的

---

〔1〕参见徐川府："改善劳动条件再次挫折——回顾三五、四五（文革十年）的职业安全卫生工作"，载《现代职业安全》2007年第7期。

权利。

1983 年 5 月，国务院又批转了劳动人事部、国家经委、全国总工会《关于加强安全生产和劳动安全监察工作的报告》，提出“劳动部门要尽快建立、健全劳动安全监察制度，加强安全监察机构，充实安全监察干部，监督检查生产部门和企业对各项安全法规的执行情况，认真履行职责，充分发挥应有的监察作用”。由此确定了劳动安全卫生监察制度。1984 年 7 月，国务院发布了《关于加强防尘防毒工作的决定》，对企业、事业单位治理尘毒危害和改善劳动条件的经费开支渠道，对于严禁企业、事业单位或它们的主管部门转嫁尘毒危害问题，以及关于加强防尘防毒的监督检查和领导等问题，都作了明确规定。1986 年 9 月 15 日，中共中央、国务院颁发《全民所有制工业企业厂长工作条例》、《中国共产党全民所有制工业企业基层组织工作条例》和《全民所有制工业企业职工代表大会条例》。在这 3 个条例中，均对安全生产工作作了明确规定。1987 年 1 月，卫生部、劳动人事部、财政部、全国总工会联合发布了《职业病范围和职业病患者处理办法的规定》，规范了对职业病的管理，并将九大类 99 种职业病列为法定职业病。同年 12 月，国务院颁布了《尘肺病防治条例》。1988 年 4 月 13 日，全国人大通过《全民所有制工业企业法》，其中第 5、9、41、49、50、63 等条文，对劳动保护分别作出了规定。1988 年 7 月 21 日，国务院颁布《女职工劳动保护规定》，自 1988 年 9 月 1 日起施行。

20 世纪 90 年代，我国工作环境安全卫生法律制度有了很大发展，制定了大量的法律、法规。1990 年 6 月 1 日，原劳动部发布《漏电保护器安全监察规定》。1991 年 7 月 9 日，建设部发布《建筑安全生产监督管理规定》。1991 年 4 月 16 日，原劳动部发布《客运架空索道安全运营与监察规定》。1992 年 10 月 29

日，化学工业部发布《化工安全卫生监察办法》。1993 年 8 月，原劳动部发布了《劳动监察规定》，对劳动监察的内容作出了规定，其中规定安全生产监察职责由劳动部承担。1991 年 3 月，国务院发布了《企业职工伤亡事故报告和处理规程》，严肃了对各类事故的报告、调查和处理程序。1992 年 4 月颁布的《妇女权益保障法》对女职工的劳动保护提出了明确要求。1992 年 11 月，《矿山安全法》的颁布，对矿山企业保障安全生产的设施、安全管理制度的建立以及职工劳动条件的措施都进行了明确规定。1994 年 7 月，《劳动法》颁布，在第 6 章专门规定“劳动安全卫生”，标志着我国劳动保护法制建设进入了一个新的发展时期。为了落实劳动法的相关规定，1995 年，劳动部先后颁布了《重大事故隐患管理规定》、《劳动监察员管理办法》等。1996 年 8 月 12 日，劳动部颁布了《企业职工工伤保险试行办法》。[1]

在该阶段，我国工作环境安全卫生法律制度及其实施逐步得到恢复，并且制定的大量的新的法律、法规，使原有的制度体系进一步得到了完善。该阶段我国工作环境安全卫生法律制度呈现出以下两个特点：

第一，随着国家的逐渐重视，我国职业安全卫生立法层次得到提高。尤其是 20 世纪 90 年代以后，全国人大常委会先后颁布了《劳动法》以及《矿山安全法》，此外在《全民所有制工业企业法》、《妇女权益保障法》等法律中都对于职业安全卫生作出了相应的规定。

第二，由于经济体制转变的影响，该阶段的立法呈现出从计划经济体制向市场经济体制转变的趋势。1988 年《宪法》修正案，对私营经济的地位、作用和国家对私营经济政策作了明

〔1〕 参见“50 年中国劳动保护、安全生产大事记”，载《劳动保护》1999 年第 10 期。

确规定；1993年《宪法》修正案，更是明确“国家实行社会主义市场经济”。因此，在此之前的职业安全卫生法相关规定主要是针对全民所有制企业，而随着所有制形式的多元化，职业安全卫生法律法规的适用也逐步呈现多元化。国有企业改革是经济体制改革的核心内容，1987年开始的推进或深化国有企业经营权改革，其形式主要是企业承包制或租赁制，而从1987年到1992年，国有企业经历了两轮承包和租赁改革。1993年，开始推进建立现代企业制度的改革，同时对国企布局不合理的结构进行调整。随着全民所有制局面的逐步打破，所有制形式的多元化局面逐步形成，而相应的职业安全卫生的立法及监督执法却没有跟上。因此，在1993年至1996年期间，发生了新中国成立后第三次事故高峰。

5.1.4 发展期（21世纪初至今）

2001年10月，第九届全国人大常委会第24次会议通过《职业病防治法》。2002年6月，第九届全国人大常委会第28次会议通过《安全生产法》。其中前者是“为了预防、控制和消除职业病危害，防治职业病，保护劳动者健康及其相关权益”；后者则是为了“加强安全生产监督管理，防止和减少生产安全事故，保障人民群众生命和财产安全”。二者分别作为“职业安全”与“职业卫生”的基本法律，对于我国职业安全卫生法律体制的建立起到了基础性作用。根据二者的规定，随后国务院及其相关部门又制定了大量的行政法规和部门规章，如2002年5月，国务院颁布《使用有毒物品作业场所劳动保护条例》；2003年11月，国务院公布《建设工程安全生产管理条例》；2004年11月，国务院颁布《劳动保障监察条例》等。此外，从1981年开始，国家质量技术监督局加快了安全生产方面的国家标准的制定进程，先后制定、颁布了一系列劳动安全卫生的国家标准，如《体力劳动强度分级》（GB 3869—1997）、《生产过程安全卫生要求总则》（GB 12801—1991）、《食品机械安全卫生》（GB 16798—1997）、《安全帽》（GB 2811—1989）等。2006 年 6 月，全国安全生产标准化技术委员会在北京成立，主要负责安全标准起草、审查等工作。

经过 60 年的发展，我国工作环境权相关法制逐步形成了以下体系（如图 5－1）：

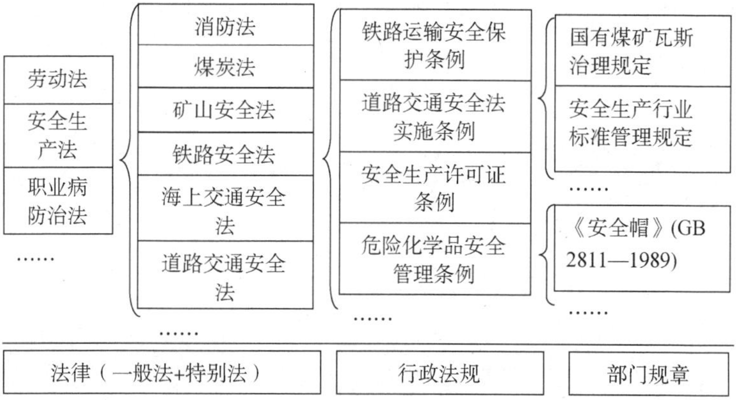

图 5－1　我国工作环境权相关法律体系

5.1.4.1　法律

工作环境权的相关法律主要包括两个部分：一是关于职业安全卫生的一般法，如《劳动法》、《安全生产法》以及《职业病防治法》等；二是关于特定行业或者特殊领域的职业安全卫生的特别法，如《铁路法》、《公路法》、《煤炭法》、《电力法》以及《消防法》等。

5.1.4.2　法规

工作环境权的相关法规分为行政法规和地方性法规：①行

政法规，具体包括：《〈矿山安全法〉实施条例》、《尘肺病防治条例》以及《劳动保障监察条例》等；②地方性法规，是指省、自治区、直辖市以及省、自治区人民政府所在地的市和经国务院批准的较大的市的人民代表大会及其常委会，在其法定权限内制定的与职业安全卫生相关的规范性文件，如《吉林省安全生产条例》、《甘肃省安全生产条例》等。

5.1.4.3 规章

工作环境权的相关行政规章分为部门规章和地方政府规章：①部门规章，如《重大事故隐患管理规定》等；②地方政府规章，如《云南省人民政府关于进一步加强安全生产工作的决定》、《云南省煤矿安全事故伤亡赔偿暂行规定》等。

5.1.4.4 安全生产标准

根据《标准化法》的规定，我国的标准主要可以分为国家标准、行业标准、地方标准和企业标准。而本书所指的与工作环境权相关的标准主要是指国家标准和行业标准，其中国家标准由国务院标准化行政主管部门制定。而行业标准则是，当没有国家标准但是又需要在全国某个行业内统一技术要求时，可以由国务院有关行政主管部门制定，并报国务院标准化行政主管部门备案，在公布国家标准之后，该项行业标准即行废止。

（1）国家标准，包括《生产过程安全卫生要求总则》（GB 12801—1991）、《食品机械安全卫生》（GB 16798—1997）、《安全帽》（GB 2811—1989）等。

（2）行业标准，包括《煤矿建设项目安全核准基本要求》（AQ1049—2008）、《保护层开采技术规范》（AQ1050—2008）、《煤矿职业安全卫生个体防护用品配备标准》（AQ1051—2008）等。

根据《标准化法》的规定，保障人体健康，人身、财产安全的标准和法律、行政法规规定强制执行的标准是强制性标准，其他标准是推荐性标准。对于与工作环境权相关的国家标准和行业标准原则上都是强制性标准，不符合该标准的产品，禁止其生产、销售和进口。

5.2 中国工作环境安全卫生监察执法体系的历史变革

早在1931年革命根据地所发布的《中华苏维埃共和国劳动法》中就提出了劳动保护监察准则。1949年新中国的第一部临时性宪法文件——《共同纲领》规定，人民政府“实行工矿检查制度，以改进工矿的安全和卫生设备”。根据监察执法机关及具体的监察模式的不同，可以将我国工作环境安全卫生监察执法体系的历史分为以下两个阶段：

5.2.1 单部门综合监察阶段（1950～1998年）

1949年11月，中央人民政府在政务院中设置了劳动部，主管全国的劳动行政事宜。1950年5月，政务院批准的《中央人民政府劳动部试行组织条例》和《省、市劳动局暂行组织通则》规定：“各级劳动部门自建立伊始，即担负起监督、指导各产业部门和工矿企业劳动保护工作的任务”。中央人民政府又先后颁布了《工厂安全卫生规程》、《建筑安装工程安全技术规程》等行政法规，从而建立了一套由劳动部门综合监管、行业部门具体管理的安全生产工作体制。

1970年，中央决定将原劳动部并入国家计委，其安全生产综合管理职能也相应转移。1975年9月，国务院决定将劳动工作从国家计委分出，成立国家劳动总局。1979年，国家劳动总局设立锅炉压力容器安全监察局，并在各地劳动部门成立锅炉压力容器安全监察机构。

1981 年，国家劳动总局正式成立国家矿山安全监察局，代表政府对矿山安全卫生工作实行国家监察，保护矿山职工在生产中的安全和健康。1982 年 2 月，国务院颁布了《矿山安全条例》、《矿山安全监察条例》、《锅炉压力容器安全监察条例》，明确执法主体是各级劳动部门。1982 年，国务院进行机构改革，将国家劳动总局、国家人事局、国务院科学技术干部局、国家编制委员会合并，设立劳动人事部，有关劳动保护工作由劳动保护局、矿山安全监察局、锅炉压力容器安全监察局 3 个局承担。1983 年 5 月，国务院批转原劳动人事部、国家经委、全国总工会《关于加强安全生产和劳动安全监察的报告》，指出："劳动部门要尽快建立、健全劳动安全监察制度，加强安全监察机构，充实安全监察干部，监督检查生产部门和企业对各项安全法规的执行情况，认真履行职责，充分发挥应有的监察作用"。为此，国务院于同年为原劳动部门特批了 6000 名劳动安全卫生监察员的编制，另给了经委系统 2000 个安全人员编制，以从事安全专职监察、管理工作，从而全面确立了我国安全生产国家监督管理制度。1988 年，国务院批准的原劳动部"三定"方案中进一步规定：劳动部"综合管理劳动安全卫生、矿山安全、锅炉和压力容器安全工作，实行国家监察。拟定有关法规和规划，并负责组织实施和监督检查。参与重大伤亡事故的调查。组织指导全国安全生产工作"。1993 年 8 月，原劳动部发布了《劳动监察规定》，对劳动监察的内容作出规定。1993 年 2 月，全国人大常委会通过颁布《矿山安全法》使矿山安全监督管理首次具有了法律基础。1994 年 7 月，全国人大通过了《劳动法》，进一步明确了安全生产国家监督管理体制。1995 年 6 月，原劳动部颁布了《劳动安全卫生监察员管理办法》。

从 1982 年至 1995 年，我国各省、自治区、直辖市和一些城市通过地方立法，规定了劳动行政部门是主管安全生产监督管理工作的机关，行使国家监察职能，在本地区实行安全生产监督管理制度。同时，下级劳动安全卫生监督管理机构在业务上接受上级安全生产监督管理机构的指导，从而形成中央统一领导、属地管理、分级负责的安全生产监督管理体制。据统计，1995 年，省级劳动监察机构由上年的 9 个发展到 29 个；建立市县级劳动监察机构达 2800 个，占应建机构的 86.6%；全国拥有 18 200 多名劳动监察员。〔1〕

5.2.2 多部门分散监察阶段（1998 年至今）

1998 年，在国务院机构改革中成立劳动和社会保障部，将原劳动部承担的安全生产综合管理、职业安全监察、矿山安全监察职能，交由国家经济贸易委员会承担；原劳动部负责的卫生监察（包括矿山卫生监察）职能，交由卫生部承担；原劳动部承担的锅炉压力容器监察职能，交由国家质量技术监督局承担；劳动保护工作中的女职工和未成年工特殊保护、工作时间和休息休假，以及与劳动保护工作关系密切的工伤保险、劳动保护争议与仲裁等，仍由劳动和社会保障部管理。国家经贸委成立安全生产局，综合管理全国安全生产工作，对安全生产行使国家监督职权，拟定全国安全生产综合法规、政策，组织协调全国重大安全事故的处理。1999 年，国务院根据煤矿安全生产的实际情况，增设国家煤矿安全监察局，与国家煤炭工业局一个机构、两块牌子。国家煤矿安全监察局是国家经贸委管理的煤矿安全监察的行政机构，承担国家经贸委负责的煤矿安全

〔1〕 参见"1995 年劳动事业发展年度公报"，载中华人民共和国人力资源和社会保障部网站，http：//www.mohrss.gov.cn/SYrlzyhshbzb/zwgk/szrs/ndtjsj/tjgb/201107/t20110723_69884.htm，最后访问时间：2008 年 12 月 21 日。

监察职能。

2000年12月，国务院决定设立国家安全生产监督管理局，下设国家煤炭安全监察局，涉及煤矿安全监察方面的工作，以国家煤炭安全监察局的名义实施。国家安全生产监督管理局（国家煤矿安全监察局）是综合管理全国生产工作、履行国家安全生产监督管理和煤矿安全监察职能的行政机构，由国家经贸委负责管理。原由国家经贸委承担的安全生产监督管理职能划给国家安全生产监督管理局（国家煤矿安全监察局）。原国家煤矿安全监察局承担的职能不作调整。

2001年3月，国务院决定成立国务院安全生产委员会，委员会主任由国务院主管经济工作的副总理兼任，国家安全生产监督管理局局长任副主任兼办公室主任，委员会成员由国家经贸委、公安部、监察部、全国总工会等部门的主要负责人组成。委员会办公室设在国家安全生产监督管理局。委员会的主要职责是：定期分析全国安全生产安全形势，部署和组织国务院有关部门贯彻落实党中央、国务院关于安全生产的方针、政策；研究、协调和解决安全生产中的重大问题；协调解放军总参谋部和武警总部迅速调集部队参加特别重大事故应急救援工作；完成国务院领导同志交办事项及其他有关安全生产的重大事项。

2002年实施的《职业病防治法》第8条规定："国家实行职业卫生监督制度。国务院卫生行政部门统一负责全国职业病防治的监督管理工作。国务院有关部门在各自的职责范围内负责职业病防治的有关监督管理工作。县级以上地方人民政府卫生行政部门负责本行政区域内职业病防治的监督管理工作。县级以上地方人民政府有关部门在各自的职责范围内负责职业病防治的有关监督管理工作。"

2003年3月，全国十届人大一次会议通过国务院机构改革方案，把国家安全生产监督管理局（国家煤矿安全监察局）设置为国务院直属机构，主管全国安全生产综合监督管理和煤矿安全监察工作。2003年，中央机构编制委员会办公室下发了《关于国家安全生产监督管理局（国家煤矿安全监察局）主要职责内设机构和人员编制调整意见的通知》（中央编办发[2003]15号文件），对职业卫生监督管理的职责进行了调整，将卫生部承担的作业场所职业卫生监督检查职责划到国家安全生产监督管理局。同时，国务院办公厅发出（2003）89号文，决定成立新的国务院安全生产委员会，以加强对全国安全生产工作的统一领导，安委会办公室设在安全监管局（煤矿安监局）。2005年2月23日，国务院召开常务会议，决定把国家安监局升格为国家安监总局（正部级），同时专设由总局管理的国家煤监局，提高监察权威性，强化煤矿安全监察执法。2005年，卫生部、国家安全生产监督管理局就职业卫生监督管理职能分工与协作进行了认真研究，就两部门的分工和协作达成一致，其中卫生部门职责包括：①拟订职业卫生法律、法规和标准。②负责对用人单位职业健康监护情况进行监督检查，规范职业病的预防、保健，并查处违法行为。③负责职业卫生技术服务机构资质认定和监督管理；审批承担职业健康检查、职业病诊断的医疗卫生机构并进行监督管理，规范职业病的检查和救治；负责化学品毒性鉴定管理工作。④负责对建设项目进行职业病危害预评价审核、职业病防护设施设计卫生审查和竣工验收。安全监管部门职责包括：①负责制定作业场所职业卫生监督检查、职业危害事故调查和有关违法、违规行为处罚的法规、标准，并监督实施。②负责作业场所职业卫生的监督检查，依照《使用有毒物品作业场所劳动保护条例》发放职业卫生安全许可证；负责职业危害申报，依法监督生产经营单位贯彻执行国家有关职业卫生法律、法规、规定和标准情况。③组织查处职业危害事故和有关违法、违规行为。④组织指导、监督检查生产经营单位职业安全培训工作。各级煤矿安全监察机构依据上述内容负责煤矿企业作业场所的职业卫生监督管理工作。

2005 年，国务院办公厅印发了《国家安全生产监督管理总局主要职责内设机构和人员编制规定》（国办发［2005］11 号）再次明确“依法监督检查工矿商贸生产经营单位作业场所（煤矿作业场所除外）职业卫生情况，负责职业卫生安全许可证的颁发管理工作”乃国家安全生产监督管理总局的主要职责之一，并且明确该职责主要由安全生产协调司（国家安全生产监察专员办公室、职业安全监督管理司）承担。

2008 年 8 月，国务院办公厅印发了《国家安全生产监督管理总局主要职责内设机构和人员编制规定的通知》（国办发［2008］91 号），其中国家安监总局三定方案里，增设职业安全健康监督管理司，负责依法监督检查工矿商贸作业场所（煤矿作业场所除外）职业卫生情况；按照职责分工，拟订作业场所职业卫生有关执法规章和标准；组织查处职业危害事故和违法违规行为；承担职业卫生安全许可证的颁发管理工作；组织指导并监督检查有关职业安全培训工作；组织指导职业危害申报工作；参与职业危害事故应急救援工作。

2010 年 10 月，中央机构编制委员会办公室下发了《关于职业卫生监管部门职责分工的通知》（中央编办发［2010］104 号），就职业卫生监管部门职责分工明确如下：一是卫生部：①负责会同安全监管总局、人力资源社会保障部等有关部门拟订职业病防治法律法规、职业病防治规划，组织制定发布国家职业卫生标准。②负责监督管理职业病诊断与鉴定工作。③组织开展重点职业病监测和专项调查，开展职业健康风险评估，研究提出职业病防治对策。④负责化学品毒性鉴定、个人剂量监测、放射防护器材和含放射性产品检测等技术服务机构的资质认定和监督管理；审批承担职业健康检查、职业病诊断的医疗卫生机构并进行监督管理，规范职业病的检查和救治；会同相关部门加强职业病防治机构建设。⑤负责医疗机构放射性危害控制的监督管理。⑥负责职业病报告的管理和发布，组织开展职业病防治科学研究。⑦组织开展职业病防治法律法规和防治知识的宣传教育，开展职业人群健康促进工作。二是安全监管总局：①起草职业卫生监管有关法规，制定用人单位职业卫生监管相关规章。组织拟订国家职业卫生标准中的用人单位职业危害因素工程控制、职业防护设施、个体职业防护等相关标准。②负责用人单位职业卫生监督检查工作，依法监督用人单位贯彻执行国家有关职业病防治法律法规和标准情况。组织查处职业危害事故和违法违规行为。③负责新建、改建、扩建工程项目和技术改造、技术引进项目的职业卫生“三同时”审查及监督检查。负责监督管理用人单位职业危害项目申报工作。④负责依法管理职业卫生安全许可证的颁发工作。负责职业卫生检测、评价技术服务机构的资质认定和监督管理工作。组织指导并监督检查有关职业卫生培训工作。⑤负责监督检查和督促用人单位依法建立职业危害因素检测、评价、劳动者职业健康监护、相关职业卫生检查等管理制度；监督检查和督促用人单位提供劳动者健康损害与职业史、职业危害接触关系等相关证明材料。⑥负责汇总、分析职业危害因素检测、评价、劳动者职业健康监护等信息，向相关部门和机构提供职业卫生监督检查情况。三是人力资源和社会保障部：①负责劳动合同实施情况监管工作，督促用人单位依法签订劳动合同。②依据职业病诊断结果，做好职业病人的社会保障工作。四是全国总工会依法参与职业危害事故调查处理，反映劳动者职业健康方面的诉求，提出意见和建议，维护劳动者合法权益。

表5-1 职业安全卫生监察的历史变革表

<table>
<tr><th>阶段</th><th>时间</th><th colspan="2">监督执法机关</th><th>监管模式</th></tr>
<tr><td rowspan="7">单部门综合监管</td><td>1950~1970年</td><td colspan="2">劳动部</td><td rowspan="7">综合监管、行业部门具体管理；中央统一领导、属地管理、分级负责。</td></tr>
<tr><td rowspan="3">1970~1982年</td><td colspan="2">国家计划革命委员会（劳动局）（1970~1975年）</td></tr>
<tr><td rowspan="2">国家劳动总局（国家计委代管）（1975~1982年）</td><td>锅炉压力容器安全监察机构（1979年）</td></tr>
<tr><td>国家矿山安全监察局（1981年）</td></tr>
<tr><td rowspan="3">1982~1998年</td><td rowspan="3">劳动人事部劳动部（1988~1998年）</td><td>劳动保护局</td></tr>
<tr><td>矿山安全监察局</td></tr>
<tr><td>锅炉压力容器安全监察局</td></tr>
<tr><td rowspan="4">多部门分散监管</td><td rowspan="4">1998~2000年</td><td colspan="2">劳动和社会保障部（负责劳动基准监察）</td><td rowspan="4">国家经贸委监管为主；多部门分散监管。</td></tr>
<tr><td colspan="2">卫生部（负责卫生监察）</td></tr>
<tr><td colspan="2">国家经济贸易委员会安全生产局（负责安全生产综合管理、职业安全监察、矿山安全监察）、国家煤矿安全监察局（负责煤矿安全生产）（1999年）</td></tr>
<tr><td colspan="2">国家质量技术监督局（锅炉压力容器监察）</td></tr>
</table>

续表

阶段	时间	监督执法机关	监管模式
多部门分散监管	2000年至今	国家安全生产监督管理局（国家煤炭安全监察局）（由国家经贸委管理）（2000年）	国家安全生产监督管理总局监管为主；多部门分散监管。
		国务院安全生产委员会（2001年）	
		国家安全生产监督管理局（直属国务院）（2003年）（原属于卫生部的职业卫生监察职责转移给国家安监局2005年）	
		国家安全生产监督管理总局（升格）（2005年）	

5.3 中国工作环境权相关法制的运行现状

5.3.1 中国工作环境权相关法制的适用范围

目前我国工作环境权相关法律主要包括《劳动法》、《安全生产法》、《职业病防治法》等。然而比较而言，上述法律的适用范围不尽相同。

（1）《劳动法》关于劳动安全卫生、工作时间和休息休假以及特殊劳动保护的规定适用于“用人单位”。

（2）《职业病防治法》2001年最初颁布之时，仅适用于“企业、事业单位和个体经济组织的劳动者”。该适用范围与《劳动法》和《劳动合同法》关于用人单位之规定并不完全重合，其中，国家机关、社会团体被排除在其适用范围之外。2011年，立法机关将《职业病防治法》第2条修订为：“本法适用于中华人民共和国领域内的职业病防治活动。本法所称职业病，是指企业、事业单位和个体经济组织等用人单位的劳动者在职业活动中，因接触粉尘、放射性物质和其他有毒、有害因素而引起的疾病”。从字面来看，新修订之《职业病防治法》的适用范围扩大了，但是，是否包括与国家机关、社会团体建立劳动关系之劳动者，仍不明确。

(3)《安全生产法》适用于“生产经营单位”。第2条规定：“在中华人民共和国领域内从事生产经营活动的单位（以下统称生产经营单位）的安全生产，适用本法；有关法律、行政法规对消防安全和道路交通安全、铁路交通安全、水上交通安全、民用航空安全另有规定的，适用其规定。”

5.3.2 中国工作环境安全卫生的监督执法

我国现行的工作环境安全卫生的监察执法体系，从职能分工上可以划分为以下几个部分：劳动监察、安全生产监督检查、卫生监察，以及行业主管部门的安全监督检查等；而从层级来看，我国的监察机构几乎都是根据行政级别的划分，采取中央统一管理、地方分级管理的模式。

5.3.2.1 以职能标准，形成“安全生产监督检查为主的多元监管体系”（如表5-2）

表5-2 我国工作环境安全卫生监督执法职能体系

执法机关	监察职责	法律依据
安全生产监察机关	生产经营单位安全生产、职业卫生状况	安全生产法、矿山安全法等
劳动行政部门	童工、女职工和未成年工特殊劳动保护、工作时间和休息休假	劳动法、劳动保障监察条例等

续表

执法机关	监察职责	法律依据
卫生行政部门	职业卫生、放射卫生、环境卫生和学校卫生的监督管理，负责公共场所和饮用水的卫生安全监督管理，负责传染病防治监督	传染病防治法、职业病防治法等
行业主管部门（铁路、航空等）	行业的安全生产、职业卫生等	铁路法、民用航空法等
质监部门	特种设备的安全监察监督，以及相关作业人员的考核等	产品质量法等
消防部门	工作场所消防工作实施监督管理	消防法等

5.3.2.2 按层级标准，形成“中央统一管理、地方分级管理的模式”

我国安全生产监督检查机构主要是根据国家的行政层级设置，从而形成了中央统一管理、地方分级管理的模式。截至2011年12月31日，全国省、市、县三级安全监管部门、安全生产监察执法机构及应急管理机构人员编制总计69 605名，实有人数总计74 427名，其中三级监管部门人员编制51 187名，实有人数57 587名；三级监察执法机构共计2562个，人员编制23 671名，实有人数22 049名（其中作为内设机构或加挂牌子的监察执法机构人员编制7506名、实有人数7158名）；三级应急管理机构共计965个，人员编制4075名，实有人数4006名（其中作为内设机构或加挂牌子的应急管理机构人员编制1822名、实有人数2057名）。全国省、市、县三级安全监管局所属安全生产监察执法机构共计2562个，共有人员编制23 669名、实有人数22 049名，其中作为内设机构或加挂牌子的监察执法机构人员编制7506名、实有人数7158名。

（1）省级安全生产监察执法机构建设情况：全国31个省（区、市）中，已有北京、天津、河北、山西、内蒙古、辽宁、吉林、黑龙江、上海、江苏、福建、江西、山东、河南、湖北、湖南、广东、广西、重庆、四川、贵州、甘肃、新疆等23个省（市、区）安全监管局成立了监察执法总队、执法监察局（处）等省级安全生产监察执法机构，共有人员编制457名，实有人数372名，平均人员编制19.9名。

（2）市（地）级安全生产监察执法机构建设情况：332个市（地）中，有297个（占89.5%）成立了市级安全生产监察执法机构，共有人员编制3535名，实有人数3127名，平均人员编制11.9名。

（3）县（区）级安全生产监察执法机构建设情况：2856个县（区）中，有2242个（占78.5%）成立了县级安全生产监察执法机构，共有人员编制19 679名，实有人数18 550名，平均人员编制8.8名。[1]

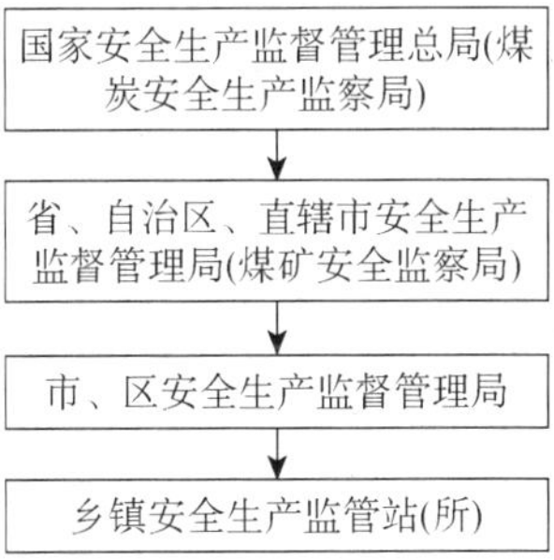

图5-2 我国工作环境安全卫生监督执法行政层级体系

[1] 参见“2011年度全国地方安全监管机构建设有关情况通报”，载国家安全生产监督管理总局网，http：//www.chinasafety.gov.cn/newpage/Contents/Channel_5864/2012/0302/166302/content_166302.htm，最后访问时间：2013年8月10日。

5.3.3 中国工作环境权相关法律关系主体的权利义务

5.3.3.1 劳动者的权利义务

根据《安全生产法》、《职业病防治法》等规定，我国劳动者所享有的劳动安全卫生的权利具体包括：

(1) 知情权，即从业人员有权了解其作业场所和工作岗位存在的危险因素、防范措施及事故应急措施，有权对本单位的安全生产工作提出建议；

(2) 批评、检举、控告、拒绝违章指挥和强令冒险作业的权利；

(3) 停止作业的权利，即当工作场所存在立即危险时，有权停止作业；

(4) 受到损害的，请求工伤保险待遇以及赔偿的权利；

(5) 要求提供安全卫生的工作条件以及相应的职业安全卫生防护用品的权利；

(6) 接受教育培训的权利；

(7) 获得职业健康检查、职业病诊疗、康复等职业病防治服务；

(8) 参与用人单位职业卫生工作的民主管理，对职业病防治工作提出意见和建议。

从业人员在劳动安全卫生方面的义务主要是协作义务，具体包括：

(1) 劳动者在劳动过程中必须严格遵守安全操作规程；

(2) 正确佩戴和使用劳动防护用品的义务，以及参加培训的义务；

(3) 报告义务，即发现事故隐患或者其他不安全因素，应当立即向现场安全生产管理人员或者本单位负责人报告。

5.3.3.2 用人单位的权利义务

用人单位是工作环境权保障的主要义务人，根据我国《劳动法》、《安全生产法》以及《职业病防治法》等规定，用人单位的义务主要包括：

（1）提供符合国家规定的劳动安全卫生条件和必要的劳动防护用品的义务；

（2）对从事有职业危害作业的劳动者应当定期进行健康检查；

（3）对从业人员进行安全生产教育和培训的义务；

（4）设置安全生产管理机构或者配备专职安全生产管理人员的义务；

（5）职业安全卫生相关信息的告知义务，如在有较大危险因素的生产经营场所和有关设施、设备上，设置明显的安全警示标志的义务；

（6）制作并保存相关的安全生产记录；

（7）建立、健全劳动安全卫生制度，如安全生产责任制、安全生产规章制度和操作规程等。

5.3.3.3 其他主体的权利义务

《安全生产法》、《职业病防治法》所规定的职业安全卫生方面的主体不限于用人单位和劳动者，还包括部分其他主体，如《安全生产法》规定，建设项目安全设施的设计人、设计单位应当对安全设施设计负责。矿山建设项目和用于生产、储存危险物品的建设项目的施工单位必须按照批准的安全设施设计施工，并对安全设施的工程质量负责。《职业病防治法》第29条规定："向用人单位提供可能产生职业病危害的设备的，应当提供中文说明书，并在设备的醒目位置设置警示标识和中文警示说明。警示说明应当载明设备性能、可能产生的职业病危害、安全操作和维护注意事项、职业病防护以及应急救治措施等内容。”

5.3.4 中国工作环境事务的工会参与

工会组织是我国劳动者权益得以实现的重要保障，也是我国职工民主参与的主要方式。我国的工会组织一直是推动职业安全卫生法律制度的建立与完善，强化劳动者职业安全卫生权利保障的重要力量。早在新中国成立之初，工会组织就积极参与职业安全卫生工作，如 1951 年，劳动部召开的全国第一次劳动保护工作会议，工会组织就曾派员参加。因此，我国《劳动法》、《安全生产法》以及《职业病防治法》等都明确了工会组织在工作环境事务方面的参与权。我国工会组织工作环境事务的参与权，主要体现在以下两个方面：

5.3.4.1 国家宏观层面的参与

（1）参与工作环境安全卫生法律、法规的制定与完善。《工会法》规定：“国家机关在组织起草或者修改直接涉及职工切身利益的法律、法规、规章时，应当听取工会意见。县级以上各级人民政府制定国民经济和社会发展计划，对涉及职工利益的重大问题，应当听取同级工会的意见。县级以上各级人民政府及其有关部门研究制定劳动就业、工资、劳动安全卫生、社会保险等涉及职工切身利益的政策、措施时，应当吸收同级工会参加研究，听取工会意见。”

（2）参与“国家三方会议机构”。由劳动和社会保障部、全国总工会、中国企业联合会组建的“国家三方会议机构”，定期举办“全国协调劳动关系三方机制工作会议”。三方会议的目的在于促进劳动关系的协调发展，推动劳动法律法规的健全完善，解决一些影响劳动关系和谐稳定的突出问题，有力地促进社会的稳定。其具体的职责则包括了参与相关立法以及宣传工作；研究涉及劳动关系调整的最低工资、工作时间和休息休假、女职工和未成年工特殊保护、生活福利待遇等劳动标准的完善和执行。

目前全国的省、自治区、直辖市都已逐步建立“协调劳动关系三方会议制度”，并且在特定行业也建立了该制度，如建设系统协调劳动关系三方会议等。

（3）参与工作环境安全卫生执法的监督。工会组织应该与工作环境安全卫生监察执法机关进行合作。劳动保障行政部门在劳动保障监察工作中应当注意听取工会组织的意见和建议。当发生重大事故时，工会组织依法享有与政府及其有关部门等进行调查和处理的权利。

工会组织可以建立工会劳动保护监督检查员，根据全国总工会所颁布的《工会劳动保护监督检查员工作条例》、《工会劳动保护监督检查委员会工会条例》的规定，工会劳动保护监督检查员享有以下职权：监督检查本地区、行业和企事业的劳动安全卫生工作；对劳动安全卫生状况进行分析；对危害职工劳动安全与健康的问题进行调查；向政府及有关部门、企事业单位反映需要解决的问题，提出整改治理的建议；制止违章指挥、违章作业。在监督检查时，发现存在事故隐患、职业危害和违反国家劳动安全卫生法律法规的问题，有权要求企事业进行整改，监督企事业采取防范事故和职业危害的措施；发现严重存在事故隐患或职业危害的，提请所隶属的工会组织向企事业单位发出书面整改建议，并督促企事业单位解决；对拒不整改的，提请政府有关部门采取强制性措施。在生产过程中，发现存在明显重大事故隐患和严重职业危害，并危及职工生命安全的紧急情况时，有权要求企事业行政或现场指挥人员采取紧急措施，包括立即从危险区内撤出作业人员。同时支持或组织职工采取必要的避险措施并立即报告。依法参加职工伤亡事故的调查和处理，监督企事业单位采取防范措施，对造成伤亡事故和经济损失的责任者，提出处理意见。对触犯刑律的责任者，建议追究其法律责任。参加新建、扩建和技术改造工程项目劳动安全卫生设施的设计审查和竣工验收，对劳动条件和安全卫生设施存在的问题提出意见和建议。

5.3.4.2 企业微观层面的参与

(1) 企业工作环境安全卫生的监督、处置权。工会依法组织职工参加本单位安全生产工作的民主管理和民主监督，维护职工在安全生产方面的合法权益。有权对建设项目的安全设施与主体工程同时设计、同时施工、同时投入生产和使用进行监督，提出意见。对生产经营单位违反安全生产法律、法规，侵犯从业人员合法权益的行为，有权要求纠正；发现生产经营单位违章指挥、强令冒险作业或者发现事故隐患时，有权提出解决的建议，生产经营单位应当及时研究答复；发现危及从业人员生命安全的情况时，有权向生产经营单位建议组织从业人员撤离危险场所，生产经营单位必须立即作出处理。工会有权依法参加事故调查，向有关部门提出处理意见，并要求追究有关人员的责任。

用人单位由于生产经营需要而需延长工作时间的，原则上应与工会和劳动者协商。根据中华全国总工会《工会小组劳动保护检查员工作条例》的规定，在工、交、财贸、基本建设等行业和企事业生产班组中，设立工会小组劳动保护检查员。工会小组劳动保护检查员依法履行相应的检查、督促职责。

(2) 企业工作环境安全卫生规章制度制定的参与、建议权。用人单位在制定、修改或者决定有关劳动报酬、工作时间、休息休假、劳动安全卫生、保险福利、职工培训、劳动纪律以及劳动定额管理等直接涉及劳动者切身利益的规章制度或者重大事项时，应当经职工代表大会或者全体职工讨论，提出方案和意见，与工会或者职工代表平等协商确定。在规章制度和重大事项决定实施过程中，工会或者职工认为不适当的，有权向用人单位提出，通过协商予以修改完善。

（3）与企业就工作环境安全卫生进行协商订立集体合同。企业职工一方与用人单位通过平等协商，可以就工作时间、休息休假、劳动安全卫生等事项订立集体合同。集体合同中关于劳动条件等标准不得低于当地人民政府规定的最低标准，而集体合同具有强制性效力，用人单位与劳动者订立的劳动合同中关于劳动条件等标准的约定不得低于集体合同规定的标准。

根据《工会法》以及《劳动保障监察条例》的规定，工会组织企业内参与是国家强制保证实施的，因此，用人单位违反相关规定，侵害工会组织在工作环境事务方面的参与权的，由劳动保障行政部门责令改正，如用人单位无正当理由调动依法履行职责的工会工作人员的工作岗位，进行打击报复等。

5.4 中国工作环境权相关法制存在的问题——规范分析的视角

5.4.1 中国工作环境权相关立法及其体系存在的问题

5.4.1.1 分散立法模式，破坏工作环境权法律的整体性和体系性

从本书第4章关于域外工作环境权法制的比较研究可知，域外国家对于工作环境权立法多是采取框架性立法模式

(Framework Legislation)，其内容涵盖了可能影响工作环境安全、健康的各个因素，包括工作场所的物质因素、劳动方式以及人的管理等。然后根据工作环境法颁布相关的条例、规章。

我国的工作环境权相关法律采取的是分散立法模式，将相关内容分散规定在不同的法律规范中，目前我国的工作环境权相关的法律主要包括：《劳动法》第 6 章“劳动安全卫生”、第 4 章“工作时间和休息休假”以及第 7 章“女职工和未成年工特殊保护”；《安全生产法》以及《矿山安全法》则是关于工作场所、探矿和采矿过程中“安全”的规定；《职业病防治法》则是关于“职业病”规定。

职业安全与职业卫生之间密切相关，二者是无法完全区分的，因此，国际劳工组织《职业安全和卫生及工作环境公约》(第 155 号公约)以及其他国家的相关立法都是针对职业安全与卫生制定统一的法律规范。而我国采取分散的立法模式，导致相关内容割裂、零碎，破坏了整个工作环境法律体系的整体性和系统性，增加了立法、执法乃至守法的难度：

(1) 立法机关针对密切联系的职业安全与职业卫生制定不同的法律规范，一方面，内容重复增加了立法成本，削弱了立法的精炼和明确性；另一方面，则使得立法机关面临法律协调的困境，可能导致法律冲突和法律漏洞。如我国工作环境相关法律体系的法律术语的统一性问题，《劳动法》使用“用人单位与劳动者”，《职业病防治法》中亦使用“用人单位与劳动者”，但是《安全生产法》中则使用“生产经营单位与从业人员”。然而何谓“生产经营单位”？何谓“从业人员”？他们与用人单位和劳动者之间的联系与区别如何？此外，如《矿山安全法》第 8 条第 2 款规定：“矿山建设工程安全设施的设计必须有劳动行政主管部门参加审查”，第 13 条规定：“矿山开采必须具备保障安全生产的条件”等，而根据《矿产资源法》以及《矿产资源开采登记管理办法》的规定，国土资源部门颁发采矿许可证，无须安全监管部门的有关审查即可通过登记，使不少缺乏安全生产条件的矿山企业合法地进入了市场，并由此带来大量事故隐患。[1]

(2) 分散的法律规范既增加执法机关的执法成本，同样可能因为执法权力的分割导致执法过程中出现多头执法的情况；与此同时，行政机关的运行欠缺协调性，原本相互关联的问题，由于部分行政执法的不到位，执法效果无法令人满意，在出现问题之时，又可能出现相互推诿的情形。

(3) 对于相关法律的适用对象而言，分散立法使得不同法律对于行为人作出不同的指引，增加守法的难度，并且，在相同的问题方面，需接受多个部门的监督检查，必然增加了企业的成本。

5.4.1.2 工作环境权法制体系性的缺失

法律是具有体系性的规范组合，而“体系”通常在不同意义上被人使用：即外在体系和内在体系。前者突出法律形式的全面性和完整性，而后者则突出法律规范（内容）的秩序性，包括逻辑关联秩序和价值位阶秩序。[2]我国工作环境权相关法制采取的分散立法模式实质上是外在体系缺失的重要标志。笔者在此所要强调的是我国工作环境权法制内在体系的缺失。

(1) 法律位阶的秩序冲突——下位法违反上位法。导致法律位阶秩序冲突的原因是多方面的，一是分散立法模式的影响。

---

〔1〕 参见刘超捷：“我国矿山劳动安全立法初论”，载《河北法学》2005年第9期。

〔2〕 参见［德］卡尔·拉伦茨：《法学方法论》，陈爱娥译，商务印书馆2003年版，第316~317页。

分散立法使得立法缺乏整体的规划，并且相关的权限又被分割，导致不同的立法主体以及法律内容面临协调的困难。二是社会环境、国家组织结构等各方面的变迁，可能使得法律规范产生滞后，旧法未改，新法既出，而相关规范之间无法遵循“新法优于旧法”的原则。并且法律位阶的秩序冲突容易产生累加效应，为了解决实际问题，法律的变更变得极为随意，从而使得法治国家所应遵守的法秩序原则受到严重破坏。如2001年颁布的《职业病防治法》明确规定，国务院卫生行政部门统一负责全国职业病防治的监督管理工作。国务院有关部门在各自的职责范围内负责职业病防治的有关监督管理工作。但2005年1月17日，卫生部发布的《关于职业卫生监督管理职责分工意见的通知》（卫监督发［2005］31号）则规定，安全监管部门负责作业场所职业卫生监督检查。《劳动法》第36条规定：“国家实行劳动者每日工作时间不超过8小时、平均每周工作时间不超过44小时的工时制度。”但根据国务院《国务院关于职工工作时间的规定》规定，实行的是每日工作8小时、每周工作40小时工时制。

从法律的位阶来看，《职业病防治法》、《劳动法》是全国人大常委会所制定的法律，而《关于职业卫生监督管理职责分工意见的通知》（卫监督发［2005］31号）甚至难以被视为部门规章，仅为政策性文件；《国务院关于职工工作时间的规定》也为行政法规。根据法律制定的一般原则——下位法服从上位法，在工作环境权领域下位法肆意篡改上位法的情形则较为普遍，整个法律体系所应具备的位阶秩序丧失殆尽。

（2）适用范围的冲突。从内容的比较来看，《劳动法》第6章“劳动安全卫生”、第4章“工作时间和休息休假”以及第7章“女职工和未成年工特殊保护”是关于职业安全卫生的一般规定；《安全生产法》、《职业病防治法》则是具体规定，其相互之间存在一般规定与具体规定的关系。然而实践中上述三部法律是并行适用，相互之间似乎无任何关联。

无论是基于体系解释，还是字面解释和目的解释，《劳动法》关于职业安全卫生的规定适用于用人单位，即适用于企业、个体经济组织、民办非企业单位以及与劳动者建立劳动关系的国家机关、事业单位、社会团体（《劳动法》第2条）。

《安全生产法》第2条所规定的适用范围为"中华人民共和国领域内从事生产经营活动的单位"。《生产经营单位安全培训规定》（国家安全监管总局令第3号）则使用的是"工矿商贸生产经营单位（简称生产经营单位）"。然而何谓"生产经营单位"？我国法律、法规中大量使用该术语，但是对其确切的含义均未作出界定，实践中通常是指办理工商登记的企业、个体经营户等，从字面解释来看，其强调单位的营利性。因此，《安全生产法》的"生产经营单位"外延应小于"用人单位"的外延，如经过民政部门登记许可的社会团体、公益性事业单位以及国家机关都有可能成为用人单位，但不属于"生产经营单位"。

《职业病防治法》第2条规定："本法适用于中华人民共和国领域内的职业病防治活动。本法所称职业病，是指企业、事业单位和个体经济组织等用人单位的劳动者在职业活动中，因接触粉尘、放射性物质和其他有毒、有害因素而引起的疾病。"因此，《职业病防治法》所适用的"用人单位"亦小于劳动法所指的用人单位，并未明确是否包括与劳动者建立劳动关系的国家机关、社会团体。

因此，三者关于适用范围的规定存在以下关系：《劳动法》关于劳动安全卫生的适用范围要比《职业病防治法》的广泛，而《职业病防治法》的适用范围要比《安全生产法》广泛。三者适用范围的不一致，使得我国劳动者工作环境权的保障存在单位的差别，如事业单位，应该遵守劳动法关于劳动安全卫生的规定，接受劳动监察；并且应该遵守《职业病防治法》的规定。但是，《事业单位登记管理暂行条例》规定，事业单位，是指国家为了社会公益目的，由国家机关举办或者其他组织利用国有资产举办的，从事教育、科技、文化、卫生等活动的社会服务组织。因此，事业单位具有非营利性的特点，应不属于生产经营单位，从而不适用《安全生产法》。

5.4.1.3 立法的价值及目的错位

我国《安全生产法》的立法目的是“为了加强安全生产监督管理，防止和减少生产安全事故，保障人民群众生命和财产安全，促进经济发展，制定本法”。《职业病防治法》的立法目的是，“为了预防、控制和消除职业病危害，防治职业病，保护劳动者健康及其相关权益，促进经济社会发展，根据宪法，制定本法”。综合而言，上述两法的立法目的主要包括两个方面：一是预防职业灾害和职业病保护劳动者健康；二是促进经济发展。而国际劳工组织（ILO）《职业安全和卫生及工作环境公约》（第155号公约）的目的是在合理可行的范围内，把工作环境中的内在危险因素减少到最低限度，以预防来源于工作、与工作有关或在工作过程中发生的事故和对健康的危害。本书第4章所列举的国家的《工作环境法》以及《职业安全卫生法》的立法目的几乎都是为了减少职业灾害，以实现舒适的工作环境。

比较而言，我国的《安全生产法》以及《职业病防治法》却将“促进经济发展”作为立法目的之一，且从整个法律规定来看，与“保护劳动者健康”相比，促进经济发展似乎为其立法的重点。因此，有学者认为，“我国安全生产法旨在维护企业的安全生产，防止公害及促进经济发展为中心，着重于‘经济性’而非

‘社会性’，这其中体现的立法精神与世界其他国家是有着显著差异的。英、美、日等国和台湾地区的职业安全卫生法的立法目的，都以保证劳动者为宗旨，着重于‘社会性’”[1]。将“促进经济发展”作为职业安全卫生立法目的，可能导致以下诸多问题：

（1）影响立法的价值取向，尤其是“经济目的”与“劳动者健康保护”之间本身存在一定冲突。因为对劳动者工作环境权的强制保障，意味着对企业的财产权和经营自主权的限制。所以，立法者面临冲突目的的指引，容易导致立法定位的不确定，在制度的权利、义务的配置方面丧失其基本的价值依托，从而导致违背初衷的立法。

（2）违背了工作环境法的社会法属性。社会法形成的重要原因在于市民社会内部的实质不平等，因此，社会法的重要原则之一是倾斜保护弱势群体，而将“促进经济发展”作为立法目的势必会与其倾斜保护的原则相违背。

（3）“促进经济发展”的目的，为用人单位以及地方执法部门屈服于经济利益而漠视劳动者的工作环境安全、偏袒资方提供了“正当理由”。这似乎是导致我国安全事故发生率和伤亡率居高不下的重要原因。

然而，为何“促进经济发展”会成为我国工作环境安全卫生的立法目的？由于缺少必要的立法说明，确切原因不得而知。笔者认为，其主要原因可能包括以下几方面：

第一，任何立法不可能超脱于其所在的特定的社会、政治背景。据立法参与者回忆：“‘安全生产’这个词起源于何时，出处何在已难以考证。但很长一段时间，‘安全为了生产、生产必须安全’这一代表性的口号，曾相当流行。后来在劳动部门

---

〔1〕 张剑虹、楚风华：“国外职业安全卫生法的发展及对当代中国的启示”，载《河北法学》2007年第2期。

组织开展的‘安全第一，还是生产第一’的大讨论中，由于易产生歧义而弃用了。那次大讨论的实质，其实就是‘以人为本，还是以生产为本’，只不过当时中央还没有提出‘以人为本’的理念罢了。”[1]尽管当时的立法者已经意识到人的重要性，但是，仍然难以超脱于当时之特定的社会环境以及在此环境之下所确立的基本制度——坚持一百年不动摇的基本国策——以经济建设为中心的限制，在该国策的指引下，包括立法在内的任何工作都是服务于经济建设。因此，我国工作环境的相关立法在价值理念及制度设置方面都难以超脱于“促进经济发展”之牵绊，如《矿山安全法》等。

第二，立法参与者的知识背景影响了相关立法目的的确定。有资料显示，参与起草和制定《安全生产法》和《职业病防治法》的主要是技术性专家和官员，而法学家参与不够，这直接影响了所立法律的规范性和合逻辑性。1998 年起草《职业病防治法》的时候，参与该法的关怀教授坚持其名称应为《中华人民共和国职业卫生法》，但是由于起草者主要是多年从事职业病防治工作的领导和专家，他们对职业病防治有一种本能的思维惯性和起草思路，导致最后起草的内容与之前所起草的《职业病防治法》相同。[2]

第三，行政主导的立法模式，导致主管机关职能的变化直接影响法律的制定。由于我国立法多是由主管的行政机关起草、制定，通过国务院审议后再提交全国人大常委会表决，因此，主管部门的角色定位直接影响了立法目的的确定。1981 年，原

---

〔1〕 张晓学：“修法应正本清源——对《安全生产法》修订的一点建议”，载《劳动保护》2013 年第 2 期。

〔2〕 参见朱应平：“《职业病防治法》中的几个问题”，载《中国卫生事业管理》2002 年第 6 期。

国家劳动总局就提出制定《劳动保护条例》(后改为《劳动保护法》)。此后，原劳动部又将该法名称改为《职业安全卫生法》，继续组织起草工作。1998年，国家将原劳动部负责的安全生产综合管理职能划归国家经贸委，将原劳动部的"职业卫生监察"职能划归卫生部。随后，职业安全与职业卫生由于分属不同机关，导致立法分离。国家经贸委经过调研论证，将法律名称改为《职业安全法》，并于1999年正式将该法草案报国务院审议。2001年初，国务院对国家安全生产管理体制进行重大改革，决定设立国家安全生产监督管理局，负责全国安全生产的综合监督管理。国家安全生产监督管理局组建伊始，局党组就把尽快制定《安全生产法》作为重点工作。与此同时，卫生行政部门负责起草制定《职业病防治法》。"在起草过程中，随着牵头单位多次变更，折射出了立法指导思想上的某些变化。"[1]国家安全生产监督管理总局以及卫生部门与劳动者保护之间并无必然联系，其并不承担劳动者保护或者监督协调劳动关系的职责，所以，《安全生产法》以及《职业病防治法》偏离"劳动者保护"，而将"促进经济发展"作为立法目的亦非偶然。

5.4.2 中国工作环境权监察执法存在的问题

5.4.2.1 工作环境安全卫生多元分散监察执法，主体权责不清

目前我国的工作环境安全卫生的监察执法模式是"以国家安全生产监督管理总局为主的多元分散监管模式"，其中《劳动法》关于"劳动安全卫生"的规定是由"国务院劳动行政部门"负责执行。《劳动监察条例》规定，国务院劳动保障行政部

〔1〕 张晓学："修法应正本清源——对《安全生产法》修订的一点建议"，载《劳动保护》2013年第2期。

门主管全国的劳动保障监察工作。县级以上地方各级人民政府劳动保障行政部门主管本行政区域内的劳动保障监察工作。属于其监察范围的与工作环境安全、健康密切相关的事项主要包括：用人单位遵守禁止使用童工规定的情况、用人单位遵守女职工和未成年工特殊劳动保护规定的情况，以及用人单位遵守工作时间和休息休假规定的情况。2001 年最初颁布的《职业病防治法》第 8 条规定，职业卫生的监察由卫生行政主管部门负责。虽然，其将作业场所职业卫生的监督检查的职权转移给国家安全生产监督管理总局，但是，其依然按照职责分工负责放射卫生、环境卫生和学校卫生的监督管理，负责公共场所和饮用水的卫生安全监督管理，负责传染病防治监督。《安全生产法》由国家安全生产监督管理总局负责监督执行，而特殊行业的安全生产，如交通、铁路、航空等则主要由行业主管部门负责监督执行。此外，对于危险性机械设备的检查监督管理则由国家质量监督检验检疫总局负责执行。此种多元分散监督执法的模式，可能导致以下问题：

第一，监督执法尺度不一，妨碍法律规范贯彻执行。多个监管机关各自的执法依据不同，如劳动监察机关根据《劳动法》以及《劳动保障监察条例》等执法；安全生产监督管理部门则是以《安全生产法》为执法依据。因此，不同机关对于同一违法行为，适用不同的法律规范，使得相互之间可能存在执法尺度的不统一问题，影响职业安全卫生法律规范的实施效果。

第二，监察机关各自为政，缺乏统筹，执法冲突与相互推诿并存。各个执法部门基于部门利益的考量，缺乏必要的整体协调，使得具有整体性和综合性的工作环境安全、健康事务被割裂。而监察执法部门的权责交叉与不清，一方面，使得相互之间容易出现执法冲突，如对于同一违法行为实施双重处罚

（参见下文关于湖南省张家界市“8.16”事故的介绍）；另一方面，则是职能部门可能相互推诿，结果是都有权力却都无责任，职业安全卫生责任追究流于形式。而且多头监管还使得行政资源内耗，降低行政效率，影响行政执法的权威性。

第三，用人单位需要处理多个机关的监督执法，额外增加企业经营成本。并且由于不同法律规定在违法行为的法律责任的规定上不统一，不同机关根据不同的法律规定，所追究的法律责任也不尽相同。如《劳动法》第92条规定：“用人单位的劳动安全设施和劳动卫生条件不符合国家规定或者未向劳动者提供必要的劳动防护用品和劳动保护设施的，由劳动行政部门或者有关部门责令改正，可以处以罚款；情节严重的，提请县级以上人民政府决定责令停产整顿；对事故隐患不采取措施，致使发生重大事故，造成劳动者生命和财产损失的，对责任人员比照刑法第187条的规定追究刑事责任。”而《安全生产法》第83条规定，生产经营单位未为从业人员提供符合国家标准或者行业标准的劳动防护用品的，责令限期改正；逾期未改正的，责令停止建设或者停产停业整顿，可以并处50 000元以下的罚款；造成严重后果，构成犯罪的，依照刑法有关规定追究刑事责任。

实际上，由于我国职业安全卫生监察执法体制尚未理顺，监察执法的权责变动不居，尤其1998年至2002年，国家在安全监督机构的设置和人员编制配备上走了弯路。在2000年下半年，又重新组建了国家煤矿安全监察机构和国家安全生产监督管理局。由于机构改革上下不同步，对安全监督工作冲击很大，省市级机构不定，人心不稳，工作出现空当，即所谓不到位，有的发生事故不上报，也不知往哪里报，全国各地伤亡数字统计不规范、不标准、不统一、更不准确。这期间成为新中国成立以来的第四次事故高峰。[1]各类伤亡事故严重，如2001年全国发生各类事故1 000 629起，死亡130 491人；事故起数同比上升20.5%，死亡人数上升10.4%。其中道路交通事故760 327起，死亡106 367人，占全国事故死亡总数的82%，比上年同期上升11.5%；非煤矿山企业事故死亡1654人，比上年同期上升87%；非矿山企业事故死亡4233人，比上年同期上升9.3%；水上交通事故死亡和失踪732人，比上年同期上升21.4%。而一次死亡30人以上的特大恶性事故仍时有发生。[2]

5.4.2.2 工作环境安全卫生监察执法的地方化

根据《劳动法》、《安全生产法》等规定，目前我国职业安全卫生的监督管理实行“中央统一领导、属地管理、分级负责”的监管模式，其中国家安全生产监督管理总局主要负责监督管理中央管理的工矿商贸企业安全生产工作。省、市（县）、区级安全生产监督管理部门则负责监督管理辖区内生产经营单位的安全生产工作。劳动监察机关的设置亦是如此。

---

〔1〕 目前关于新中国成立后的事故高峰的确切次数以及区分的具体时间点，观点不尽相同，具体包括：①五次说，即“分别是在解放初期、‘大跃进’时期、‘文革’时期、1992～1993年第一轮工业改革时期，以及1999～2002年”；参见张旭东、张晓松：“对生产事故频发的沉痛思考：无法省却的安全成本”，载搜狐网，http：//news. sohu. com/55/53/news201785355. shtml，最后访问时间：2009年2月20日。②四次说。“建国57年来，我国安全生产在曲折中发展，大致经历了四个事故高峰期（1958～1961年、1971～1973年、1993～1996年、1996～2002年）。”参见李毅中：《我国安全生产的形势和任务》，载国家安全生产监督管理总局网，http：//www. chinasafety. gov. cn/newpage/Contents/Channel _ 6636/2007/0530/46231/content _ 46231. htm，最后访问时间：2009年2月25日。笔者在此采取四次说的观点，其由原国家安全生产监督管理总局局长李毅中提出，可以视为对新中国成立后事故高峰的次数及时间点的官方界定。

〔2〕 参见卞耀武等编：《中华人民共和国安全生产法读本》，第6页，载国家安全生产监督管理总局网站，http：//www. chinasafety. gov. cn，最后访问时间：2008年9月30日。

由于服务地方经济社会建设的整体需求，地方职业安全卫生监察机关（安全生产监督管理机关以及劳动监察机关等）在进行监察执法时，通常会考虑其执法行为对当地产生的社会、经济影响，而且监察执法机关以及相关的执法人员服从地方政府的领导。职业安全卫生的监督执法不仅仅关系到地方的经济发展、社会声誉，乃至地方领导人个人的政治前途，造成了目前职业安全卫生监察执法的地方化现象。职业安全卫生监督检查机关丧失其公共执法操守，沦为地方利益乃至领导者个人政治利益的维护者，从而对于职业安全卫生监督检查的执法以“地方经济利益”或者“领导意志”为最高指导，而非以“生产安全”或“职工安全、健康”为目的，南丹“7·17”特大透水事故瞒报事件即是例证。

2001年7月17日凌晨3时许，广西南丹龙泉矿冶总厂拉甲坡矿发生特大透水事故，致使在拉甲坡、龙山和田角锌矿井下作业的81名矿工遇难。拉甲坡矿矿长黎家西将情况上报后，南丹县委书记万瑞忠、县长唐毓盛却没有依法向上级报告，也没有到现场组织排险抢救，而是考虑事故重大，一是“弄不好大家都死定了”，二是“如果龙泉被查封，南丹县的财政收入受极大影响”，决定对事故采取瞒报。[1]

5.4.2.3 工作环境安全卫生监察执法程序缺失

《劳动保障监察条例》对于劳动保障监察的形式和程序进行了比较清晰的规定，但是，其中依然存在一定的程序缺陷，如以日常巡视检查的形式实施劳动监察的拘束力问题等。《安全生产法》以及《职业病防治法》对于安全生产监察部门的监察执

〔1〕参见蒋桂斌、刘水玉、杨越：“弥天大谎真相大白——南丹特大透水事故瞒报经过”，载人民网，http://tw.people.com.cn/GB/14810/14860/914526.html，最后访问时间：2009年1月20日。

法程序则完全没有规定。此外，根据《劳动保障监察条例》的规定，当劳动保障监察部门接到举报或投诉后，劳动保障行政部门认为用人单位有违反劳动保障法律、法规或者规章的行为，需要进行调查处理的，应当及时立案。而该条例中对于立案的条件未作出任何明确规定。笔者认为，对于用人单位的违法行为的确认基础并非是当事人的举报或者投诉，而必须通过实施劳动监察。因此，原则上劳动监察部门的立案仅作形式上的审查，而不作实质审查。举报和投诉制度只具有扩大劳动保障监察部门的信息来源，强化社会监督的作用，而用人单位是否存在违法行为，必须由劳动监察机关现场实施劳动监察确认。

实践中执法机关通常事先通知企业，组织检查团，由企业领导等预先陪同视察，检查活动与法律程序关系不大，使得检查执法很难发现用人单位的违法行为，[1]并且执法结果不透明、不公开。

5.4.3 中国工作环境权相关法律制度存在的问题

5.4.3.1 适用范围狭窄

国际劳工组织《职业安全和卫生及工作环境公约》（第155号公约）对于职业安全和卫生以及工作环境的涵盖范围，主要是通过以下三个层面来界定：①主体，即“经济活动部门”一词涵盖雇用工人的一切部门，包括公共机构；“工人”一词涵盖一切受雇人员，包括公务人员。②内容，不仅仅包括生理的安全、健康，还包括心理上的安全、健康，即“健康”一词，不仅指没有疾病或并非体弱，也包括与工作安全和卫生直接有关

〔1〕 参见程映雪、向衍荪等：“社会主义市场经济条件下我国劳动安全卫生策略研究（6）——我国劳动安全卫生监察体制的设想”，载《劳动保护科学技术》1995年第6期。

的影响健康的身心因素。③影响工作环境的活动领域，即其一，工作的物质要素（工作场所、工作环境、工具、机器和设备、化学、物理和生物的物质和制剂、工作过程）的设计、测试、选择、替代、安装、安排、使用和维修；其二，工作的物质要素与进行或监督工作的人员之间的关系，及机器、设备、工作时间、工作组织和工作过程对工人身心能力的适应……

比较而言，我国工作环境权相关法制适用范围相对狭窄：

(1) 从主体来看，《劳动法》关于劳动安全卫生的规定、《安全生产法》以及《职业病防治法》仅适用于私领域，而不包括公共机构和公务人员；并且对私领域主体的适用还存在所有制形式的区别，如《职业病范围和职业病患者处理办法的规定》第2条规定："本规定适用于全民所有制和县级以上集体所有制企业、事业单位和外商投资企业。乡镇、街道、私人企业和事业单位可参照执行"。

(2) 从内容来看，所谓的职业安全卫生以及工作环境，仅仅指生理的安全和健康，而不包括心理的安全和健康，因此，职业病名录所包括的职业病均是生理疾病。

(3) 从相关法律所确定的影响工作环境的因素来看，偏重于物质因素，对于生产方式少有涉及，因此，《职业病防治法》规定，职业病系指劳动者在生产劳动及其他职业活动中，接触职业性有害因素引起的疾病。

我国《安全生产法》第2条所规定的适用范围为，"从事生产经营活动的单位（以下统称生产经营单位）"。实践中其具体所指就曾发生过争论。如湖南省张家界市"8.16"事故：

2002年7月，张家界市德顺电脑复印设备有限公司（以下简称"德顺公司"）通过公开竞买的方式取得了一块土地的使用权，并计划在该土地上建造电脑综合楼及地下停车场。2004年7月1日，德顺公司以65 000元的价格将该块土地的土石方工程发包给田二龙的施工队。当年的8月底，土石方工程基本完工。施工工地由于自然积水形成了一个深水塘。随后，电脑综合楼工程因故停工。该土地一直荒废至今。

2005年8月16日下午，两个小孩（一个6岁，一个7岁）在无成人看管的情况下到水塘边玩耍，不慎落入水中身亡。

事故发生后，永定区安监局、公安分局、建设局、监察局组成事故联合调查组。2005年9月7日，事故调查组作出处理建议：建议将德顺公司法定代表人张德文移交司法机关按照重大责任事故罪追究刑事责任，同时，由安全生产监督管理部门对德顺公司实施行政处罚；德顺公司将工程发包给无施工资质工程队，建议建设行政主管部门对无资质的施工队实施行政处罚。2005年12月5日，永定区安监局发出行政处罚决定书，在具体行政处罚中写明：依据《安全生产法》第81条、第86条的规定，①责令整改；②对德顺公司罚款4万元，对公司法定代表人张德文罚款4万元。

德顺公司及法定代表人张德文不服永定区安监局作出的行政处罚决定，2006年1月18日向永定区人民政府申请行政复议，请求撤销行政处罚决定。德顺公司认为行政处罚决定主要存在3个问题：一是“8·16”溺水死亡事故的责任应该由承包工程的田二龙承担；二是“8·16”溺水死亡事故不是生产经营活动中出现的事故，应适用《民法通则》确定民事责任，不应适用《安全生产法》进行行政处罚；

三是永定区建设局已作出了责令停止违法行为的处罚决定，永定区安监局再次处罚不符合“一事不再罚”的规定。永定区人民政府维持了安监局的处罚决定。当事人不服，向永定区人民法院提起行政诉讼，法院一审判决维持安监局的处罚决定。

德顺公司及法定代表人张德文仍不服，向张家界市中级人民法院提起了上诉。张家界市中级人民法院认为，《安全生产法》是专门调整涉及安全生产的相关关系的法律，适用的范围只限定在生产经营领域。本案中，事故系生产经营活动中的安全问题，属民事法律关系调整的范畴。法院还称，本案中受害人并非从业人员，因此不符合工伤的规定。[1]因此，张家界市中级人民法院依法撤销了安监局的行政处罚决定以及一审判决。

本案一审与二审结果大相径庭的根本原因在于：二审法院和一审法院关于本案是否属于《安全生产法》的适用范围存在争议。一审法院认为，本案属于《安全生产法》的适用范围；二审法院则认为，根据《安全生产法》第2条的规定，其仅适用于从事生产经营过程中所发生的安全事故；本案因建筑工地已经停工，因此，该事故仅为生产经营中的安全问题，而非生产经营过程中所发生的安全问题，从而不适用《安全生产法》。笔者认为，本案中关于《安全生产法》的适用范围的争论令人

〔1〕 案例来源：郑国军：“张家界市永定区‘8·16’事故案例分析”，载湖南安全生产信息网，http：//www.hunansafety.gov.cn/sgtc/ShowArticle.asp？ArticleID=2332. 参见黎文：“《安全生产法》是否适用此案？——湖南张家界‘8·16’事故案件经过”，载中国安全生产网，http：//www.cworksafety.com/101806/101963/9990.html，最后访问时间：2009年3月2日。

关注：

一方面，《安全生产法》第2条规定该法适用于从事生产经营活动的单位，是指适用与生产经营相关的安全事故，包括但不限于生产经营活动过程中所发生的安全事故。因此，本案中二审法院，以建筑工地停工认为其不属于《安全生产法》适用范围，此种理解未免过于狭隘。

另一方面，受害人是否为“从业人员”是本案二审法院作出撤销判决的另一重要依据。笔者认为，是否为从业人员仅为是否构成工伤的判断标准，不能由此决定是否适用《安全生产法》，因为安全生产事故除了导致从业人员的人身伤亡之外，还有可能导致非从业人员的人身伤亡。而是否构成安全生产事故的关键在于事故的发生是否与生产有关，因此，诸多国家的工作环境法或职业安全卫生法将相关法律的保护对象扩张到与工作相关的非受雇人，如《英国工作安全卫生法》的立法目的即为“保护非工作中人员避免因工作人员工作活动引起安全卫生或相关危险”[1]。本案中二审法院根据《安全生产法》中仅规定了“从业人员的权利义务”认定非从业人员伤亡即不构成安全生产事故，而不适用安全生产法，未免有些本末倒置。

笔者在此仅分析了该案例中关于我国《安全生产法》的适用范围的争议，而事实上该案中涉及的问题还包括：①多元分散监督执法导致的“重复处罚”问题；②安全生产事故中刑事责任的认定问题（本案发生在2006年《〈刑法〉修正案（六）》实施之前，但是具体内容依然有参考价值，具体论述请参见本书第3章中“刑法意义的救济性保障”）；③在涉及加工承揽或者承包经营的情形下，职业安全卫生的职责如何确定等。

---

〔1〕 Health and Safety at Work etc. Act 1974 (UK), 1.

5.4.3.2 安全生产监察员的任职资格缺失

安全生产监督管理部门负责《安全生产法》的监督执行，但是，《安全生产法》对于安全生产监察员的任职资格没有任何规定，目前国家安全生产监督管理总局也没有对此颁布部门规章予以规定，仅仅在《安全生产培训管理办法》（国家安全生产监督管理局、国家煤矿安全监察局令第20号）中提及安全生产监察员需要经过考核合格后，才能发给安全生产监察员证。目前部分地方颁布地方性法规，对于安全生产监察员的任职资格和监督予以规定，如《广东省安全生产监察员管理办法》等。

5.4.3.3 企业安全生产管理人员的任职资格、选任程序以及履行职责的保障缺失

《安全生产法》第19条规定："矿山、建筑施工单位和危险物品的生产、经营、储存单位，应当设置安全生产管理机构或者配备专职安全生产管理人员。前款规定以外的其他生产经营单位，从业人员超过300人的，应当设置安全生产管理机构或者配备专职安全生产管理人员；从业人员在300人以下的，应当配备专职或者兼职的安全生产管理人员，或者委托具有国家规定的相关专业技术资格的工程技术人员提供安全生产管理服务。"《安全生产法》仅规定"安全生产管理人员必须具备与本单位所从事的生产经营活动相应的安全生产知识和管理能力"以及"应根据本单位的生产经营特点，对安全生产状况进行经常性检查；对检查中发现的安全问题，应当立即处理；不能处理的，应当及时报告本单位有关负责人"，而对安全生产管理人员的任职资格、选任程序、职责以及职责行使所享有的保障等都未有明确规定，使得企业设置安全生产管理机构或者配备专职安全生产管理人员缺乏可操作性。

5.4.3.4 职业病诊断和鉴定存有诸多缺陷

第一，将职业病诊断与劳动关系等绑定缺乏合理性。2002

年《职业病防治法》实施之时，诸多地方要求劳动者提出职业病诊断申请时应该提交劳动关系的证明材料，其目的可能在于：一是劳动关系证明将有利于诊断机构分析劳动者的职业病接触及危害史，有利于职业病诊断结论的作出；二是劳动关系的证明将有利于确定责任单位。然而，笔者以为，此种规定欠缺合理性。一方面，实践中，很多劳动者难以获得劳动关系的证明，导致他们难以获得职业病诊断，从而影响他们的权利救济；另一方面，从专业性来看，职业病诊断乃医学专业之行为，原则上可以根据劳动者患病之临床表现和诊断医生之专业知识，作出判断；而责任单位之确定涉及因果关系之认定，尽管要参考医疗诊断机构之意见，但整体上乃法律专业之行为，因此，将二者绑定必然会使得诊断医生需处理所不熟悉的专业领域的事务。

第二，职业病诊断举证责任不合理。[1]“分析职业病危害接触史和现场危害调查与评价，需要用人单位提供有关职业卫生和健康监护等资料。然而，用人单位对患病的劳动者，往往会采取逃避的政策，因为一旦认定企业工作环境不达环保标准，将会导致损害结果的产生，各种民事赔偿不免接踵而至，所以用人单位很少愿意‘自证其罪’。”[2]

第三，鉴定主体范围过窄，并且缺乏中立性。2002 年《职业病防治法》规定：“劳动者可以在用人单位所在地或者本人居住地依法承担职业病诊断的医疗卫生机构进行职业病诊断。”然而，“现实生活中，不少病人的用人单位所在地和本人居住地都

〔1〕 参见李进：“从张海超‘开胸验肺’事件谈如何完善我国《职业病防治法》”，载《法律适用》2010 年第 7 期。

〔2〕 廖晨歌：“关于我国农民工职业病维权困境的思考——从‘开胸验肺’事件谈起”，载《南京医科大学学报》（社会科学版）2009 年第 9 期。

是在同一个地方。法定职业病诊断机构的‘稀缺’，客观上造成了某些城市职业病诊断权的‘垄断’，限制职业病病人的诊断选择权”[1]。如在张海超“开胸验肺”事件中，“不具有法定职业病诊断资格的医院都作出了正确的诊断结论，而具有法定职业病诊断资格的郑州市职业病防治所成了唯一一个出错者”[2]。由此引发了职业病诊断机构的中立性的反思，一方面，由于职业病诊断机构缺乏竞争，“长期与相关污染性企业打交道，不免产生种种利益纠葛，其鉴定的准确性和公平性，成为社会质疑的对象”[3]。另一方面，由于企业之发展与地方经济发展密切相关，进而影响到政府官员之升迁，而诊断机构之资质的授予、财政资金之来源、人事安排等多方面又受制于政府，因此，处于相互制约的“食物链”中间的诊断机构，难以免于当地政府的干预，客观公正地作出诊断结论。

第四，政府部门监督管理不力。“我国职业病认定权（诊断权和鉴定权）基本上是一个封闭的系统中运行。无论是行使职业病诊断权的医疗卫生机构、执业医师，还是实际行使职业病鉴定权的职业病诊断鉴定委员会的专家教授，还是制定诊断标准和《职业病诊断与鉴定管理办法》的卫生部，都属于一个系统——卫生系统，而且由于采取属地管辖，具体案件的诊断医师与鉴定专家基本都是本身同行，具有很强的边缘和地缘关

---

〔1〕 邓红梅、黄静：“完善职业病认定制度，破解职业病认定难题——写在‘开胸验肺’事件一周年之际”，载《朝阳法律评论》（第4期），中国华侨出版社2010年版。

〔2〕 邓红梅、黄静：“完善职业病认定制度，破解职业病认定难题——写在‘开胸验肺’事件一周年之际”，载《朝阳法律评论》（第4期），中国华侨出版社2010年版。

〔3〕 廖晨歌：“关于我国农民工职业病维权困境的思考——从‘开胸验肺’事件谈起”，载《南京医科大学学报》（社会科学版）2009年第9期。

系。”〔1〕

第五，维权与申诉机制不畅。2002年实施的《职业病防治法》第45条规定：“当事人对职业病诊断有异议的，可以向作出诊断的医疗卫生机构所在地地方人民政府卫生行政部门申请鉴定。职业病诊断争议由设区的市级以上地方人民政府卫生行政部门根据当事人的申请，组织职业病诊断鉴定委员会进行鉴定。当事人对设区的市级职业病诊断鉴定委员会的鉴定结论不服的，可以向省、自治区、直辖市人民政府卫生行政部门申请再鉴定。”然而，卫生系统的封闭性，导致内部监督缺乏必要的公正性和说服力。

5.4.3.5 员工参与和社会伙伴参与缺乏明确规定

《安全生产法》中规定了工会组织相关的权利，并且《职业病防治法》也明确规定了劳动者享有“参与用人单位职业卫生工作的民主管理，对职业病防治工作提出意见和建议”的权利。由于我国工会组织的覆盖率相对有限，而且基层工会组织独立性不够等原因，上述权利在实践中几乎很难落实。《安全生产法》第52条虽然对于工会的权利进行了明确的规定，具体包括：①监督权；②建议权；③对生产经营单位违反安全生产法律、法规，侵犯从业人员合法权益的行为，要求纠正的权利；④发现危及从业人员生命安全的情况时，有权向生产经营单位建议组织从业人员撤离危险场所，生产经营单位必须立即作出处理；⑤依法参加事故调查的权利，向有关部门提出处理意见，并要求追究有关人员的责任。但是，对于工会上述权利的实现，没有任何强制性的保障机制。

---

〔1〕邓红梅、黄静：“完善职业病认定制度，破解职业病认定难题——写在‘开胸验肺’事件一周年之际”，载《朝阳法律评论》（第4期），中国华侨出版社2010年版。

因此，我国现行的《安全生产法》和《职业病防治法》等内容主要是以行政管制为主，强调用人单位和劳动者的相关的义务以及违反义务的法律责任。此种行政主导的工作环境安全卫生的监督模式，可能存在以下问题：

第一，劳动者作为工作环境权的主体，完全被置于被动地位，其权利主体的积极性没有得到有效发挥。

第二，企业内缺乏相应的制衡，使得企业的安全卫生状况缺少必要的内部监督，而当企业主短视、存在侥幸心理时，则可能使得工作场所存在安全卫生事故的隐患。

第三，工作环境权的保障监察完全依靠相关执法机关的执法行动，则国家或者地方的机构设置、财政开支以及监察员的执法水平等都极大地影响工作环境权保障的水平。

5.4.3.6 部分权利的实现缺乏保障机制

为了实现安全生产的群众监督，《安全生产法》明确规定“负有安全生产监督管理职责的部门应当建立举报制度，公开举报电话、信箱或者电子邮件地址，受理有关安全生产的举报；受理的举报事项经调查核实后，应当形成书面材料；需要落实整改措施的，报经有关负责人签字并督促落实”。该法还规定：“任何单位或者个人对事故隐患或者安全生产违法行为，均有权向负有安全生产监督管理职责的部门报告或者举报。居民委员会、村民委员会发现其所在区域内的生产经营单位存在事故隐患或者安全生产违法行为时，应当向当地人民政府或者有关部门报告。”此外，从业人员对本单位安全生产工作中存在的问题，也享有举报的权利。然而上述人员享有举报的权利，而相应的接受举报的机关，尤其是安全生产监督管理部门没有任何的程序性要求和举报不受理的责任追究机制，因此，举报对于安全生产监督管理部门缺乏必要的法律拘束。

此外，对于举报人未有任何个人信息的保密规定，因此，迫于对举报后个人信息泄露影响人身安全的担心，势必打击相关知情人举报的积极性，从而影响社会公众对于生产安全监督检查的参与。《劳动保障监察条例》中虽规定劳动保障行政部门应当为举报人保密，但是对行政部门监督的缺乏，使得对于信息泄露的证明存在困难；此外对于劳动保障行政部门泄露举报人信息也未规定明确的法律责任。

5.4.3.7 对同一工作场所存在多个用人单位（控制人）的职业安全卫生义务及责任的确定未作明确规定

随着经济社会的发展，以及分工的日益精细化，多个用人单位在同一工作场所工作的情形日益普遍。对于此种情况，则应该要明确多个用人单位（控制人）之间在工作环境安全卫生方面相互的义务及责任。我国《安全生产法》第 40 条规定："两个以上生产经营单位在同一作业区域内进行生产经营活动，可能危及对方生产安全的，应当签订安全生产管理协议，明确各自的安全生产管理职责和应当采取的安全措施，并指定专职安全生产管理人员进行安全检查与协调。"该规定的问题在于：一是两个生产经营单位之间所签订的安全生产管理协议仅为内部约定，对于其具体内容他人无从得知；二是关于职业安全卫生的规定为强行性规范，是否可以由当事人意思自治随意约定亦存有疑问。国际劳工组织《安全使用石棉公约》（第 162 号公约）规定，如两个或多个雇主在一个工作场所同时采取行动，他们应合作以便遵守规定的措施，并不得损害每个雇主对其雇用的工人的健康和安全所承担的责任。如属必要，主管机关应规定关于此种合作的一般程序。

国际劳工组织《建筑业安全卫生公约》（第 167 号公约）规定："凡两个或更多雇主同时在同一建筑工地从事活动时：

①主承包商或实际控制或主要负责建筑工地全部活动的其他人员或机构，应负责协调安全和卫生方面规定的措施，并在符合国家法律或条例的情况下确保这些措施得以实施；②如主承包商或实际控制或主要负责建筑工地全部活动的其他人员或机构不在建筑工地，则他们应在符合国家法律或条例的情况下就地指定有必要权力和手段的主管人员或机构，以代表他们保证协调和遵守上述①项提及的措施；③雇主应对其管辖下的工人执行规定措施负责。”

5.5 《职业病防治法》、《安全生产法》修订之评议

5.5.1 修订的背景

2002年，《职业病防治法》和《安全生产法》先后正式实施，这对我国职业安全卫生法制的完善，加强劳动者职业安全卫生权利的保障都起到了重要作用，但是，在十来年的实施过程中，上述两法也暴露出一些问题，因此，2011年12月31日第十一届全国人民代表大会常务委员会第24次会议通过了修改《职业病防治法》的决定。《安全生产法》的修改几乎同时启动，2012年6月4日，国务院法制办公室发布了《中华人民共和国安全生产法（修正案）（征求意见稿）》公开征求意见。导致上述两法修改的主要原因有以下几点：

5.5.1.1 社会、经济发展转型以及中央关于职业安全卫生的理念的转变

在过去的十来年中（2001～2011年），我国社会、经济发生了巨大的改变，职业安全卫生法制所调整之现实也发生了重大改变，尤其是党中央明确提出了转变经济发展方式，要“在发展平衡性、协调性、可持续性明显增强的基础上，实现国内

生产总值和城乡居民人均收入比2010年翻一番"[1]。因此，为了跟上社会、经济发展转型的步伐，以及为实现社会、经济发展的宏伟目标提供更加完善的职业安全卫生法制环境，《职业病防治法》和《安全生产法》之修订势在必行。

过去十来年中，党中央和国务院关于职业安全卫生的理念也发生了重大的变化，对于职业安全卫生对构建和谐社会、促进社会经济的科学发展、保障民生之重要性有了更为清晰的认识。党的十六届五中全会把安全发展写入了"十一五"规划纲要；十六届六中全会把坚持和推动安全发展纳入构建社会主义和谐社会的总体布局。十七大进一步强调坚持安全发展，强化安全生产管理和监督。十七届三中全会强调，能不能实现安全发展，是对我们党执政能力的一个重大考验。十八大报告将安全生产作为社会管理创新之重要内容，报告指出要"强化公共安全体系和企业安全生产基础建设，遏制重特大安全事故"。因此，《职业病防治法》和《安全生产法》之修订实际上是为了将党中央、国务院对职业安全卫生的新理念、新认识、新要求的法制化。

5.5.1.2 进一步改善职业安全卫生现状的需要

《职业病防治法》和《安全生产法》的实施，对遏制职业病的高发，降低安全卫生事故的发生率以及伤亡率起到了积极作用，我国的职业安全卫生状况整体上有了一定的改善，但是，职业病防治和安全生产工作的总体形势仍然较为严峻。

(1) 我国仍处于生产安全事故易发多发的特殊时期，事故总量仍然较大，2010年发生各类事故36.3万起、死亡7.9万人。重特大事故尚未得到有效遏制，"十一五"期间年均发生重

---

[1] 十八大报告，载新华网，http://www.xj.xinhuanet.com/2012-11/19/c_113722546_3.htm，最后访问时间：2013年8月27日。

特大事故86起，且呈波动起伏态势。非法违法生产经营建设行为仍然屡禁不止。[1]

（2）职业病病人数量大，尘肺病、职业中毒等职业病发病率居高不下、危害范围广，对劳动者健康损害严重，由此导致的群体性职业病事件时有发生。改革开放30多年来，我国累计报告职业病50多万例，近年新发病例数仍呈上升趋势。由于职业病具有迟发性和隐匿性的特点，专家估计我国每年实际发生的职业病要大于报告数量。尘肺病是我国最主要的职业病，约占职业病病人总数的80%，近年平均每年报告新发病例1万多例。煤炭、冶金、化工、建材、汽车制造、医药等行业不同程度地存在职业病危害。许多中小企业工作场所劳动条件恶劣，对劳动者缺乏必要的职业病防护。尘肺病等慢性职业病一旦发病往往难以治愈，伤残率高，严重影响劳动者身体健康甚至危及生命安全。近几年发生的河北省高碑店市农民工苯中毒、福建省仙游县和安徽省凤阳县农民工矽肺病等事件，一次性造成几十人甚至上百人患病，已成为影响社会稳定的公共卫生问题。[2]

5.5.1.3 职业安全卫生行政体制的变革

自2002年《职业病防治法》和《安全生产法》先后实施以来，我国的职业安全卫生的行政管理体制发生了一些变化，导致上述法律规定的内容与现行行政管理体制的实际不符。2001年，国务院办公厅发布了《国务院办公厅关于印发国家安全生产监督管理局（国家煤矿安全监察局）职能配置、内设机构和

〔1〕 参见“安全生产十二五规划”，载中华人民共和国中央人民政府网，http：//www.gov.cn/zwgk/2011-10/14/content_1969993.htm，最后访问时间：2013年8月29日。

〔2〕 参见《职业病防治规划（2009～2015）》，载中华人民共和国中央人民政府网，http：//www.gov.cn/zwgk/2009—08/21/content_1398577.htm，最后访问时间：2013年8月29日。

人员编制规定的通知》（国办发［2001］1号），决定设立国家安全生产监督管理局，国家煤矿安全监察局与其一个机构、两块牌子，负责综合管理全国安全生产工作、履行国家安全生产监督管理和煤矿安全监察职能。2002年实施的《职业病防治法》第8条规定："国家实行职业卫生监督制度。国务院卫生行政部门统一负责全国职业病防治的监督管理工作。国务院有关部门在各自的职责范围内负责职业病防治的有关监督管理工作。县级以上地方人民政府卫生行政部门负责本行政区域内职业病防治的监督管理工作。县级以上地方人民政府有关部门在各自的职责范围内负责职业病防治的有关监督管理工作。"

然而，2003年，中央国家机关编制委员会办公室将卫生部承担的作业场所职业卫生监督检查职责划到国家安全生产监督管理局，因此，根据职业安全卫生行政体制的变化，新修订之《职业病防治法》第9条规定："国家实行职业卫生监督制度。国务院安全生产监督管理部门、卫生行政部门、劳动保障行政部门依照本法和国务院确定的职责，负责全国职业病防治的监督管理工作。国务院有关部门在各自的职责范围内负责职业病防治的有关监督管理工作。县级以上地方人民政府安全生产监督管理部门、卫生行政部门、劳动保障行政部门依据各自职责，负责本行政区域内职业病防治的监督管理工作。县级以上地方人民政府有关部门在各自的职责范围内负责职业病防治的有关监督管理工作。县级以上人民政府安全生产监督管理部门、卫生行政部门、劳动保障行政部门（以下统称职业卫生监督管理部门）应当加强沟通，密切配合，按照各自职责分工，依法行使职权，承担责任"。

5.5.1.4 重大职业安全卫生事件的促发

2009年，经媒体广泛报道的张海超"开胸验肺"事件无疑是引发《职业病防治法》之修订的导火索。该事件经过如下：

河南省新密市刘寨镇老寨村村民张海超自2004年6月起在新密市郑州振动耐磨材料有限公司工作，该公司以生产硅砖、耐火材料为主业。2007年8月，张海超的身体出现胸闷、咳嗽、多痰等不适症状。2007年10月，张海超到郑州大学第一附属医院检查，医生怀疑是职业病——尘肺病。其实早在振动公司组织的职工体检中，张海超的肺就发现异常，但公司隐瞒了体检结果和复查通知。张海超又拿着片子先后到北京协和医院、中国煤炭总医院、首都医科大学朝阳医院、北京大学第三附属医院等6家医院确诊，专家们一看片子，都说他患的是职业病——尘肺。

张海超按照《职业病防治法》的规定来到郑州市职业病防治所，要求做职业病鉴定。职业病防治所答复说职业病的诊断必须要用工单位开具工作经历证明，并提供相关健康档案资料。原来，按照国家《职业病防治法》的有关规定，职业病诊断、鉴定需要用人单位出具相关证明，譬如，组织机构代码、职工工作时间、从事工种等。由于振动公司不给开证明，张海超无法进行鉴定，而其他综合类医院又无权对职业病进行鉴定。张海超只好上访，直到2009年5月，他碰到新密市委书记"接访"，情况才有了转机。协调的结果是，张海超现在的单位——郑州市中岳塑化有限公司出具相关申请职业病鉴定的手续。

2009年5月25日，郑州市职业病防治所终于出具了诊断证明，让张海超震惊的是，鉴定结果是"无尘肺0期（医学观察）合并肺结核"。2009年6月初，张海超提出复议申请，郑州市卫生局批准了申请，让他把申请递交给郑州市职业病鉴定委员会重新鉴定。张海超找到了郑州市职业病鉴定委员会，当时他感到很纳闷：这不就是郑州市职业病防治所吗？职业病防治所一位负责人说，郑州市职业病鉴定委员会和郑州市职业病防治所属于两块牌子、一班人马。他提醒张海超说，重新鉴定也可以，但郑州市职业病鉴定委员会不可能否定和更改自己先前的结论，否则，那不是自己打自己的脸吗？

为了证明自己患的是职业病“尘肺”而非“肺结核”，张海超决定“开胸验肺”。2009年6月22日，张海超在郑州大学第一附属医院经“开胸验肺”确诊为尘肺病，并排除肺结核的可能。然而，由于该诊断结论并非出自郑州职业病防治所，所以，未得到有关部门和振动公司的认可。〔1〕

从张海超“开胸验肺”事件可以窥见2002年实施的《职业病防治法》存在的问题。该事件引起了社会的广泛讨论，媒体连篇累牍地对事件进行了深入的报道，引发社会各界对于《职业病防治法》的口诛笔伐，因此，《职业病防治法》之修订主要集中在了职业病的诊断方面。〔2〕

5.5.2 修订的重点

5.5.2.1 《职业病防治法》修订之重点

自2002年《职业病防治法》实施以来，对遏制职业病高发

---

〔1〕 参见吴非：“张海超‘开胸验肺’事件的前前后后”，载新浪网，http://news.sina.com.cn/c/2009-09-21/142918694913.shtml，最后访问时间：2013年8月25日。

〔2〕 参见张维：“《职业病防治法》草案将重点修改职业病诊断制度”，载《安全与健康：上半月》2011年第10期。

势头确实起到了积极作用，但“职业病诊断问题则凸显为职业病防治工作相对薄弱的环节”[1]。因此，《职业病防治法》修订之重点主要包括完善职业病诊断、理顺职业卫生的监督体制、强化用人单位的法律责任三个方面，其中职业病诊断为重中之重。

（1）完善职业病诊断。

第一，职业病诊断资质和职业病诊断地点的适度放开。新修订的《职业病防治法》适度放开了职业病诊断资质，其第44条规定：“医疗卫生机构承担职业病诊断，应当经省、自治区、直辖市人民政府卫生行政部门批准。省、自治区、直辖市人民政府卫生行政部门应当向社会公布本行政区域内承担职业病诊断的医疗卫生机构的名单。承担职业病诊断的医疗卫生机构应当具备下列条件：①持有《医疗机构执业许可证》；②具有与开展职业病诊断相适应的医疗卫生技术人员；③具有与开展职业病诊断相适应的仪器、设备；④具有健全的职业病诊断质量管理制度。承担职业病诊断的医疗卫生机构不得拒绝劳动者进行职业病诊断的要求”。2013年2月19日颁布的《职业病诊断与鉴定管理办法》（卫生部令第91号）完善了审批程序、缩短了审批时间、延长了职业病诊断机构批准证书的有效期。

劳动者可提出职业病诊断申请的地点也得到了适度放开，修订之前的《职业病防治法》第40条规定，劳动者可以在用人单位所在地或者本人居住地依法承担职业病诊断的医疗卫生机构进行职业病诊断。修订之后的《职业病防治法》规定，劳动者除了可以向上述地点的职业病诊断机构提出诊断申请外，还

[1] “关于《中华人民共和国职业病防治法修正案（草案）》的说明”，载中国人大网，http://www.npc.gov.cn/npc/xinwen/lfgz/flca/2011-07/04/content_1662727.htm，最后访问时间：2013年8月23日。

可以向本人户籍所在地从事职业病诊断的医疗卫生机构进行职业病诊断。

第二，职业病认定证据规则以及职业病推定规则的改变。职业病诊断、鉴定中，有关证据的提供及其采信对于最终的鉴定结论至关重要。新修订的《职业病防治法》关于职业病诊断、鉴定的证据有以下三个方面的变化：一是职业病诊断、鉴定机构的调查权力得到强化。该法第 48 条第 2 款规定："职业病诊断、鉴定机构需要了解工作场所职业病危害因素情况时，可以对工作场所进行现场调查，也可以向安全生产监督管理部门提出，安全生产监督管理部门应当在 10 日内组织现场调查。用人单位不得拒绝、阻挠。"二是部分采用了举证责任倒置，并扩大了可作为诊断、鉴定依据的证据范围。该法第 49 条第 1 款规定："职业病诊断、鉴定过程中，用人单位不提供工作场所职业病危害因素检测结果等资料的，诊断、鉴定机构应当结合劳动者的临床表现、辅助检查结果和劳动者的职业史、职业病危害接触史，并参考劳动者的自述、安全生产监督管理部门提供的日常监督检查信息等，作出职业病诊断、鉴定结论。"三是完善了争议证据的审查机制。劳动者对用人单位提供的工作场所职业病危害因素检测结果等资料有异议，或者因劳动者的用人单位解散、破产，无用人单位提供上述资料的，诊断、鉴定机构应当提请安全生产监督管理部门进行调查，安全生产监督管理部门应当自接到申请之日起30 日内对存在异议的资料或者工作场所职业病危害因素情况作出判定；有关部门应当配合。

职业病推定是指当没有证据否定职业病危害因素与劳动者之临床表现之间的必然联系时，推定该劳动者罹患职业病。修订之前的《职业病防治法》第 42 条第 2 款规定："没有证据否定职业病危害因素与病人临床表现之间的必然联系的，在排除其他致病因素后，应当诊断为职业病。”然而，实践中，职业病之临床表现与其他疾病之间具有诸多的相似性，要完全排除其他致病因素是相当困难的。修订之后的《职业病防治法》删除了该款规定中“在排除其他致病因素后”的限定性表述，直接明确为“没有证据否定职业病危害因素与病人临床表现之间的必然联系的，应当诊断为职业病”。

第三，完善职业病诊断、鉴定过程中关于劳动关系、工种等争议的处理程序。劳动关系、工种、工作时间或者在岗时间等因素乃职业病诊断、鉴定的重要证据，它们与职业病之形成以及最终责任的确定密切相关。实践中，劳动者与用人单位之间因上述因素发生争议的情形较为普遍，而修订之前的《职业病防治法》对上述争议的处理未明确具体程序机制，导致劳动者职业安全卫生权利的维护受到限制。修订之后，引入劳动争议仲裁和诉讼程序来处理上述因素引发的争议，从而建立了较为规范的程序机制，保障劳动者的职业安全卫生权利的实现，且“简化了争议仲裁程序，使制度设置向保护劳动者权益倾斜”[1]。根据《劳动争议调解仲裁法》第43条规定，劳动争议案件法定的仲裁期限为45日，案情复杂需要延期的，经劳动争议仲裁委员会主任批准，可以延期并书面通知当事人，但是延长期限不得超过15日。然而，新修订的《职业病防治法》第50条规定：“职业病诊断、鉴定过程中，在确认劳动者职业史、职业病危害接触史时，当事人对劳动关系、工种、工作岗位或者在岗时间有争议的，可以向当地的劳动人事争议仲裁委员会申请仲裁；接到申请的劳动人事争议仲裁委员会应当受理，并在30日内

〔1〕“关于《中华人民共和国职业病防治法修正案（草案）》的说明”，载中国人大网，http：//www.npc.gov.cn/npc/xinwen/lfgz/flca/2011-07/04/content_1662727.htm，最后访问时间：2013年8月23日。

作出裁决。……劳动者对仲裁裁决不服的，可以依法向人民法院提起诉讼。用人单位对仲裁裁决不服的，可以在职业病诊断、鉴定程序结束之日起15日内依法向人民法院提起诉讼；诉讼期间，劳动者的治疗费用按照职业病待遇规定的途径支付"。

（2）理顺职业卫生的监督管理体制。修订之后的《职业病防治法》理顺了职业卫生的监督管理体制，其第9条规定："国务院安全生产监督管理部门、卫生行政部门、劳动保障行政部门依照本法和国务院确定的职责，负责全国职业病防治的监督管理工作。国务院有关部门在各自的职责范围内负责职业病防治的有关监督管理工作。县级以上地方人民政府安全生产监督管理部门、卫生行政部门、劳动保障行政部门依据各自职责，负责本行政区域内职业病防治的监督管理工作。县级以上地方人民政府有关部门在各自的职责范围内负责职业病防治的有关监督管理工作。县级以上人民政府安全生产监督管理部门、卫生行政部门、劳动保障行政部门（以下统称职业卫生监督管理部门）应当加强沟通，密切配合，按照各自职责分工，依法行使职权，承担责任"。

因此，新修订的《职业病防治法》确立了安全生产监督管理部门、卫生行政部门、劳动保障行政部门三者共同组成的职业卫生监督管理体制。纵观该法的规定，三者之间存在一定的分工，一是安全生产监督管理部门主要负责职业卫生监察，所以，在该法第六章关于法律责任的规定中，有关主体违反该法之规定的，主要由安全生产监督管理部门行使行政处罚权。二是卫生行政部门主要负责职业卫生标准的制定、职业病的诊断、鉴定等，具体职责包括：①组织制定并公布国家职业卫生标准；②组织开展重点职业病监测和专项调查，对职业健康风险进行评估；③职业健康检查、职业病诊断、鉴定、救治；④对医疗机构放射性职业病危害控制的监督管理等；⑤对职业病诊断机构的审批、监督。三是劳动保障行政部门主要负责工伤保险的监督管理。《职业病防治法》第7条第2款规定："国务院和县级以上地方人民政府劳动保障行政部门应当加强对工伤保险的监督管理，确保劳动者依法享受工伤保险待遇。"

(3) 强化法律责任。新修订之《职业病防治法》完善了法律责任的规定，从而加强了对有关主体之义务履行的强制性和督促力，具体包括：一是用人单位责任范围的扩大。新修订的《职业病防治法》增加了用人单位违法承担法律责任的情形，如隐瞒、毁损职业健康监护档案、工作场所职业病危害因素检测评价结果等相关资料，或者不提供职业病诊断、鉴定所需资料的；未按照规定承担职业病诊断、鉴定费用的；未依照本法规定在劳动者离开用人单位时提供职业健康监护档案复印件的。二是行政机关的责任得到强化。新修订的《职业病防治法》第85条将县级以上人民政府的主管人员和其他直接责任人也列为责任主体，其规定："县级以上地方人民政府在职业病防治工作中未依照本法履行职责，本行政区域出现重大职业病危害事故、造成严重社会影响的，依法对直接负责的主管人员和其他直接责任人员给予记大过直至开除的处分"。

5.5.2.2 《安全生产法》修订之重点

2012年6月4日，国务院法制办公室公布了《中华人民共和国安全生产法（修正案）（征求意见稿）》，向社会公开征求意见。根据该征求意见稿，《安全生产法》之修订主要体现在以下几个方面：[1]

---

[1] "国务院法制办关于《中华人民共和国安全生产法（修正案）（征求意见稿）》的说明"，载中国政府法制信息网，http://www.chinalaw.gov.cn/article/cazjgg/201206/20120600368374.shtml，最后访问时间：2013年8月25日。

（1）立法方针由偏重行政管理转变为综合治理。现行《安全生产法》主要是从强化安全生产的行政监管的视角制定的，因此，立法之措辞多使用“安全生产监督管理”、“安全生产管理”，征求意见稿体现了弱化行政管理的意图，将其改为“安全生产工作”，且征求意见稿第2条明确了“综合治理”的方针，即“生产经营单位负责、政府监管、行业自律、群众参与和社会监督”。其中在群众参与和社会监督方面，征求意见稿增加了工会组织依法对安全生产工作进行监督，生产经营单位制定或者修改有关安全生产的规章制度应当听取工会意见的规定（第4条）。

（2）完善建设项目安全设施“三同时”制度。征求意见稿对现行法关于“三同时”制度的规定作了如下修改：一是从保证安全生产的实际需要出发，将安全风险较大的冶金建设项目以及国务院安全生产监管部门会同国务院有关部门规定的安全风险较大的其他建设项目，纳入实施安全条件论证和安全预评价的范围；二是按照为保证安全预评价的客观、公正，评价工作应由符合条件的独立第三方机构实施的要求，参照环境影响评价、职业病危害预评价等相关法律制度，结合实际做法，明确规定应由具有国家规定资质条件的机构进行安全预评价；三是为保证安全条件论证和安全预评价制度的有效实施，明确规定安全条件论证和安全预评价报告应当报设区的市级以上政府安全生产监管部门审核，未经审核同意的，负责项目审批的部门不得批准、核准该项目建设；四是为加强监督管理，除按照国家有关规定应由有关部门对安全设施设计进行审查和在竣工时对安全设施进行验收的建设项目外，增加对安全风险较大的其他建设项目的安全设施设计和项目竣工时的安全设施验收情况，安全监管部门或者有关部门应当进行抽查，抽查不合格的，应当停止施工或者禁止投入生产、使用的规定。（第10～12条）

（3）完善生产经营单位的安全生产保障规定。生产经营单位是保障安全生产的责任主体。切实抓好生产经营单位的安全生产工作，是预防和减少安全生产事故的基础和关键。征求意见稿在现行法对生产经营单位的安全生产保障作了较为全面规定的基础上，总结实践经验，进一步强化了生产经营单位安全生产保障的规定。

第一，扩大了应当设置安全生产管理机构或者配备专职安全生产管理人员的生产经营单位的行业和领域范围。除了现行法规定的矿山、建筑施工单位和危险物品的生产、经营、储存单位外，还增加了冶金企业、轨道交通运营企业以及危险物品的运输单位。

第二，明确生产经营单位安全生产管理机构及安全管理人员的基本职责。征求意见稿第21条规定："生产经营单位的安全生产管理机构以及安全生产管理人员履行下列职责：①组织或者参与拟订本单位安全生产规章制度、安全操作规程和生产安全事故应急预案；②检查本单位的安全生产状况；③制止和纠正违章指挥、违反安全操作规程的行为；④组织开展本单位安全生产教育和培训；⑤其他安全生产管理职责。"

第三，完善生产经营单位安全生产经费投入和使用的规定。从实际情况看，一些生产经营单位为多赢利而不合理地减少安全生产经费投入，单位的安全生产设施、设备落后，安全生产条件不符合要求，成为造成安全生产事故或事故隐患的一个重要原因。为规范、监督生产经营单位按规定足额提取和使用安全生产经费，征求意见稿增加规定：生产经营单位应当按照规定提取和使用安全生产费用，具体办法由国务院财政部门会同国务院安全生产监督管理部门制定。（第16条）

第四，在现行法规定生产经营单位应当对从业人员进行安全生产教育和培训的基础上，为督促生产经营单位切实做好安全生产教育和培训工作，征求意见稿增加规定：生产经营单位应当建立安全生产教育和培训档案，如实记录安全生产教育和培训的时间、内容、参加人员以及考核结果等情况（第9条）。为督促生产经营单位做好安全隐患排查工作，增加规定：生产经营单位应当建立事故隐患排查治理制度，及时发现并采取措施消除事故隐患（第15条）。

第五，针对生产经营单位以劳务派遣形式用工的情况，为与劳动合同法有关规定相衔接，明确对被派遣劳动者的劳动安全保障，征求意见稿规定：生产经营单位以劳务派遣形式用工的，被派遣劳动者享有本法规定的从业人员的权利，并应当履行本法规定的从业人员的义务。（第18条）

第六，考虑到生产经营单位从业人员因安全生产事故受到伤害的，可依法得到工伤保险补偿；对因事故造成的其他人员人身伤害等第三方损失，也有必要建立相应的保险制度，以保障对第三方损失的赔偿，并通过保险机制的作用督促生产经营单位加强安全生产管理。为此，征求意见稿规定：危险物品的生产、经营、储存单位以及矿山、建筑施工单位应当参加安全生产责任保险，保险金用于赔偿因生产安全事故造成的从业人员人身伤害以外的第三方损害，以及生产安全事故抢险救援、事故调查所需费用。（第17条）

（4）强化安全生产监管措施，增强监管效果。一是为预防因违法生产、经营危险物品造成安全事故，在现行法规定的负有安全生产监管职责的部门可以采取查封、扣押措施的标的中，增加可以查封、扣押违法生产、储存、经营、使用的危险物品及其作业场所。（第19条）二是针对有些存在重大安全隐患的生产经营单位，拒不执行负有安全生产监管职责的部门依法作出的停产停业等决定，造成重大安全生产事故的情况，为及时、有效地避免严重危害后果的发生，征求意见稿增加规定：对因存在重大生产安全事故隐患，负有安全生产监管职责的部门依法作出停产停业、停止施工、停止使用的决定，生产经营单位拒不执行的，经本级人民政府负责人批准，负有安全生产监督管理职责的部门可以通知有关单位停止供应生产经营活动所需电力、水、火工品；有关单位应当予以配合。（第 20 条）三是增加规定负有安全生产监督管理职责的部门应当建立安全生产违法行为信息系统，记录生产经营单位的安全生产违法行为信息；对违法行为情节严重的生产经营单位，可以向社会公示。

5.5.3 修订的评议

《职业病防治法》和《安全生产法》的修订，对诸多制度作了改进，这对于加强劳动者的职业安全卫生权益的保障，降低工伤事故和职业病的发生率具有重要意义，但是，整体而言，仍有不少问题值得检视。

5.5.3.1 延续分开立法模式

《职业病防治法》、《安全生产法》两法之修订，仅涉及具体制度之修改、完善，并未改变原有之职业安全与职业卫生分立之立法模式。一方面，职业安全与职业卫生二者密切联系，通常而言，导致职业灾害和职业病发生之原因相互交织，立法却将二者割裂、分别规制，不仅增加了法律调控之成本，而且增加了协调之难度；另一方面，新修订之《职业病防治法》所确立的职业卫生监察机关与《安全生产法》所确立之职业安全之监督检查机关相同，即安全生产监督管理总局，然而，却未在制度方面进行整合以减少制度分歧。

5.5.3.2 行政管制为主的治理模式仍然较为明显

新修订之《职业病防治法》和《安全生产法》（征求意见

稿）都意图弱化原有的行政管制的调整模式，从而强调职业安全卫生的“综合治理”。然而，纵观新修订的《职业病防治法》和《安全生产法》（征求意见稿）之条文，仍然以行政管制为中心，而对“行业自律、群众参与和社会监督”等其他之治理方式，或者鲜有涉及，或者仅是用一两个条文作倡导性的规定，缺乏实质性的改变。

5.5.3.3 劳动者工作环境权仍然有待强化

一方面，劳动者工作环境权的内容仍然有待明确。新修订之《职业病防治法》对劳动者所享有的职业卫生权利几乎未做任何扩张；而《安全生产法》（征求意见稿）亦是如此，几乎对劳动者之安全卫生权利未作任何明确的规定。

另一方面，劳动者工作环境权的权利属性及其保障机制仍然有待强化。从新修订之《职业病防治法》和《安全生产法》（征求意见稿）关于劳动者的权利规定来看，整体上，仍将劳动者置于行政监察机关行政行为的受益人地位，忽视了劳动者作为权利人的主观能动性和自主性，且缺乏具体的权利行使机制以及保障其实现的机制。

5.5.3.4 职工参与流于形式

新修订之《职业病防治法》第 3 条规定：“职业病防治工作坚持预防为主、防治结合的方针，建立用人单位负责、行政机关监管、行业自律、职工参与和社会监督的机制，实行分类管理、综合治理。”明确将“职工参与和社会监督”作为职业病防治综合治理的一个组成部分，且为落实“职工参与和社会监督”之防治方针，新修订之《职业病防治法》于第 4 条增加第 3 款规定：“工会组织依法对职业病防治工作进行监督，维护劳动者的合法权益。用人单位制定或者修改有关职业病防治的规章制度，应当听取工会组织的意见”。《安全生产法》（修正案征求意见稿）第 3 条也明确“群众参与和社会监督”之方针，因此，该征求意见稿第 7 条增加规定：“工会组织依法对安全生产工作进行监督。……生产经营单位制定或者修改有关安全生产的规章制度，应当听取工会的意见”。

上述两法之修订，整体上是强化了职业安全卫生之职工参与，但是，仍存在以下不足：

第一，与职工参与相比，职工监督之含义相对狭窄，并且，将职工置于监督者之地位实际上是将职工作为用人单位职业病防治工作之外部人，而非将其视为职业病防治之有机组成部分，他们不仅仅是职业病防治法之保护对象，也是职业病防治工作的重要参与者。

第二，以工会之监督完全代替职工参与缺乏合理性。因为，我国并非所有的用人单位都建立了工会组织，或者所有的劳动者均为工会会员，如果完全以工会监督取代职工参与，其结果是导致未建立工会的用人单位，员工参与职业安全卫生落空，而对于已建立有工会的用人单位，对非工会会员而言，其参与职业安全卫生防治之权利亦不可忽视。

第三，工会（职工）参与缺乏配套制度安排，空有形式。两法之修订意图是强化工会（职工）参与，但是，法律文本却对相关配套制度几乎没有涉及，如参与方式、代表产生、参与机构及其构成、代表权利等，其结果是工会（职工）徒有依法监督之名，却难以行使依法监督之实。

5.5.3.5 职业病诊断、鉴定未解难题

新修订之《职业病防治法》虽然对职业病诊断、鉴定作了诸多完善，但仍存在以下问题：

（1）关于职业病诊断机构的选择及其协调仍需更加明确。新修订之法规定：“劳动者可以在用人单位所在地、本人户籍所

在地或者经常居住地依法承担职业病诊断的医疗卫生机构进行职业病诊断。”然而，劳动者是否可以同时或先后向上述三地依法承担职业病诊断的医疗卫生机构申请诊断？如果劳动者同时或先后向上述三地依法承担职业病诊断的医疗卫生机构申请诊断，如何协调？如果三地医疗卫生机构之诊断结论有分歧，其效力如何确定？

（2）整体上仍未完全将职业病诊断和职业病责任单位的确定分离。新颁布的《职业病诊断与鉴定管理办法》（卫生部令第91号）引入劳动争议处理机制来处理职业病诊断过程中关于劳动关系等争议，但是，这样虽然能够从程序上保障当事人的权益，但是一定会延缓职业病诊断结论的作出，导致罹患职业病的劳动者无法得到及时的救济。

（3）新修订之《职业病防治法》第48条规定：“用人单位应当如实提供职业病诊断、鉴定所需的劳动者职业史和职业病危害接触史、工作场所职业病危害因素检测结果等资料；安全生产监督管理部门应当监督检查和督促用人单位提供上述资料；劳动者和有关机构也应当提供与职业病诊断、鉴定有关的资料。职业病诊断、鉴定机构需要了解工作场所职业病危害因素情况时，可以对工作场所进行现场调查，也可以向安全生产监督管理部门提出，安全生产监督管理部门应当在10日内组织现场调查。用人单位不得拒绝、阻挠。”如果劳动者向非用人单位所在地的医疗卫生机构提出诊断申请的，该诊断机构如何获取用人单位所掌握的相关资料？诊断机构是否可以委托用人单位所在地的安全生产监督管理部门进行监督检查和督促用人单位提供上述资料？以及如何委托？诊断机构是否可以跨地区前往用人单位进行调查？

（4）职业病诊断鉴定委员会与职业病诊断机构仍然存在

“自己人监督自己人”嫌疑。新修订之《职业病防治法》中当事人对职业病诊断有异议的，关于诊断结论的鉴定的规定与旧法几乎一致，因此，无法解决旧法实施之时存在的鉴定机构与诊断机构“自己人监督自己人”的问题。

5.5.3.6 立法技术仍然有待完善

（1）部分法律条文缺乏明确性。如修改的《职业病防治法》规定：用人单位和医疗卫生机构发现职业病病人或者疑似职业病病人时，应当及时向所在地卫生行政部门和安全生产监督管理部门报告。确诊为职业病的，用人单位还应当向所在地劳动保障行政部门报告。接到报告的部门应当作出处理。在该条法律规则中涉及三个时间点，但是对“及时”等概念的判断，缺乏明确规定。由于缺乏标准，追究相关责任人的法律责任就难以落到实处。〔1〕

（2）倡议性法律规则仍然不少。如修改的《职业病防治法》规定，任何单位和个人有权对违反本法的行为进行检举和控告。有关部门收到相关的检举和控告后，应当及时处理。该条规定浮光掠影，对如何进行检举和控告，向谁进行检举和控告，有关部门不及时处理又应当如何等细节性问题未置可否，使得该条规定在实践中只能成为倡导性的“点缀”条款。

〔1〕参见于欣华：“职业病防治之路仍难成坦途”，载《中国社会保障》2012年第6期。

第6章

中国工作环境权的构建与展望

——法律移植与法的本土化

6.1 中国工作环境权构建的路径——法律移植

6.1.1 法律移植的供体——国际视野下的工作环境权

法律移植是指“特定国家或地区的某种法律规则或制度移植到其他国家或地区”[1]。法律移植的概念则是由“活体组织内的器官移植”衍生出来的，因此，其必然存在制度的供体和制度的受体。中国工作环境权法制的现代化需要通过法律移植，而其制度的供体主要包括：①其他国家或地区的工作环境法；②国际公约或惯例。20世纪70年代以来，国际上工作环境权的发展呈现出以下趋势：

6.1.1.1 立法目的的扩张

从上文所列举的不同国家的职业安全卫生立法来看，“预防职业灾害，保护劳动者的安全、健康”无疑是其共同的目的，除此之外，各个国家职业安全卫生立法已经逐步地脱离了“工作场所”藩篱，将“工作场所”置于整个社会架构之中，将

〔1〕 沈宗灵：“论法律移植与比较法学”，载《外国法评议》1995年第1期。

“工作（劳动）者”置于整个社会关系之中，而非将他们与社会割裂，因此，“公共环境的安全”亦被认为是工作环境立法的目的，如《丹麦工作环境法》规定，企业内部安全组织（Internal Safety Organizations）可以根据协议，将其职能扩展到与企业直接相关的环境问题，而职业健康服务职责可能被扩张到包括与企业直接相关的环境问题和健康促进。[1]

此外，工人角色的多元化，其不仅仅是社会个体，更是社会成员，因此，安全与健康不仅仅是劳动者个体的事，更是关系整个社会的大事，从而美国《1970年职业安全卫生法》将“人力资源的保护”也列为其立法目的。

6.1.1.2 适用范围的扩张

工作环境立法的适用范围的扩张是为了适应社会的普遍联系的需要。自工业革命始，大量自由的一无所有的工人为了获得工作机会从四面八方聚集，形成规模化、社会化劳动，并且围绕工厂形成城镇之后，安全卫生就已经不仅仅被限定在狭小的“工作场所”，而是关系到工作场所之外的更广阔的空间，尤其是新技术、新材料的使用，使得与工作场所安全卫生相关的外部环境更加广泛。此外，工业劳动的社会化，导致社会资源的生产性分配和生活性分配之间发生矛盾，生产经营消耗或者损害的社会资源，远远超过了生活性的消耗。因此，工作环境法的适用范围从工作场所内向工作场所外的范围扩张，实际上是协调社会资源的生产性消耗和生活性消耗之间矛盾的必然要求。“职业安全与卫生所关注的领域从工作场所开始，经过经济活动部门和国家一级的关注，最终扩展到全球范围，并将环境

[1] Working Environment Act 2011 (DK), 7a.

问题包括进来。"[1]

工作环境的适用范围的扩张具体表现为以下三个方面：

第一，横向扩张，即不同类型的"工作"的场所，都逐步纳入工作环境法的适用范围，如从劳动关系领域的工作场所，到公法领域的公权机关，以及纯粹的私法领域的承揽关系。

第二，纵向的扩张，即围绕工作场所，将相关的主体纳入到工作环境法的适用范围，因为工作场所的构成并非是雇主与雇员举二者之力可以完成，而涉及更广泛的主体，如工作场所的设计人、设备的供应人、安装人、维修人等，如果他们不遵守相关的规定，导致所提供的设备、设计等不符合工作环境法的要求，也可能导致劳动灾害。

第三，纵深的扩张，即传统的职业安全卫生对于劳动者安全和健康的界定，仅仅局限于生理健康，对于工作环境的劳动氛围、组织文化等因素对劳动者心理健康的影响则不予关注。然而，近年来，随着社会压力的增大，因为工作原因导致的心理疾病的患病率不断提高，因此，国际劳工组织第 155 号公约明确规定："'健康'一词，不仅指没有疾病或并非体弱，也包括与工作安全和卫生直接有关的影响健康的身心因素"。为此各个国家的工作环境法中都将心理健康作为其重要内容，如《挪威工作环境法》将雇员的工作环境区分为"社会心理工作环境"（Psychosocial Working Environment）和"物理工作环境"（Physical Working Environment）；[2]其中物理工作环境因素是指与建

---

〔1〕 2003 年国际劳工大会第 91 届会议报告六："国际劳工组织在职业安全与卫生领域的标准相关活动：针对旨在为这种活动制定一个行动计划的讨论而进行的一项深入研究"，载国际劳工组织网站，http：//www. ilo. org/wcmsp5/groups/public/—ed_ norm/—relconf/documents/meetingdocument/wcms_ ilc_ 91_ rep-vi_ zh. pdf，最后访问时间：2009 年 2 月 28 日。

〔2〕 Working Environment Act 2012（NO），Section 4 - 3，4.

筑、设备、室内气氛、照明、噪音、辐射等相关的因素，其应符合该雇员的工作环境安全卫生、福利的要求；心理环境则是指雇员的完整和尊严（Employees' Integrity and Dignity），为了确保雇员的心理环境安全健康，雇主应该合理安排以使其能与企业内其他雇员交流、联络，保护雇员免受性骚扰，并且应该尽可能保护雇员免受暴力、威胁或者令人不悦的压力（Undesirable Strain）的困扰。根据国际劳工组织和世界卫生组织职业卫生联合委员会首次会议（1950 年）通过、第 12 次会议（1995 年）修订后的全面性定义，职业卫生应当："旨在促进并保持各种职业劳动者最高程度的身体、精神和社会健康"。对于国际职业卫生协会（IOHA）来说，"职业卫生是对工作场所内发生或来自工作场所的危险进行预测、识别、评估和监控的一门科学，这些危险将损害劳动者的健康与生活，并考虑对周围社区以及整体环境的可能影响"。

6.1.1.3 "国家干预"的弱化，"劳动者参与"和"社会伙伴"关系的强化

从整体而言，在前文采取不同立法模式的国家中，采取职业安全卫生立法模式的国家的立法更加强调"国家干预"，因此，其法律内容主要是围绕国家的职业安全卫生的机构展开——职业安全卫生执法机构、科研机构等，此外，则是突出雇主的义务。采取工作环境立法模式的国家，更多地强调工作环境事务的劳动者参与、雇主与雇员的合作以及社会伙伴的参与，因此，要求企业根据规模的不同设立不同的内部安全组织，如选举安全代表、安全小组或者工作环境委员会等。工会组织以及其他社会伙伴对于职业安全卫生的参与也不断地强化，如工会组织对于安全代表的选任和推荐等都起到重要作用，其在安全卫生事务方面代表雇员利益。

国际劳工组织《职业安全和卫生及工作环境公约》（第155号公约）从其内容来看，也是突出要求各会员国与最有代表性的雇主组织和工人组织协商后，制定、实施和定期审查有关职业安全、职业卫生及工作环境的连贯的国家政策。

6.1.1.4 立法技术上，由刚性的规范向柔性的政策转变，由独立的立法向框架性立法转变

早在1972年，曾担任英国全国矿业工会主席的罗本斯，在参与英国工作安全与卫生委员会后，提交的《工作安全与卫生报告》就注意到职业事故和职业病的下降速度缓慢，并指出其原因在于：在职业卫生实践中缺乏政治意愿，而职业安全与卫生立法主要是零打碎敲式的行业部门的单项安全与卫生立法，这种立法模式应该逐步废除，并由一种框架法令所取代。

从前文所列国家的工作环境立法来看，采取工作环境立法模式的国家都是将工作环境法界定为框架性法律（Framework），通过明确雇主和他人需履行的广泛职责为基础来取代详细的技术标准，并将工人的权利和义务纳入。采取职业安全卫生立法模式的国家虽然突出了法律的框架性，但还是较多地采取强制性的技术标准。因为，从国际发展趋势来看，良好品质的定义已经不再局限于传统的物美价廉观念，而是更进一步将程序改善、减少废料产生、保障工人安全健康、降低环境成本及减少职业灾害损失等观念一起纳入考量，这也是先进工业国家倡导的QuEnSH经营理念：任何一个企业除了以品质（Quality）满足客户需求外，更应将环保（Environment）、安全（Safety）及卫生（Health）等因素视为该企业运作或经营的一部分，这些因素也将成为国际上衡量企业体制的综合指标。所以，目前世界组织以及各个国家为了提高劳动者的工作环境安全、健康保护，更多地是通过消费市场对于企业的压力，来制定并推行相应的

职业安全卫生管理系统（Occupational Health and Safety Management System，OHSMS），如国际标准化组织推出的 OSHMS18001 职业安全健康管理体系、国际劳工组织推出的职业安全健康管理系统 ILO 指引（ILO-OSH2001）等。

6.1.2 中国工作环境权法制的现代化——法律移植的必要性及其障碍

法律移植是指“在鉴别、认同、调适、整合的基础上，引进、吸收、采纳、摄取、同化外国的法律包括法律概念、技术、规范、原则、制度和法律观念等，使之成为本国法律体系的有机组成部分，为本国所用”〔1〕。“法律移植是法律发展的规律之一；是世界法律发展的一个基本历史现象。”〔2〕中国近现代法制的建立和发展即是例证。20 世纪初，清政府在内忧外患之中，开始通过日本学习西方，并曾效仿日本明治宪政而预备立宪，虽然最终失败，但是其确立了中国法制现代化的基本路径——法律移植。

21 世纪的今天，法律移植依然是中国法制现代化所不可或缺的工具。信春鹰教授认为，“历史表明，规则的稀缺和社会政治经济发展对规则的强烈要求，使得中国的法制建设必然首先是改变‘无法可依’的状态。在需要通过立法创造某些制度以实现政策目标时，法律移植是最有效的手段，成为创造法律秩序和促进社会进步的方式”〔3〕。作为整个法律体系的重要组成部分的中国工作环境权法制亦需通过法律移植来实现其现代化，弗里德曼（Friedman）曾指出，“借用是现代法律的一个关键主题，……获

〔1〕 张文显：“继承·移植·改革：法律发展的必由之路”，载《中国社会科学战线》1995 年第 2 期。

〔2〕 何勤华：“法的移植与法的本土化”，载《中国法学》2002 年第 3 期。

〔3〕 信春鹰：“法律移植的理论与实践”，载《北方法学》2007 年第 3 期。

得合适法律的最容易的方法就是向某方便来源去借"[1]。法律移植对中国工作环境权法制现代化的必要性体现在多方面，但是归根结底，还是要提高当下中国劳动者工作环境安全、卫生的保障标准。

据统计，2004 年因安全事故导致的伤亡人数加起来有 100 万人，而全年安全事故造成的直接经济损失高达 2500 亿元，约占全国 GDP 的 2 个百分点。[2] 2006 年全国发生各类事故 627 158 起，事故死亡 112 822 人，亿元 GDP 事故死亡率为 0.558，工矿商贸企业 10 万从业人员事故死亡率 3.33，道路交通万车死亡率 6.2，煤矿百万吨死亡率 2.041。[3] 2007 年全年，中国共发生各类安全生产事故 504 952 起，死亡 98 340 人，比 2006 年分别减少 122 277 起、14 539 人。[4] 虽然近年安全生产事故的发生率及伤亡率逐年下降，但是与先进国家相比仍是居高不下，2004 年，"100 万吨死亡率"为 3，这个数字是美国的 100 倍，是波兰和南非的 10 倍。我国煤矿产量占世界的 31%，但煤矿死亡人数却占了世界煤矿死亡人数的 79%。[5] 2008 年全国安全事故亿元

〔1〕［美］弗里德曼：《法律制度》，李琼英、林欣译，中国政法大学出版社 1994 年版，第 228～229 页。

〔2〕参见张虹生、吴俊："李毅中数'安全账'04 年安全事故损失占 GDP 2%"，载国家安全生产监督管理总局网站，http://www.chinasafety.gov.cn/wangluocankao/2005-06/15/content_105898.htm，最后访问时间：2009 年 1 月 10 日。

〔3〕参见彭嘉陵："我国安全生产形势趋向好转去年无百人死亡事故"，载中华人民共和国政府网站，http://www.gov.cn/jrzg/2007-01/11/content_492686.htm，最后访问时间：2009 年 1 月 20 日。

〔4〕参见李毅中："安全监管总局、煤矿安监局部署近期监管监察工作"，载中华人民共和国政府网，http://www.gov.cn/gzdt/2008-01/02/content_848730.htm，最后访问时间：2009 年 1 月 10 日。

〔5〕参见张虹生、吴俊："李毅中数'安全账'04 年安全事故损失占 GDP 2%"，载国家安全生产监督管理总局网站，http://www.chinasafety.gov.cn/wangluocankao/2005-06/15/content_105898.htm，最后访问时间：2009 年 1 月 10 日。

GDP的死亡率为0.312。[1]而2007年，单位国内生产总值（亿元GDP）事故的死亡率英国为0.02；日本为0.05；美国、澳大利亚、法国均在0.04~0.06之间。[2]上述统计数据仅包括安全生产监督监察机关所统计的数据，而与职业病相关的数据以及劳动监察中的问题亦未体现在该数据中，因此，并不能完全反映中国工作环境安全卫生的现实状况。或许从国际劳工组织的统计数据中可以窥见中国工作环境安全卫生的全貌，2002年中国职业相关疾病和职业事故导致的死亡人数为460 260。[3]安全生产事故的高发不仅仅影响到受害的职工个人及其所在企业，更是影响到了公共安全。

随着经济的全球化，劳工标准与国际贸易的关系问题已经成为国际摩擦的一个新焦点，“劳工标准较低的国家进行不正当的竞争，导致了对劳工标准的‘探底竞争’的恶性循环，因此，贸易全球化需要劳工标准的全球化，以在全球确定大家统一的社会标准”[4]。近年来，国际社会对华提起的反倾销诉讼逐年增长，其中除了贸易保护主义的抬头等因素之外，我国劳工保障的低标准是重要原因。20世纪80年代对华反倾销调查的国家

---

〔1〕 参见骆琳：“2008年安全事故总量降18.3%”，载《中国人大》2009年第2期。

〔2〕 参见李毅中：“安全生产现状、发展趋势和对策措施”，载中华人民共和国政府网，http://www.gov.cn/gzdt/2007-02/14/content_527114.htm，最后访问时间：2009年2月26日。

〔3〕 参见国际劳工组织：“国际劳工组织在职业安全与卫生领域的标准相关活动：针对旨在为这种活动制定一个行动计划的讨论而进行的一项深入研究”，第8页，载国际劳工组织网站，http://www.ilo.org/wcmsp5/groups/public/—ed_norm/—relconf/documents/meetingdocument/wcms_ilc_91_rep-vi_zh.pdf，最后访问时间：2008年9月20日。

〔4〕 彭高健：“‘社会条款’之争与中国劳工标准的提高”，载《中国劳动》2004年第5期。

和区域的数量仅为7个，90年代则迅速扩大到24个，截至2005年6月，已有33个国家对我国发起反倾销调查，而且越来越多的发展中国家加入到对华反倾销的行列。仅2005年一年，中国共遭遇15个国家和地区的55起反倾销调查，涉案金额13.99亿美元。其中印度8起（2.16亿美元）、欧盟7起（8.79亿美元）、美国3起（1.57亿美元），而当年全世界的反倾销调查总数为178起，也就是说，针对中国的反倾销调查占全世界当年立案调查总数的31%。[1]根据世界贸易组织的统计，自该组织1995年成立以来至2004年6月底，成员方反倾销立案共2537起，其中涉及中国产品的调查共386起，占总数的15%，居世界各国之首。中国已经连续11年成为反倾销调查最多的国家。[2]

劳工保护标准实质上是人权保障的标准，国际劳工组织即是意图通过推广国际劳工标准，提高世界的人权保障水平。劳工保障的低标准亦是国际社会指责中国人权状况的重要原因。一位国际劳工组织的官员曾说，“中国已成为政治大国、经济大国，但不应成为工业事故大国”[3]。1994年12月12日，美国《新闻周刊》刊登《亚洲的死亡工厂》一文，文中写道，“在亚洲，没有哪个地方比中国的工业安全措施更松弛的了。……次数最多和最致命的火灾发生在中国南部特区的工厂中，大火吞噬了许多工厂。数百万工人每天涌入‘三合一’血汗工厂，之所以这么说，是因为这些工厂的车间、仓库和宿舍都在一起。

〔1〕参见孙强、姜延书、刘莎：“我国出口贸易中遭受的‘三反’及应对措施分析”，载《商场现代化》2007年第1期。

〔2〕参见曾昭山：“中国出口产品遭遇反倾销调查的理性分析”，载《商业研究》2007年第2期。

〔3〕刘铁民：“WTO与中国安全生产”，载《林业劳动安全》2000年第4期。

工人们大部分是受过极少教育的女孩子，她们是被每天挣1.5美元（用乡村的标准衡量，这是一笔钱财）的许诺从乡村吸引来大城市的"[1]。1994年，国际皮革、服装和纺织工人联合会秘书长尼尔·克内曾致函时任国务院总理李鹏，并在第81届国际劳工大会上攻击我国政府不尊重人权和工人权利的最低标准。函中尽管不少恶意之词，但是有些话值得我们深思。"外国投资者不尊重你们国家的劳工法规，你们政府也没有使用有力的法律手段。你们发展经济的过程中还准备死多少人？……我们再次敦促你们政府对整个服装、玩具行业的安全进行调查，并据此强迫雇主遵守你们国家的劳工法规，特别地，我们要求你们政府制定相应的监察机制，并停止将工人宿舍设在工厂厂房内的做法。否则我们不得不联合所有发达国家对你们的皮革、纺织品的出口进行限制。"[2]

降低职业安全事故以及职业病的发生率，切实保障劳动者的工作环境安全、健康是我国工作环境权法制现代化的内驱力；适应经济全球化的需求，提升中国的国际形象以及人权保障的水平则是我国工作环境权法制现代化的外因。"法律移植之所以是必需的，说到底，是因为它是法律后进之国家的法律发展、进步的捷径之一。"[3]

法律移植一如"活体器官的移植"总是面临受体的"排斥"，其也面临受体的"环境障碍"。孟德斯鸠在《论法的精神》中曾论述，气候、宗教、法律、政府的准则、先例、风俗、

〔1〕闪淳昌："我国劳动安全卫生形势及对策"，载《化工劳动保护》（安全技术与管理分册）1998年第5期。

〔2〕闪淳昌："我国劳动安全卫生形势及对策"，载《化工劳动保护》（安全技术与管理分册）1998年第5期。

〔3〕何勤华："法的移植与法的本土化"，载《中国法学》2002年第3期。

习惯都是制约法律移植的因素。[1]而随着社会经济的发展，科学技术水平的提升，“在这200年中，地理的、经济的、社会的以及文化的因素已经失去了它们很大的重要性，但是政治因素的重要性却大大增加了”[2]。英国著名比较法学家奥·凯恩—弗伦德（O. Kahn-Freund）教授曾论述了政治因素的以下三个方面的本质特色，而劳工法律的构建与政治因素的三个特色都密切相关。因此，劳工法律的移植总是面临种种困难。[3]

（1）首要的特色当然是共产主义世界和非共产主义世界，资本主义世界中专制政体与民主政体之间的鸿沟。如工会组织的设立及其运行在不同意识形态的国家可能存在不同的方式。

（2）民主制的不同演化，其形式上的多样性可谓变化多端。如“英国1971年保守党执政时不顾工党的反对而通过的《英国工业关系法》。这一法律在1974年工党获胜后被废除。它主要仿效外国，特别是美国的劳资关系法，涉及集体谈判、工会与雇主关系以及罢工等问题。主要由于英美两国政制不同，这种法律在美国可以有效但在英国却难于实行。”[4]

（3）在形成和保持法律制度方面有组织的利益集团作用的急剧增大。法国学者勒内·罗迪埃提到的两个十分明显的具体例子即是如此，一是20世纪初期移植国外“带工资休假”法律制度；二是20世纪上半叶移植国外“社会保险”法律制度。在前一个例子中，当时法国本身已在激烈争论如何通过立法协调

---

〔1〕 参见［法］孟德斯鸠：《论法的精神》（上册），张雁深译，商务印书馆1961年版，第5~7、155~166、305页。

〔2〕 ［英］奥·凯恩－弗伦德：“比较法与法律移植”，贺卫方译，载《比较法研究》1990年第3期。

〔3〕 参见［英］奥·凯恩－弗伦德：“比较法与法律移植”，贺卫方译，载《比较法研究》1990年第3期。

〔4〕 沈宗灵：“论法律移植与比较法学”，载《外国法评议》1995年第1期。

雇主与雇员之间的经济利益。有人认为，允许“带工资休假”是对雇员利益的一种保障，并且提出理由加以论证。有人认为，这样会对雇主造成负面的激励，也是对雇主利益的一个损害，同时也提出自己的观点依据。有人则认为最好通过契约方式加以解决，同时说明这样如何可以简便易行。此时，有人提出了国外实施的“带工资休假”制度的成功经验，认为引入借鉴是可行的。在后一个例子里，当时法国本身同样已在争论如何在具体层面上建立社会保险制度，毕竟，社会保险问题已经迫在眉睫。人们同样提出了不同观点，并且从不同角度论证自己观点的正确。这时，有人提出整套的国外运作有效的社会保险制度机制，认为加以移植是适宜的。[1]

“建立国际标准和从发达或不甚发达国家中移植制度和原则尤为重要。而且不只是重要——国际劳工组织的显著成就表明做到这一点是可能的。在这里，我们看到了比较法的运行，一个成功的运行。这是一枚硬币的正面，现在且让我们来看看它的背面。每个国家的劳资关系都在其强烈的政治传统之下加以调整，这一传统与劳资双方作为推动立法的政治压力集团以及作为通过集团谈判程序参与法律制定的组织所起的作用有密切的关系，……很难设想任何部门法方面的单独判决会涉及高层次政治责任。因而若要问究竟是谁——法院还是政府——进行决策以及作出怎样的决策，答案必定取决于宪法精神容许独立的司法行为取代服从于政治批评的政府行为的程度如何。对法律移植的这种障碍是难以克服的。”[2]然而奥·凯恩－弗伦德教

〔1〕 参见［法］勒内·罗迪埃：《比较法导论》，徐百康译，上海译文出版社1989年版，第32～33页。

〔2〕 ［英］奥·凯恩－弗伦德：“比较法与法律移植”，贺卫方译，载《比较法研究》1990年第3期。

授则对雇佣关系作了区分，其认为，“（个体劳动关系）劳动保护的标准和有关雇佣劳动的实体条件的法律可以模仿，而有关集团谈判、排他性雇佣企业、工会以及罢工方面的法律则难以模仿。如果看一下国际劳工组织半个多世纪以来的条约和建议的汇编，人们会毫不惊奇地发现其中的绝大多数旨在建立个人保护的国际标准，这也说明了这个伟大的法律移植工程所取得的极大成功”〔1〕。这也明显地体现在了不同国际劳工公约批准国家的数量上，从绝对数来看，与实体保护标准相关的1935年井下作业（妇女）公约（第45号）和1921年白铅（油漆）公约（第13号）两个文书的批准水平较为突出。而涉及劳资协商的1981年职业安全与卫生公约（第155号）虽在职业安全与卫生标准中处于核心地位，但其重要性并没有通过批准水平反映出来。〔2〕

6.2 中国工作环境权的构建与展望——法的本土化

6.2.1 权利构建的中国语境——本土资源

基于法律的文化属性，关于法律移植一直存在“肯定说”与“否定说”的争论，前者认为“法律是文化的一种，而文化是没有国界的，因此，一国法律被移植到另一国家，如同一国

〔1〕［英］奥·凯恩－弗伦德：“比较法与法律移植”，贺卫方译，载《比较法研究》1990年第3期。

〔2〕参见2003年国际劳工大会第91届会议报告六：“国际劳工组织在职业安全与卫生领域的标准相关活动：针对旨在为这种活动制定一个行动计划的讨论而进行的一项深入研究”，载国际劳工组织网站，http://www.ilo.org/wcmsp5/groups/public/—ed_norm/—relconf/documents/meetingdocument/wcms_ilc_91_rep-vi_zh.pdf，最后访问时间：2009年2月28日。

的电影在其他国家放映、一国的歌剧在他国演出、一国的油画被他国人民买下来收藏一样，完全是一种正常的现象"[1]。而后者则认为法律文化是“必须记住法律是特定民族的历史、文化、社会的价值和一般意识与观念的集中体现。任何两个国家的法律制度都不可能一样。法律是一种文化的表现形式，如果不经过某种本土化的过程，它便不可能轻易从一种文化移植到另一种文化。"[2]笔者以为，文化的传播和文化的被接受之间并非是必然等同，如前一学者所言，一国电影可以在他国放映，但是并非必然为他国受众所接受。因此，法律文化的传播不等同于法律移植的接受，只有在移植的法律与受体内在的本土资源之间产生共鸣的情形下，法律移植才有可能成功。而从供体移植的法律文化与受体的本土资源之间产生共鸣的途径无非两种：一是移植法律的自我调适，以适应受体的本土环境；二是受体的本土环境在有限的程度内进行自我修正，以满足移植法律的适用需求。因此，法律移植并非是指对于他国法律的全盘接受。

我国工作环境权法律移植亦需本土资源之间协调，虽然影响法律移植的本土资源是多元的，包括历史的、文化的、社会的等。刘星教授将影响法律移植的因素概括为两类：物质条件与社会共识，且认为“当下社会共识的建立要比物质化制度化条件的理解更为重要、更为关键"[3]。审视中国“本土资源”——物质条件以及社会共识是否能够满足工作环境法律移

---

〔1〕 何勤华：“法的移植与法的本土化”，载《中国法学》2002年第3期。

〔2〕 [美] M. A. 格伦顿、M. W. 戈登等：《比较法律传统》，中国政法大学出版社1993年版，第6~7页。

〔3〕 刘星：“重新理解法律移植——从‘历史’到‘当下’”，载《中国社会科学》2004年第5期。

植的需求？

一方面，随着改革开放的深入，我国的物质条件逐步增强。国家统计局的数据显示，2003年至2006年，我国国内生产总值（GDP）年均增长10.4%，大大超过世界经济平均增长4.9%的水平。2006年，在国际货币基金组织统计的180个国家和地区中，我国经济增长速度居第11位。同时，我国的经济总量（GDP）迅速增加。按汇率法计算，2006年已达26 452亿美元，居世界的位次由2002年的第6位上升到第4位，占世界GDP总量的比重由2002年的4.4%提高到5.5%。2006年我国人均国民总收入突破2000美元，达2010美元。[1]2012年，GDP现价总量为518 942亿元。[2]

另一方面，国家与社会之间对于权利保障形成了良性互动。2001年全国人大常委会批准了《经济、社会和文化权利国际公约》；2004年宪法修改，明确“国家尊重和保障人权”。《中共中央关于构建社会主义和谐社会若干重大问题的决定》提出要“坚持以人为本”、“坚持民主法治”以及“完善安全生产体制机制、法律法规和政策措施”。党的十七大报告中，明确提出“以人为本”，要“促进人的全面发展，做到发展为了人民、发展依靠人民、发展成果由人民共享”。而胡锦涛在出席“2008经济全球化与工会”国际论坛开幕式时说：“让各国广大劳动者实现体面劳动，是以人为本的要求，是时代精神的体现，也是

〔1〕国家统计局：“从十六大到十七大经济社会发展回顾系列报告之一：大开放大发展大跨越”，载国家统计局网站，http://www.stats.gov.cn/tjfx/ztfx/sqd/t20070918_402433210.htm，最后访问时间：2009年3月1日。

〔2〕国家统计局：“关于2012年国内生产总值（GDP）初步核实的公告”，载国家统计局网站，http://www.gov.cn/zwgk/2013-09/02/content_2479754.htm，最后访问时间：2013年8月25日。

尊重和保障人权的重要内容。”[1]

随着社会经济文化水平的提高，人民在满足基本的生存保障之后，开始提出更高的需求，即政治参与、民主法制的需求，因此，近年来民众的主体意识、权利意识和参与意识日益高涨，成为推动社会发展的重要动力。

物质文明、精神文明以及政治文明的发展为我国工作环境权法律的移植提供了可能的环境。但不可否认的是，我国工作环境法律移植亦面临政治等多重因素的影响。

（1）劳动力素质水平。有数据表明，2001 年 OECD 国家劳动人口中，高中以上学历所占的比例的平均值为 67%，而我国仅为 18%，低 49 个百分点；具有大学学历的劳动人口，我国 2001 年仅为 4%，而 2001 年 OECD 国家的劳动力这一指标的平均值为 23%，比我国高出 19 个百分点。同时，还可以看到我国与发达国家的差距：如美国、英国、德国，25～26 岁人口中具有高中及以上受教育水平者的比例在 82% 以上，其中接受过高等教育的人口比例占 23% 以上，美国更是达到 37%，也就是说每 100 名劳动人口中美国有 37 个接受过高等教育，中国只有 4 人接受过高等教育。与中国周边国家日本和韩国相比，日本只有 17% 劳动人口受初中及以下的教育，而中国相应的比例约为 81%。[2]

（2）民主政治形式。我国采取中国特色社会主义民主政治制度，实行人民代表大会制度、中国共产党领导的多党合作和

[1] 徐松：“胡锦涛出席‘2008 经济全球化与工会’国际论坛开幕式并致辞”，载中共共产党新闻网，http://news.xinhuanet.com/politics/2006-10/18/content_5218639.htm，最后访问时间：2009 年 2 月 28 日。

[2] 参见李克强、拱雪等：“人口教育状态演化方程及其对中国人力资本水平的预测”，载《北京师范大学学报》2007 年第 2 期。

政治协商制度，不同于西方国家所采取的多党制，因此在立法组织、决策权以及自治社会集团与国家机构的关系等方面都不同于西方国家，将是工作环境权法律移植所需适应的重要区别。

（3）非对称的利益集团。经过改革开放30多年的发展，社会呈现阶层分化，利益集团逐步形成，这从《劳动合同法》制定过程中的争论即可知。然而整体而言，社会阶层的分化并未形成内部的制衡机制，目前影响我国法律制定的多是大的公司或者商会等，社会底层人民则缺乏相应的强有力的代言集团。

（4）工会组织。我国工会组织是中国共产党领导的职工自愿结合的工人阶级群众组织，全国总工会是各地方总工会和各产业工会全国组织的领导机关。我国采取单一工会制。与西方国家的工会相比，我国的工会组织与政党和政府之间保持的联系更为密切，其入会率远远高于西方国家的工会组织，其运行机制及其效果也与西方国家的工会存在较大差别。

作为移植对象的工作环境权法律制度与中国的上述因素之间需要进行协调，从而实现移植的法律与中国本土环境的融合。笔者认为，前文分析瑞典、丹麦、挪威、英国等国家的工作环境权法制，其核心在强有力的劳动监察保障狭隘的“职工参与”，而且职工工作环境事务的参与与工会组织的参与之间是并行不悖的。而由于我国劳动力素质、职工参与意识等多方面制约，我国职工工作环境事务的参与程度不高。我国在强化职工参与的同时，可以利用现有的工会参与机制，依托现行工会组织构建中国语境下的工作环境参与机制：

第一，可以抵消非对称利益集团对于工作环境权法制建设的不利影响。由于我国工会组织具有较高的覆盖率，从而能够与强制的用人单位及其团体之间形成势力对等。截至2013年6月底，我国工会会员总数达到2.8亿人，其中农民工会员总数为1.09亿人；全国基层工会组织总数275.3万个，覆盖基层单位637.8万家，职工入会率达到81.1%。[1]

第二，可以消弭国家强制与社会自治之间的张力。由于我国的民主政治体制的影响，我国的社会自治的发展相对有限，而社会的发展离不开社会组织及成员的参与，以工会组织作为社会乃至政治参与的基本单元，可以在国家强制与社会自治之间形成桥梁，削弱国家与社会自治之间的冲突。

第三，可以避免由于劳动力素质以及参与意识低等因素导致的工作环境参与虚化的情形。我国劳动力素质较低，而且职工的参与意识较低，通过工会组织的介入，可以弥补职工参与能力以及意识的不足，切实落实参与、协商机制。

6.2.2 权利构建的尝试——完善建议

6.2.2.1 改变立法模式——化零为整

目前的分散立法模式，破坏了“职业安全”与“职业卫生”之间的整体性，使得立法、执法以及法律遵守都面临着不同规范的调和问题。因此，笔者认为，应该改变现有的立法模式，将割裂的、零碎的制度内容整合成为综合性的、框架性的工作环境权法。

(1) 修改后的法律的名称不宜采取“安全生产”和“职业病防治”或相似的称谓，而应称为《工作环境法》。“安全生产”或者“职业病防治”作为法律名称所体现的立法目的应该是突出“生产”和“防治”，而非以劳动者的职业安全、健康为目的，有学者认为，“《职业安全法》和《安全生产法》是立

---

〔1〕参见陈郁：“我国工会会员总数达到2.8亿”，载中国新闻网，http://finance.chinanews.com/cj/2013/10-12/5368931.shtml，最后访问时间：2013年10月15日。

法目的并不相同的两个不同性质的法律。前者的直接目的是保障职工的生命和健康，后者是为了保障安全生产"[1]。其二者并不等于"职业安全"和"职业卫生"。"工作环境法"或"职业安全卫生法"能够突出其立法目的，即劳动者的职业安全和健康的保障。此外，从立法的一般模式而言，法律的名称与法律制度的内容密切相关，而权利是法律的核心，如《物权法》是有关"物权"的法，因此，工作环境安全卫生相关的法制也应该围绕相应的"工作环境权"展开。

（2）作为框架性的工作环境权法应涵盖影响工作环境安全卫生的所有因素以及制度的实现保障等，具体包括：①总则，如立法目的、适用范围、相关定义等；②主体的权利、义务，如用人单位的权利及义务、劳动者的权利和义务以及其他相关主体的权利义务；③政府的责任，如政府对于工作环境相关问题的立法权限、审批等；④工作环境的规定，如工作场所的设计和装备、技术装备、物质和材料等；⑤工作时间，包括标准工作时间、延长工时等；⑥未成年人以及女职工的特殊保护；⑦工作环境的合作，如安全代表的选任、工作环境委员会的设立、职责等；⑧劳动监察；⑨法律责任。

6.2.2.2 扩张适用范围——由小变大

目前我国工作环境权相关法制的适用范围过于狭窄，笔者认为，应该扩大适用范围：

（1）应该取消所有制的差别，以劳动关系作为确定适用范围的核心标准。无论属于何种所有制形式的单位，只要其符合劳动法用人单位的主体资格，其与劳动者都应纳入到工作环境权法的适用范围。

---

〔1〕常凯："关于我国工业事故频发的法律分析"，载《工会理论研究》2005年第2期。

（2）应将公权力机关等主体纳入到工作环境法的适用范围。劳动者与用人单位之间的关系，以及公职人员与公权机关之间的关系，虽然二者关系形成的基础不同，前者是劳动合同，后者则是基于公法的权利义务，但是，二者都具有人格的从属性，因此，公权机关对于其所雇用的公职人员也应承担安全保护义务。

（3）应该基于工作相关性的标准，将劳动者之外的其他相关人员也逐步纳入到工作环境法的保护范围，如承揽人及其雇员等。此外，基于工作环境安全卫生知识的教育、宣传，可以根据需要将学生也纳入适用。

（4）应将心理安全和健康也纳入工作环境法的适用范围。随着网络科技的兴起，工作的形式越来越灵活，工作给人的压力越来越大，因为工作而引发的心理健康问题也越来越多，因此，国际劳工组织第155号公约将“与工作安全和卫生直接有关的影响健康的身心因素”也包括在“健康”的含义之中。日本则不仅仅将过劳死认定为工伤，而且将因为工作压力导致抑郁自杀的情形也认定为与工作相关，应由雇主承担相应的责任。

（5）除了物质性因素之外，应该将生产方式以及人的因素也纳入工作环境的范畴。即用人单位对于劳动者工作环境的保障，不仅仅是提供安全的物质性的劳动条件，还应该包括科学舒适的工作方式以及组织环境，如性骚扰的预防等。因为随着医学模式的转化，人们逐渐发现工作场所中除存在化学、物理和生物职业危害因素外，不良的工效学因素（Ergonomics）、社会心理因素（Psychosocial）等均可影响劳动者的健康和职业生命质量。广义上，工效学负荷对人体的影响表现为体力因素、心理因素、环境因素等多因素的相互综合作用。长期暴露于不良工效学因素，不仅导致肌肉骨骼疾患，影响工作效率，而且导致安全事故频发，如工作场所中存在的不良工效学因素所导致的最常见疾病为肌肉骨骼损伤，也被称为职业性肌肉骨骼疾患（Work-related Musculoskeletal Disorders，WMSD）。其往往是由于在职业活动中长期过量暴露于不良工效学因素（如体力、社会心理以及环境等因素）所引起的累积性损伤。世界卫生组织（WHO）将WMSD定义为多因素作用的结果，包括体力因素、工作组织因素、心理因素、个体因素和社会文化等因素。常见的工作场所不良工效学因素包括有：①重体力手工操作；②重复和用力的动作；③振动；④劳动工具、设备和工作方法不符合工效学而引起的姿势不良；⑤社会心理因素（工作组织不合理、职业紧张）。美国OSHA于2000年11月颁布了工作场所工效学干预措施的相关标准，把工作有关的肌肉骨骼疾患列为工作补偿疾病（Occupational Compensable Disease）。并且根据美国劳动统计局的资料表明，其为对工人保险赔偿中最主要的部分，至少有1/3的工时损伤是由WMSD引起的。[1]

6.2.2.3 修正立法目的——突出劳动者的主体地位

我国现行《安全生产法》、《职业病防治法》以及《矿山安全法》等都将“促进经济发展”作为其立法目的，导致相关法律制度的背离。笔者认为，新的《工作环境法》或《职业安全卫生法》应该以“预防职业灾害，保护劳动者的职业安全和健康，营造舒适的工作环境”为目的。其一方面，突出了劳动者的主体地位，将劳动者职业安全和健康作为立法的根本目的；

〔1〕 See Rugulies R, Braff J, Frank JW, et al. “The psychosocial work environment and musculoskeletal disorders: design of a comprehensive interviewer-administered questionnaire”, *Am J Ind Med*, 45 (2004), pp. 428 ~429. 转引自黄胜山、张智君：“心理社会因素对职业性肌肉骨骼疾患的影响”，载《中华劳动卫生职业病杂志》2006年第4期。

另一方面，则是基于“现代人类中心主义”将劳动者与工作环境紧密联系起来，符合工作环境安全事务的整体性特征，因此良好的工作环境的实现需要劳动者与用人单位合作。

6.2.2.4 理顺监管体制——劳动行政部门综合监管、中央垂直领导

（1）从横向职责划分来看，应由劳动行政部门负责工作环境安全卫生的监督检查，将安全生产监督管理总局（煤炭安全生产监督管理局）机构及其职责都下设于劳动行政部门，卫生部门等其他部门则负责协助，提供相关专业领域的研究、咨询、建议。因为，目前以国家安全生产监督管理总局为主的多元分散监管的模式，割裂了工作环境安全卫生监督执法工作。一方面，工作环境安全卫生的监督执法的对象为劳动者在工作过程中于工作场所所面临的安全、健康危害，而目前国家安全生产监管总局所负责的“安全、卫生监督”实质上是游离于“工作”之上的，因此，从根本上其无法事先介入、预防灾害，而只能是事后介入；另一方面，多元分散监管的模式使得执法机关之间协调困难，增加不必要的执法成本，如对于工作场所招录员工技能的培训等，根据《就业促进法》的规定，应该属于劳动部门的职责，但是如果涉及相应的安全技能或者特定行业的专业技能，则又涉及安全监督管理部门，因此，部门职责的交叉将会导致相互之间的执法成本的上升。

（2）从纵向的行政层级的划分来看，为了避免目前我国职业安全卫生监察执法过程出现的地方化现象，对地方监察机关则应采取中央垂直领导。根据目前我国的行政体制，对于具体的设置模式，笔者认为，有以下两种可作参考：①国税总局的模式（如图6－1）。即完全依照目前我国的行政区划的方式设置地方劳动监察机关，从省、市、自治区到市（县、区）等。

②中国人民银行的“大区分行制”模式[1]（如图6－2），即将全国按照地域等划分为几个大区，设立大区的劳动检查办公室，再在大区办公室下设地区办公室，这些大区办公室和地区办公室是中央劳动行政部门的派出机构。如英国矿山安全监察。英国矿山安全监察局设有健康安全主任监察员、副主任监察员，4个矿山监察处、1个机械工程监察处和1个电器监察处。下设3个地区监察局（南部、北部、西部），每个局下设矿山监察、机械监察和电器监察3个处。

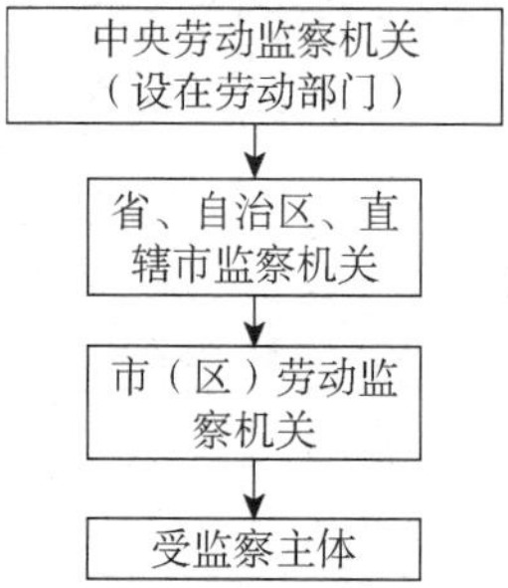

图6－1　监察执法组织结构模式Ⅰ

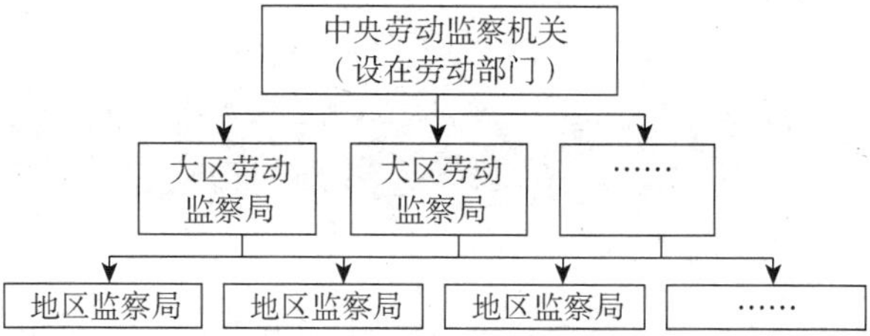

图6－2　监察执法组织结构模式Ⅱ

〔1〕 1998年国务院机构改革，撤销中国人民银行31个省级分行，并按照经济区域设置9家跨省分行，每个大区分行负责几个省、自治区或直辖市，即实行了大区中央银行的体制。

(3) 铁路、航空等特殊行业的工作环境安全卫生的监察执法，亦应由劳动监察部门负责，行业主管部门则协助监察执法，并提供相应的技术支持等。

(4) 应在劳动保障行政部门下设立相应的职业安全卫生的研究机构以及行业协会。研究机构由职业安全和卫生的专业人士组成，其主要职责是对职业安全卫生相应的理论和技术课题进行研究、调查，为劳动保障行政部门制定相应的法规提供咨询和建议，并对该法规的实施效果的调查结果进行检验。行业协会则主要由代表用人单位或者从事职业安全卫生相关产品生产的企业组成，其主要是对劳动行政部门对于职业安全卫生立法、执法提供咨询、建议。

6.2.2.5 规范监察执法程序——督促监察机关科学、主动执法

(1) 劳动监察机关采取日常巡视检查的方式对辖区内的用人单位执行劳动监察，应该规定明确的期限和频率（如1年至少1次），以督促劳动监察机关能够主动监察，逐步纠正目前事后监察、被动监察为主的监察执法方式。而丹麦的相关法律甚至明确规定了每次监察的持续时间平均不少于2小时。[1]

(2) 职业安全卫生的监督检查部门在接到举报或者投诉后，应该对于举报和投诉内容做出详细的记录。当事人举报或投诉的违法行为存在紧急危险需要及时处理的，劳动监察执法部门应该立即前往被举报或投诉的工作场所，实施监察，根据监察结果采取相应的处理措施。而对于所举报的不具有立即危险的其他违法行为，执法部门应该在一定的期限内（如5日）到被举报的工作场所实施检查，确认违法行为。

---

[1] Danish Working Environment Authority website, http://www.at.dk/sw12199.asp, 最后访问时间：2009年3月12日。

（3）劳动监察机关实施劳动监察时，应该有职工代表或者工会组织代表参加。

（4）规范监察执法的程序。职业安全卫生监察机关在监察执法之前，不得事先通知雇主，但特殊情形除外，如工作场所存在立即危险的情形，要求用人单位尽快采取预防或整改措施的。对于轻度违法行为，可以根据简易程序，当场给予相应行政处罚，而对于监察结果应以书面形式（传票或通知书）通知用人单位以及相应的安全代表或者工会组织，用人单位应该将监察结果书面文书的复印件在工作场所张贴。

6.2.2.6 加强举报人保护——鼓励举报违法

建立和完善举报、投诉的机制，扩大行政监察执法机关的信息来源，加强对于用人单位违反的监督检查具有重要作用。目前《劳动监察条例》、《安全生产法》以及《职业病防治法》都明确规定了劳动者以及工会组织等知情人可以举报违法，但是关于劳动监察机关对于举报人个人信息的保密义务则未予明确规定，仅有部分地方性法规中作了较为笼统的规定。如《天津市劳动和社会保障监察条例》第30条规定，劳动保障监察人员如果泄露举报人的情况，由劳动保障行政部门给予行政处分，并取消监察员资格；构成犯罪的，依法追究刑事责任。该规定中所谓的追究刑事责任，在《刑法》中没有配套的刑事责任的规定，因此，所谓的追究刑事责任无法落到实处。

因此，应该强化对于举报人信息保管人——接受举报的劳动保障监察部门的法律责任。对于泄露举报人信息的，应该给予行政处分，情节严重的应该追究刑事责任。

6.2.2.7 先诊断职业病后确立职业病的责任单位

为了强化对于罹患职业病劳动者的保障，提高职业病诊断的效率，笔者认为，应该对职业病的诊断和职业病责任单位的确认予以分开，即劳动者怀疑自己罹患职业病，可以依法向具有职业病诊断资质的医疗机构提出职业病诊断申请，无强制性的义务提供任何有关劳动关系的证明，甚至职业病危害的接触史，职业病诊断机构应该根据劳动者患病的临床表现，结合职业病诊断的经验，作出其是否罹患职业病的诊断结论。职业病诊断机构作出劳动者罹患职业病的诊断结论后，劳动者应该将诊断结论告知劳动保障行政部门，劳动保障行政部门根据劳动者提供的工作信息、职业病接触史等信息，以及劳动保障行政部门的监督检查，确定应该由哪个用人单位承担相应的法律责任，包括违反《职业病防治法》等法律规范的行政责任，以及对劳动者所应承担的工伤保险赔偿责任。如果用人单位对处理决定不服的，可以提起行政复议或者行政诉讼，但是，行政复议或者行政诉讼不影响对劳动者工伤赔偿责任的履行。

6.2.2.8 员工参与和社会伙伴关系

（1）应该立法强制规定，劳动者根据企业规模大小，享有选任安全代表或组建安全委员会的权利。

《安全生产法》第 19 条规定：“矿山、建筑施工单位和危险物品的生产、经营、储存单位，应当设置安全生产管理机构或者配备专职安全生产管理人员。前款规定以外的其他生产经营单位，从业人员超过 300 人的，应当设置安全生产管理机构或者配备专职安全生产管理人员；从业人员在 300 人以下的，应当配备专职或者兼职的安全生产管理人员，或者委托具有国家规定的相关专业技术资格的工程技术人员提供安全生产管理服务。生产经营单位依照前款规定委托工程技术人员提供安全生产管理服务的，保证安全生产的责任仍由本单位负责。”该规定存在以下问题：

第一，用人单位所选任的安全生产管理人员，服从用人单位的指示命令，代表用人单位的利益，因此，其难以切实履行监督职责。

第二，安全生产管理人员的设置并非强制性的，只是对于矿山、建筑施工单位和危险物品的生产、经营、储存单位等高风险企业或者从业人员超过300人的企业需要设置安全生产管理人员，而其他企业都并无设立安全生产管理人员的强制性义务。根据我国《中小企业标准暂行规定》的规定，如果仅从企业的职工人数来看，300人的标准符合或接近工业、批发和零售业、交通运输和邮政业以及住宿和餐饮业的中型企业的标准。根据国家工信部数据显示，目前我国共有中小企业4300多万家，其比例占到了我国企业总数的99%以上并且还在继续增长。因此，事实上我国多数企业都无强制设立安全生产管理人员的义务。

因此，笔者认为，劳动者根据企业规模的大小享有选举安全代表的权利：

第一，所有用人单位（企业、事业单位、国家机关、个体经营组织等）经常性雇员10人以上的，应至少选任1名安全代表。安全代表的具体数额，根据企业的规模而定。

第二，经常性雇员人数不足10人的，用人单位可以设立安全代表；如果用人单位未设立的，应就职业安全卫生方面的重大事项与每个职员进行协商，听取其意见和建议。

第三，经常性雇员超过100人的，应该由劳动者选任的安全代表与用人单位的负责人或者指定的安全卫生管理人员组成安全卫生委员会。

第四，安全代表或者安全委员会设立基础是工作场所，并非用人单位的整体，当某一用人单位拥有多个工作场所时，应该确保每个工作场所都有安全代表或者安全委员会。如果用人单位采取轮班作业的形式，在符合上述条件的情形下，应该确保每班至少有1名安全代表。

（2）应该明确安全代表或者安全委员会的具体内容职责以及职责的行使方式。

第一，安全代表和安全委员会成员享有进入工作场所，对职业安全卫生状况进行监督检查的权利，用人单位不得阻止；并且为了履行职责，安全卫生代表有权查阅相关文件。

第二，用人单位在工作场所中所进行的任何可能影响职工的安全卫生状况的行为，都应事先通知安全代表或者安全委员会，与安全代表协商，听取他们的意见和建议。

第三，用人单位应该对安全代表以及安全委员会成员进行必要的培训，以使他们拥有履行职责所必要的安全卫生知识和技能。

第四，安全代表或者安全委员会为履行职责，可以聘请专业人士提供建议或意见，相关的费用由用人单位承担。

第五，对于工作场所存在违反职业安全卫生法规定的情形时，安全代表或者安全委员会应该以书面形式通知用人单位并要求改正，用人单位在收到书面通知后，应该及时改正并将向安全代表提供书面的答复。如果用人单位未及时改正的，安全代表或者安全委员会可以向劳动监督检查部门申请职业安全卫生监督检查。

第六，当工作场所存在立即危险时，安全代表或者安全委员会可以要求员工停止工作；在用人单位采取措施改善工作场所职业安全卫生环境之前，不得要求复工。安全代表或者安全委员会无需为对此造成的损失承担赔偿责任，故意或者重大过失除外。

（3）应该明确用人单位有义务保障安全代表或者安全委员

会成员的职责履行，不得因为履行职责，而对安全代表或安全委员会成员实施打击报复。

第一，用人单位应该确保安全代表或者安全委员会成员有足够的时间履行职责；对于履行职责遭受的损失，用人单位应该予以补偿。

第二，用人单位应该为安全代表或者安全委员会成员的职责履行提供必要的便利，包括必要的活动场所、实施等。

第三，用人单位不得因为安全代表或者安全委员会成员履行职责，而对其实施解雇等打击报复措施。

第四，安全代表或者安全委员会的劳动合同期限短于任期的，应该延长至任期结束。

（4）应该强化工会在职业安全卫生事务中的作用。

《安全生产法》以及《职业病防治法》等都明确规定工会的参与、建议、监督等权利，但是缺少必要的强制措施保障权利实现。因此，笔者认为，应该强化工会组织在工作环境事务中的作用：

第一，企业工会组织对于企业内职业安全卫生事务享有知情权、参与权以及咨询、建议权。

第二，未建立工会组织的企业，应该通过职工大会选举安全代表或者组建安全委员会；上级工会组织可以向安全代表或者安全委员会提供协助。

第三，对于未设立安全委员会或者安全代表的企业，地区工会组织可以从外部选派人员到企业担任安全代表。

6.2.3 中国语境下工作环境权的展望

一百多年前，沈家本负笈法制救国的重托东渡扶桑，然而，西法东渐终究未挽救垂垂老矣的大清王朝。历史的车轮已驶过那段厚重的岁月，清王朝虽已成为身后的风景，而其所开创的“西法东渐”依然为今日之中国法制发展的必由之路。我国工作环境权法制的发展依然需通过他国法律的移植。然而，东渐之西法尚需适应中国之语境，法律移植与法的本土化直至今日依然是未有答案的课题。

20世纪70年代，美国制定《职业安全卫生法》，此后北欧国家先后颁布《工作环境法》，而我国的职业安全卫生法制却在“移植”与“内生”之间飘忽不定，早在1981年，原国家劳动总局就提出制定《劳动保护法》，然而此后随着部门结构的调整，职业安全卫生法律的制定也随之数易其主、数度更名，从原劳动总局提议的《劳动保护法》到劳动部负责的《职业安全卫生法》，再到国家经贸委论证的《职业安全法》，最后到国家安全生产监督管理总局制定的《安全生产法》，历时20多年。虽然“法还是那部法”，但是，中国已非当初之中国，世界亦非当初之世界，《安全生产法》整体上仍未脱离中国20世纪80年代的时代背景，该法的颁布实施并未使我国职业安全卫生法制因吸收、借鉴他国之良制而实现其现代化；亦未因立足当下中国的现状实现其本土化。因此，《安全生产法》盛名难副，难以承载保障劳动者安全、健康的重任。高居不下的生产安全事故总量以及数十倍于先进工业国家的“亿元GDP死亡率”[1]即是证明。

21世纪的今天，全球化以及技术的革新，不仅仅是对中国职业安全卫生法制提出了挑战，更是提供了发展的契机。是固

〔1〕 单位国内生产总值事故死亡率，英国由1990年0.04降至目前0.02；日本由1990年的0.07降至目前的0.05；美国、澳大利亚、法国均在0.04~0.06之间。我国2004年为0.86，2005年为0.7，2006年为0.558。参见李毅中：“安全生产现状、发展趋势和对策措施”，载中华人民共和国政府网，http：//www.gov.cn/gzdt/2007-02/14/content_527114.htm，最后访问时间：2009年2月26日。

守现状，疲于应对他国和国际组织层出不穷的“反倾销”调查和“人权”指责，还是积极主动地推动职业安全卫生法制的现代化，强化劳动者权利的保障？中国的职业安全卫生法制再一次面临法律移植与法的本土化的协调问题。因此，笔者不由地展望当下中国语境下的工作环境权：

第一，在立法上应该制定框架性的工作环境法，整合、完善《劳动法》、《安全生产法》、《职业病防治法》以及《矿山安全生产法》等内容，实现工作环境权保障法制的体系化和规范化。

第二，在执法上应该完善行政执法体系，取消目前的安全生产管理体制，在劳动行政部门下设立专门的劳动监察部门负责工作环境安全的监督检查，在地方实施垂直领导，超脱于地方利益。

第三，在法律的监督、适用上应该强化职工参与和社会对话，通过职工参与与社会对话实现工作环境安全卫生监督管理的多元化（Diversity）。改变传统的严格行政管制的方式，充分发挥职工与社会伙伴的主动性。

第四，国家应该综合利用财政、税收等政策鼓励企业采取预防措施，提高安全回报。如实施税收或者信贷激励，荷兰鼓励企业“购买用于减少劳动者身体负担、消除有毒物质和噪音的设备，购买指定金额和目录范围内的设备就可以享受税收返还，非营利组织也可以享受3.5%的税率折扣。每年有专门的专家进行设备评估，太常见和已经不用的产品将从税收优惠设备目录中删除”。丹麦政府对减少工人重复性劳损的企业进行资助。通过提供国家资助的方式，对减少重复性劳损的企业资助项目改造金额的50%，这种方式使患重复性劳损的工人至少减少了25%。[1]

---

〔1〕 参见张秋秋：“中国劳动安全规制体制改革研究”，辽宁大学2007年博士学位论文。

结　语

工作环境的多元治理

“自20世纪之初，在接触危害与劳动世界之间建立起第一个法律关系以来，职业安全与卫生已经发展成为一个多面性的课题。这种多面性不仅影响到人的生命、企业的发展以及国家提高生产率和消除贫困的努力，而且也影响到人类的环境。今天，它还被看作是在日益加剧的人口压力面前，开发可持续的、维护全球环境的生产和消费模式全球努力的一个重要组成部分。”[1]工作环境的“多面性”，使得对其需采取多元治理。

1. 国家

虽然实践及理论证明，单纯地依靠国家的强制，是无法实现良好的工作环境的，因此，20世纪70年代《罗本斯报告》(Robens Report) 促成了1974年《英国职业安全卫生法》，同时也促使工作环境安全卫生领域国家角色的转型。尽管如此，国家依然是工作环境治理的不可或缺的重要角色，基于对国民的保护照顾义务，国家不仅应制定和完善工作环境法律规范，而且应该切实保障规范的执行。

---

〔1〕 2003年国际劳工大会第91届会议报告六：“国际劳工组织在职业安全与卫生领域的标准相关活动：针对旨在为这种活动制定一个行动计划的讨论而进行的一项深入研究”，http://www.ilo.org/wcmsp5/groups/public/—ed_norm/—relconf/documents/meetingdocument/wcms_ilc_91_rep-vi_zh.pdf.

2. 雇主与雇员的合作

传统的职业安全卫生立法中，雇主与雇主均处于被动地位，而良好工作环境的实现需要雇主与雇员的密切合作。雇主与雇员是工作环境安全卫生的直接利益相关者，对于雇员而言，其不仅是良好工作环境的享有者，更是良好工作环境的创造者；而雇主则会因为良好的工作环境而获得更高的社会声誉、更高的生产效率以及更低的职业安全卫生支出。

3. 社会伙伴

“社会伙伴——或称为经济与社会伙伴——是雇主与劳动者之利益集团与政府在经济与社会政策上合作之制度，亦即各大利益团体之间以及其政府间之合作。”〔1〕随着社会经济的发展，在公共领域政府的干预受到相应的限制，而是基于团体主义以及合作主义形成社会伙伴关系，通过雇主以及雇员等不同的利益团体的协商来调整相应的关系，包括确定整体的工作环境制度措施。

---

〔1〕 Gustav Wachter：“奥地利的社会伙伴关系”，王惠玲译，载财团法人台湾国际劳雇组织基金会：《21世纪社会伙伴关系展望》，翰芦图书出版有限公司2007年版，第85页。

参考文献

一、中文著作

1. 孙国华、朱景文主编：《法理学》，中国人民大学出版社 1999 年版。
2. 张文显：《二十世纪西方法哲学思潮研究》，法律出版社 1996 年版。
3. 张文显：《法理学》，高等教育出版社、北京大学出版社 1999 年版。
4. 胡玉鸿：《法学方法论导论》，山东人民出版社 2002 年版。
5. 夏勇：《人权概念的起源》，中国政法大学出版社 1993 年版。
6. 杨成铭：《人权法学》，中国方正出版社 2004 年版。
7. 南京大学法学院《人权法学》教材编写组主编：《人权法学》，科学出版社 2005 年版。
8. 李鸿禧：《宪法与人权》，台湾大学法律学系法学丛书编辑委员会编辑 1991 年版。
9. 李震山：《多元、宽容与人权保障——以宪法未列举权之保障为中心》，元照出版公司 2005 年版。
10. 许庆雄：《宪法入门 Ⅰ：人权保障篇》，元照出版公司 1999 年版。
11. 刘建宏：《基本人权保障与行政救济途径》，元照出版公司 2007

年版。
12. 李建良、简资修主编：《宪法解释之理论与实务》（第2辑），“中央研究院”中山人文社会科学研究所2000年版。
13. 陈新民：《德国公法学基础理论》（上册），山东人民出版社2001年版。
14. 陈新民：《德国公法学基础理论》（下册），山东人民出版社2001年版。
15. 童之伟：《法权与宪政》，山东人民出版社2001版。
16. 夏正林：《社会权规范研究》，山东人民出版社2007年版。
17. 曾隆兴：《现代损害赔偿法》，三民书局1988年版。
18. 林诚二：《民法债编各论》（中），瑞兴图书股份有限公司2002年版。
19. 孙森焱：《新版民法债编总论》（下册），自刊2002年版。
20. 刘春堂：《民法债编各论》（中），三民书局2004年版。
21. 邱聪智：《新订民法债编通则》（下册），自刊2001年版。
22. 王泽鉴：《债法原理（一）：基本理论债之发生》，中国政法大学出版社2001年版。
23. 黄立主编：《民法债编各论》（上），中国政法大学出版社2003年版。
24. 徐国栋：《民法基本原则解释》，中国政法大学出版社1992年版。
25. 史尚宽：《劳动法原论》，正大印书馆1978年版。
26. 黄越钦：《劳动法新论》，中国政法大学出版社2003年版。
27. 黄越钦：《劳动法新论》（修订3版），翰芦图书出版有限公司2006年版。
28. 黄程贯：《劳动法》，空中大学印行2001年版。
29. 台湾“劳动法学会”编：《劳动基准法解义——施行二十年之回顾与展望》，新学林出版公司2005年版。

30. 关怀主编：《劳动法》（第2版），中国人民大学出版2005年版。
31. 林嘉：《社会保障法的理念、实践与创新》，中国人民大学出版社2002年版。
32. 林嘉、杨飞、林海权：《劳动就业法律问题研究》，中国劳动社会保障出版社2005年版。
33. 王昌硕主编：《劳动和社会保障法学》，中国劳动社会保障出版社2005年版。
34. 王全兴：《劳动法》（第2版），法律出版社2004年版。
35. 黎建飞：《劳动法的理论与实践》，中国人民公安大学出版社2004年版。
36. 常凯主编：《劳动关系·劳动者·劳权——当代中国的劳动问题》，中国劳动出版社1995年版。
37. 孟燕化主编：《职业安全卫生法律基础与实践》，中国劳动社会保障出版社2007年版。
38. 王益英、黎建飞主编：《社会保险法》，中国人民大学出版社2000年版。
39. 郑尚元：《工伤保险法律制度研究》，北京大学出版社2004年版。
40. 叶俊荣：《环境政策与法律》，月旦出版公司1993年版。
41. 吕忠梅：《环境法新视野》（修订版），中国政法大学出版社2007年版。
42. 徐祥民、田其云等：《环境权：环境法学的基础研究》，北京大学出版社2004年版。
43. 陈泉生：《环境法原理》，法律出版社1997年版。
44. 吴卫星：《环境权研究》，法律出版社2007年版。
45. 王曦：《美国环境法概论》，武汉大学出版社1992年版。
46. 卞耀武等：《中华人民共和国安全生产法读本》，煤炭工业出版社2002年版。
47. 刘左军主编：《〈中华人民共和国安全生产法〉释义及实用指南》，中国民主法制出版社2002年版。
48. 李适时主编：《中华人民共和国安全生产法释义》，中国物价出版社2002年版。

二、中文论文

1. 黄程贯：“‘劳动基准法’之公法性质与私法转化”，载《“中国法学会社会法学研究会2006年年会暨海峡两岸社会法理论研讨会”论文集》，2006年10月。
2. 黄程贯：“德国劳动法上关于工作权保障之探讨”，载《宪政时代》2003年第1期。
3. 刘士豪：“劳动契约的主要义务与附随义务之研究”，载《铭传大学法学论丛》2005年第5期。
4. 刘志鹏：“民法债篇修正对劳动契约关系之影响”，载《法令月刊》2000年第10期。
5. 范愉：“权利救济与多元化纠纷解决机制简议”，载《广东行政学院学报》2008年第1期。
6. 王利明：“论加害给付”，载《法制与社会发展》1995年第5期。
7. 张新宝：“工伤保险赔偿请求权与普通人身损害赔偿请求权的关系”，载《中国法学》2007年第2期。
8. 常凯：“关于我国工业事故频发的法律分析”，载《工会理论研究》2005年第2期。
9. 杜钢建：“知情权制度比较研究——当代国外权利立法的新动向”，载《中国法学》1993年第2期。
10. 张维：“权利的救济和获得救济的权利——救济权的法理阐释”，载《法律科学》2008年第3期。
11. 黎建飞：“强化劳动监察的意识与职能”，载《中国劳动保障》2005年第12期。

12. 梁慧星："统一合同法：成功与不足"，载《中国法学》1999年第3期。
13. 张翔："基本权利的受益权功能与国家的给付义务"，载《中国法学》2006年第1期。
14. 朱常有："国际劳工组织与职业安全卫生"，载《劳动保护》2002年第9期。
15. 许章润："中国语境的多重内涵"，载《法制日报》2008年8月17日。
16. 梁兴国："权利的三个维度"，载《求索》2008年第4期。
17. 郭捷："论劳动者职业安全权及其法律保护"，载《法学家》2007年第2期。
18. 孙冰心："职业安全权的价值透视"，载《当代法学》2007年第9期。
19. 黄鸿福、胡玉浪："试论我国工作环境权的理论基础与立法建设"，载《龙岩学院学报》2008年第5期。
20. 姜栋："英国普通法'程序优先于权利原则'的思考"，载《河北法学》2007年第4期。
21. 陈醇："私法：程序与权利并重"，载《湖北社会科学》2003年第11期。
22. 王涌："私权的概念"，载夏勇主编：《公法》（第1卷），法律出版社1999年版。
23. 龙卫球："法律主体概念的基础性分析（下）——兼论法律的主体预定理论"，载《学术界》2000年第4期。
24. 颜俊、姚建宗："法律关系客体理论新探"，载《当代法学》1993年第2期。
25. 王锡梓："行政过程中相对人程序性权利研究"，载《中国法学》2001年第4期。
26. 王能君："日本国宪法上劳动权保障之意义"，载《宪政时代》

2003 年第 1 期。
27. 罗典荣、陈茂云：“环境权初探”，载《法学研究》1988 年第 3 期。
28. 郑贤君：“作为客观价值秩序的基本权——从德国法看基本权保障义务”，载《法律科学》2006 年第 2 期。
29. 祁华清：“国外工业民主模式与我国职工参与制度选择”，载《中州学刊》2002 年第 2 期。
30. 汪月：“建立管理系统　健全监督机制——日本的安全生产监督监察机制”，载《现代职业安全》2008 年第 11 期。
31. 徐川府：“改善劳动条件首次挫折——回顾‘二五’期间的职业安全卫生工作”，载《现代职业安全》2007 年第 5 期。
32. 石少华：“安全生产的基本大法——《安全生产法》的基本性质及其法律地位”，载《现代职业安全》2002 年第 9 期。
33. 闪淳昌：“我国劳动安全卫生形势及对策”，载《劳动保护》（安全技术与管理分册）1998 年第 5 期。
34. 吴国贵：“环境权的概念、属性——张力维度的探讨”，载《法律科学》2003 年第 4 期。
35. 陈玉萍：“国外的劳动监察制度”，载《中国劳动保障》2007 年第 9 期。
36. 曲华锋译：“荷兰的劳动监察（下）”，载《现在职业安全》2008 年第 5 期。
37. 翟玉娟：“中国劳动监察的困境与挑战——以劳动行政部门的屡屡败诉为例”，载《行政与法》2008 年第 8 期。
38. 朱应平：“《职业病防治法》中的几个问题”，载《中国卫生事业管理》2002 年第 6 期。
39. 黄胜山、张智君：“心理社会因素对职业性肌肉骨骼疾患的影响”，载《中华劳动卫生职业病杂志》2006 年第 4 期。
40. 于欣华：“职业病防治之路仍难成坦途”，载《中国社会保障》

2012 年第 6 期。
41. 张维："《职业病防治法》草案将重点修改职业病诊断制度"，载《安全与健康：上半月》2011 年第 10 期。
42. 李进："从张海超'开胸验肺'事件谈如何完善我国《职业病防治法》"，载《法律适用》2010 年第 7 期。
43. 廖晨歌："关于我国农民工职业病维权困境的思考——从'开胸验肺'事件谈起"，载《南京医科大学学报》（社会科学版）2009 年第 9 期。
44. 邓红梅、黄静："完善职业病认定制度，破解职业病认定难题——写在'开胸验肺'事件一周年之际"，载《朝阳法律评论》（第 4 期），中国华侨出版社 2010 年版。
45. 张晓学："修法应正本清源——对《安全生产法》修订的一点建议"，载《劳动保护》2013 年第 2 期。

三、译著和译文

1. [美] 贝尔：《后工业社会》，高铦等译，桂冠图书公司 1989 年版。
2. [美] 乔尔·范伯格：《自由、权利和社会正义》，王守昌、戴栩译，贵州人民出版社 1998 年版。
3. [美] 科斯塔斯·杜兹纳：《人权的终结》，郭春发译，江苏人民出版社 2002 年版。
4. [美] 爱蒂丝·布朗·魏伊丝：《公平地对待未来人类：国际法、共同遗产与时代间衡平》，汪劲等译，法律出版社 2000 年版。
5. [美] 亚伯拉罕·马斯洛：《动机与人格》，许金声等译，华夏出版社 1987 年版。
6. [美] Jack Dnonnelly：《普世人权：理论与实践》，江素慧译，巨流图书公司 2007 年版。
7. [英] 梅因：《古代法》，沈景一译，商务印书馆 1996 年版。

8. ［英］洛克：《政府论》（下），瞿菊农、叶启芳译，商务印书馆1997年版。
9. ［英］霍布斯：《论公民》，应星、冯克利译，贵州人民出版社2003年版。
10. ［英］诺曼·巴里：《福利》，储建国译，吉林人民出版社2005年版。
11. ［英］凯瑟琳·巴纳德：《欧盟劳动法》，付欣译，中国法制出版社2005年版。
12. ［德］魏德士：《法理学》，丁晓春、吴越译，法律出版社2005年版。
13. ［德］W. 杜茨：《劳动法》（第5版），张国文译，法律出版社2005年版。
14. ［德］卡尔·拉伦茨：《德国民法通论》，王晓晔等译，法律出版社2003年版。
15. ［德］沃尔夫根·冯·李希霍芬：《劳动监察》，刘燕斌等译，中国劳动社会保障出版社2004年版。
16. ［德］阿列克西："权利、法律推理和理性言说"，季涛译，载浙江大学法学院组编：《浙江大学法律评论》（2003年卷），中国社会科学出版社2004年版。
17. ［日］我妻荣：《我妻荣民法讲义 V_3 债权各论》（中卷2），周江洪译，中国法制出版社2008年版。
18. ［日］美浓部达吉：《法之本质》，林纪东译，台湾商务印书馆1992年版。
19. ［日］内田贵："现代契约法的新发展与一般条款"，胡宝海译，载梁慧星主编：《民商法论丛》（第2卷），法律出版社1994年版。
20. ［日］三浦隆：《实践宪法学》，李力、白云海译，中国人民公安大学出版社2002年版。

21. [日] 大须贺明:《生存权论》,林浩译,法律出版社 2001 年版。
22. [日] 阿部照哉等:《宪法》(上册),中国政法大学出版社 2006 年版。
23. [日] 阿部照哉等:《宪法》(下册),中国政法大学出版社 2006 年版。
24. [日] 芦部信喜、高桥和之:《宪法》(第 3 版),林来梵、凌维慈、龙绚丽译,北京大学出版社 2006 年版。
25. [法] 保尔·芒图:《十八世纪产业革命》,商务印书馆 1983 年版。
26. [法] 莱昂·狄骥:《法律与国家》,郑戈等译,辽海出版社 1999 年版。
27. [法] 亚历山大·基斯:《国际环境法》,张若思编译,法律出版社 2000 年版。
28. [意] 桑德罗·斯奇巴尼选编:《正义与法》,黄风译,中国政法大学出版社 1992 年版。
29. [美] 约翰·齐普曼·格雷:"法律主体",龙卫球译,载《清华法学》2002 年第 1 期。

四、外文著作及期刊

1. Sabine Michalowski, Lorna Woods, *German Constitutional Law: The Protection of Civil Liberties*, Farnham: Ashgate Publishing, 1999.
2. Commission on Human Rights, Report of the Sub-Commission on Prevention of Discrimination and Protection of Minorities Forty-sixth session, E/CN. 4/Sub. 2/1994/56, October 1994.
3. Alfred G. Feliu, *Primer on Individual Employee Rights*, 2nd ed., Washing ton, D. C.: Bureau of National Affairs, 1996.
4. Richad Matthews, James Ageros, *Health and Safety Enforcement: Law and Practice*, LexisNexis UK, 2003.

5. Frank B Wright, *Law of Health and Safety at Work*, London: Sweet and Maxwell, 1997.

6. Bridget M. Hutter, *Compliance: Regulation and Environment*, Oxford: Clarendon Press, 1997.

7. H. G. Nutzinger, J. Bachhaus, *Codetermination: A discussion of Different Approaches*, Berlin: Springer-Verlag, 1989.

8. Roger Blanpain, *Labour Law, Human Rights and Social Justice*, Nederland: Kluwer Law International, 2001.

9. Working Environment and Economic Incentives-Nordic Seminar with Poland, Hungary and Czechoslovakia, Nordic Council of Ministers, Copenhagen 1992.

10. Gustav Wachter, "Occupational Safety and Health in Austria", 载《政大劳动学报》1994 年第 4 期。

11. [日] 三柴丈典:《劳动安全卫生法论序说》, 信山社 2000 年版。

五、网络资料

1. 2003 年国际劳工大会第 91 届会议报告六:《国际劳工组织在职业安全与卫生领域的标准相关活动:针对旨在为这种活动制定一个行动计划的讨论而进行的一项深入研究》, http://www.ilo.org/wcmsp5/groups/public/—ed _ norm/—relconf/documents/meetingdocument/wcms_ilc_91_rep-vi_zh.pdf, 最后访问时间: 2009 年 1 月 15 日。

2. ILO, Report of the Director-General: Decent Work, 载国际劳工组织网站, http://www.ilo.org/public/english/standards/relm/ilc/ilc87/rep-i.htm, 最后访问时间: 2009 年 2 月 28 日。

3. ILO:《实施体面劳动国别计划:社会保护政策领域的清单》, 载国际劳工组织网站, http://www.ilo.org/wcmsp5/groups/public/—ed_norm/—relconf/documents/meetingdocument/wcms_gb_297_esp_7_

zh. pdf，最后访问时间：2009 年 2 月 28 日。

4. ILO，Decent Work Country Programme in the People's Republic of China 2006～2010，载国际劳工组织网站，http：//www. ilo. org/public/english/bureau/program/dwcp/download/china. pdf，最后访问时间：2009 年 2 月 28 日。

5. Consulting employees on health and safety，载英国安全卫生执行局（HSE）网站，http：//www. hse. gov. uk/pubns/indg232. pdf，最后访问时间：2009 年 2 月 8 日。

6. Involving your workers in health and safety，A guide for small businesses，载英国安全卫生执行局（HSE）网站，http：//www. hse. gov. uk/pubns/web35. pdf，最后访问时间：2009 年 1 月 10 日。

7. UN Meeting Endorses Workers' Environmental Rights，http：//www. iisd. ca/recent/recentmeetings. asp？id＝7，最后访问时间：2008 年 10 月 20 日。

8. 杨立新、张新宝："人身损害赔偿若干争议问题——'民商法前沿'系列讲座现场实录第 218 期"，载中国民商法律网，http：//www. civillaw. com. cn/article/default. asp？id＝23510，最后访问时间：2008 年 2 月 9 日。

9. 徐松："胡锦涛出席'2008 经济全球化与工会'国际论坛开幕式并致辞"，载中共共产党新闻网，http：//news. xinhuanet. com/politics/2006-10/18/content_5218639. htm，最后访问时间：2009 年 2 月 28 日。

10. 李毅中："安全生产现状、发展趋势和对策措施"，载中央人民政府网，http：//www. gov. cn/gzdt/2007-02/14/content_527114. htm，最后访问时间：2009 年 2 月 8 日。

11. 谷玥："切尔诺贝利核泄漏事故"，载新华网，http：//news. xinhuanet. com/ziliao/2006-04/26/content_4476543. htm，最后访问时间：2008 年 12 月 20 日。

12. 刘亮明："中石油吉林石化公司一化工车间连续发生爆炸"，载人民网，http：//society. people. com. cn/GB/1062/3852124. html，最后访问时间：2008 年 12 月 20 日。
13. "国务院对吉林石化爆炸及松花江污染事故作处理"，载中华人民共和国政府网，http：//www. gov. cn/ztzl/2006-11/24/content_453127. htm，最后访问时间：2008 年 12 月 20 日。
14. 蒋桂斌、刘水玉、杨越："弥天大谎真相大白——南丹特大透水事故瞒报经过"，载人民网，http：//tw. people. com. cn/GB/14810/14860/914526. html，最后访问时间：2009 年 1 月 20 日。
15. 陈郁："我国工会会员总数达到 2.8 亿"，载中国新闻网，http：//finance. chinanews. com/cj/2013/10-12/5368931. shtml，最后访问时间：2013 年 10 月 15 日。
16. All About the OSHA 2013，https：//www. osha. gov/Publications/all_about_OSHA. pdf，最后访问时间：2013 年 8 月 15 日。
17. IG's Report Faults OSHA's Enhanced Enforcement Program，http：//ohsonline. com/articles/2009/04/02/report-faults-enhanced-enforcement-program. aspx，最后访问时间：2013 年 8 月 16 日。
18. Improving OSHA'S Enhanced Enforcement Program（Serial No. 111 - 18），http：//www. gpo. gov/fdsys/pkg/CHRG-111hhrg 48052/pdf/CHRG-111hhrg48052. pdf，最后访问时间：2013 年 8 月 16 日。
19. 2011 年度全国地方安全监管机构建设有关情况通报，载国家安全生产监督管理总局网，http：//www. chinasafety. gov. cn/newpage/Contents/Channel_5864/2012/0302/166302/content_166302. htm，最后访问时间：2013 年 8 月 10 日。
20. 十八大报告，载新华网，http：//www. xj. xinhuanet. com/2012-11/19/c_113722546_3. htm，最后访问时间：2013 年 8 月 27 日。
21. 吴非："张海超'开胸验肺'事件的前前后后"，载新浪网，http：//news. sina. com. cn/c/2009-09-21/142918694913. shtml，最

后访问时间：2003 年 8 月 25 日。

22. “关于《中华人民共和国职业病防治法修正案（草案）》的说明”，载中国人大网，http：//www. npc. gov. cn/npc/xinwen/lfgz/flca/2011-07/04/content_1662727. htm，最后访问时间：2013 年 8 月 23 日。

23. “国务院法制办关于《中华人民共和国安全生产法（修正案）（征求意见稿)》的说明”，载中国政府法制信息网，http：//www. chinalaw. gov. cn/article/cazjgg/201206/20120600368374. shtml，最后访问时间：2013 年 8 月 25 日。

六、学位论文

1. 王涌：“私权的分析与建构”，中国政法大学 2002 年博士学位论文。

2. 阳露：“中国职业安全卫生法律整合探讨”，四川大学 2007 年硕士学位论文。

3. 陈怡惠：“工作环境权之研究”，台湾政治大学劳工研究所 2006 年硕士学位论文。

4. 陈建志：“安全保护义务规范之研究——以雇佣、劳动关系为中心”，中国文化大学 2001 年硕士学位论文。

5. 张国玺：“日本安全顾虑义务法理之形成与发展——兼论我国台湾地区‘民法’第 483 条之一之规定”，台湾大学法律学研究所 2005 年硕士学位论文。

后　记

斗转星移、时光荏苒，自2004年来京求学，转眼十年，当初的懵懂少年已成为充满危机感的中年“欧巴”，不禁唏嘘时间都去哪里了？每一次背起行囊离家远行时，父母的叮咛嘱托；每一次困惑不解时，老师的谆谆教诲；每一次郊野游玩时，同学们的欢声笑语；每一次久别小聚时，爱人、孩子的温馨关爱；每一次遇到逆境手足无措时，朋友们的无私帮助；每一次……，都是那么的清晰和温暖。时光的流逝，改变了你我的容颜，甚至改变了你我的心境，但是，每一次的逆境顺境，每一次的跌倒爬起，都如抑扬顿挫的音符，让我们的人生变得不那么单调。

感慨过去十年的旅程，在路上的我带着满心的好奇和舍我其谁的无畏跋涉着，庆幸的是一路上得到很多人的帮助和关怀，在此想对他们真诚地说声谢谢！

感谢父母，二老勤俭持家，竭毕生之力抚儿，年岁不高，但早已满头华发。尤其妈妈历尽艰辛，为了儿子的成长以及家庭奉献了青春和梦想。孩儿年少离家，常年在外，最牵挂的就是妈妈，每每想到妈妈，不禁潸然泪下……

感谢导师林嘉教授，拜师门下乃学生之万幸。记得2005年年末，老师赴美访学中途回国，在办公室与老师首次见面，面呈考博事宜，老师的叮嘱和鼓励依然清晰。多年来，在老师的指导下，学生逐渐成长，只是学艺不精，多有辜负老师期望，还望老师见谅！

感谢导师王宗玉副教授，初入人大之时，即是师从先生。先生世事洞悉、人情练达，心胸之宽厚令人敬佩。先生对学生的关怀溢于言表！

感谢爱人，因为在京求学，聚少离多，她毫无怨言，承担家庭的责任。2010 年小女的降生为这个家庭带来了无比的欢乐，也带来了更大的压力，是她一直默默的付出，与我携手建立了一个温馨的小家。

感谢我的同学们，人生的酸甜苦辣在所难免，幸好一路有你们在身边！尽管，现在大家天南海北，但仍彼此牵挂、彼此祝福！

感谢我的同门——林敏师姐、杨飞师兄、林海权师兄、李小兵师兄、吴文芳师姐、魏丽师姐、邓娟师姐、黄旭东师弟、王立明教授、王甫银博士、田野博士、张敏师妹，承蒙各位同门的关爱，帮助我成长，让我感受到融融暖意！

感谢我的工作单位首都经济贸易大学劳动经济学院的各位领导及同事，是他们的接纳，让我开启了人生的一段新的旅程；是他们的鞭策和期盼，让我在学术道路上一直坚守！

感谢中国政法大学出版社的柴云吉主任、彭江编辑，是他们的辛勤付出，才能让本书得以最终呈现到各位读者面前。

本书即将付梓，我掩卷长思，从 2006 年攻读劳动法和社会保障法学的博士学位伊始就关注工作环境权问题，至今已近十年，然而，我国的工作环境法制及其实践进步甚微，不断见诸媒体的安全生产事故和职业病案例成为心头挥之不去的隐痛。一方面，在经济建设为中心的理念指引下，人本和环境安全的理念及制度往往被视为制约和延缓经济发展的因素，使得行政监察执法活动中存在选择性执法、运动式执法、被动执法以及执法的地方化问题，最终导致工作环境安全卫生的外部制约机制低效甚至无效；另一方面，行政主导体制之下，职工及其团体参与工作环境安全卫生事务的权利及机制被弱化，用人单位缺乏有效的内部制约机制。本书即将画上句号，但是，关于工作环境权的研究永无止境，期望本书能够抛砖引玉，引起大家对中国工作环境权的更深的思考。

本书乃教育部人文社会科学研究青年基金项目“职业安全卫生的权利基础研究——从工作环境权的视角”（10YJC820026）和国家社科基金重点项目“劳动基准法律问题研究”（11AFX009）研究成果。

范　围

2014 年 2 月 18 日